능력, 성결, 그리고 전도

Power, Holiness and Evangelism

Power, Holiness and Evangelism

by Randy Clark

Copyrightt ⓒ 1999 by Randy Clark
Published by Destiny Image
P.O. Box 310, Shippensburg, PA 17257-0310

Korean translation copyrightt ⓒ 2010 by Pure Nard
2F 774-31, Yeoksam 2dong, Gangnam-gu, Seoul, Korea

The Korean edition is published by arrangement with Destiny Image
All rights reserved.

본 저작물의 한국어판 저작권은 Destiny Image와의 독점 계약으로 한국어 판권은 '순전한 나드'가 소유합니다. 저작권자의 허락 없이 이 책의 일부 또는 전체를 무단 복제, 전재, 발췌하면 저작권법에 의해 처벌을 받습니다.

능력, 성결, 그리고 전도

초판발행 2010년 7월 10일

지은이 랜디 클락
옮긴이 심현석

펴낸이 허철
편집 송혜숙
내지 디자인 이현주
표지 디자인 오순영
인쇄소 고려문화사

펴낸곳 도서출판 순전한 나드
등록번호 제2010-000128호
주소 서울 강남구 역삼2동 774-31 2층
도서문의 02) 574-6702 / 010-6214-9129
Fax. 02) 574-9704
홈페이지 www.purenard.co.kr

ISBN 978-89-6237 069-0 03230

능력, 성결, 그리고 전도
Power, Holiness and Evangelism

랜디 클락 지음
심현석 옮김

Dedication...(헌정사)

그동안 나의 사역에 큰 도움이 되어준 아내 드앤(DeAnne)에게 이 책을 바친다. 하나님의 능력을 경험하고자 하는 그녀의 열정, 그분의 거룩함을 따라 행하며 잃어버린 영혼을 찾으려는 그녀의 갈망을 나는 존중한다. 또한 자녀들의 영혼이 잘되기를 바라며 열정적으로 기도하는 그녀에게 감사의 마음을 전한다. 사역 때문에 내가 수많은 시간 동안 멀리 떠나있을 때에도 헌신적인 사랑으로 가정을 지켜주었기에 감사와 존경의 마음을 전한다. "내가 사랑하는, 바로 이 사람에게 이 책을 바친다."

Acknowledgments...(감사의 글)

이 책이 출판되기까지 여러모로 도움을 준 스티브 비어드(Steve Beard)에게 감사를 전한다. 이 책의 기획 단계에서부터 그는 내게 글을 쓰도록 용기를 북돋워준 것은 물론, 여러 기고가를 확보하는 데에도 큰 도움을 주었다. 또한 내가 쓴 글의 초고를 검토하여 적당한 분량으로 편집할 것을 조언해주었고 그밖에 여러 방면에서도 도움을 주었다. 이 책을 쓰는 것이 가능했던 것은 그가 나를 믿어주었기 때문이며, 또한 이 책에 대한 그의 신뢰가 있었기 때문이다.

집필 과정에서 격려와 후원을 아끼지 않았던 출판사 대표 돈 노리(Don Nori)와 편집장 돈 밀람(Don Milam)에게 감사를 전한다. 부흥을 위한 이들의 헌신과 열정, 격려의 말과 정성, 그리고 기도의 후원에 고마움을 표한다.

이 책의 출판에 흥분을 감추지 못했던 Destiny Image 출판사의 엘리자베스 앨런(Elizabeth Allen)에게도 감사를 전한다. 이 책이 당신에게 선한 영향을 끼친 것처럼 다른 이들에게도 좋은 영향을 미칠 수 있기를 소망한다!

 이 책의 기획은 물론 여러 다른 프로젝트에서도 도움을 주었던 비서, 게일 코넬-스미스(Gail Cornel-Smith)에게도 감사를 전한다. 내가 쓴 글의 검토는 물론 여러 방면에서 도움을 주었던 수 스티븐스(Sue Stevens)에게도 감사를 드린다.

 고든 피(Gordon D. Fee)의 책 『바울, 성령, 그리고 하나님의 백성』(*Paul, the Spirit, and the People of God*)의 11장 전문을 사용하도록 허락해준 Hendrickson 출판사에도 감사를 드린다. 고든 피가 쓴 이 책은 훌륭하다. 나는 모든 독자가 이 책을 읽기를 권한다.

 마지막으로 이 책의 각 장을 기고해준 모든 작가에게 감사를 전한다. 스티브 비어드, 파블로 보타리, 하비 R. 브라운 2세, 마이클 L. 브라운, 파블로 데이로스, 고든 D. 피, 크리스 휴어츠, 스콧 맥더모트, 카를로스 음래이다, 마크 니스완더, 그리고 스티븐 A. 시맨즈에게 감사드린다.

Endorsements...(추천사)

"이 책은 '영성'이라는 영역과 '신학'이라는 영역을 모두 아우르는 용감한 시도다. 너무나 오랫동안 고립되었던 두 영역의 주요 요소들(신학적 증거와 영적 경험)을 한데 모아놓은 결정체라고 할 수 있다. 또한 오늘날 교회에 꼭 필요한 '대화의 장'을 열어주는 책이기도 하다. 지금 이 땅에서 하나님 나라의 모습이 나타나기를 갈망하는 모든 사람은 이 책의 내용을 통해 도전과 영감을 받을 것이다. 이 책에서 그들은 하나의 비전-곧 하나님께서 복음과 교회를 통해 우리에게 허락하신 모든 것을 실제로 받아 누리는 삶!-을 발견할 수 있을 것이다."

- 윌리엄 J. 에이브러햄(William J. Abraham)
Albert Cook Outler 교수, 웨슬리 연구(Wesley Studies)
퍼킨스(Perkins) 신학교
Southern Methodist University

"주의: 이 책에 담긴 불꽃이 지면으로부터 튀어나와 독자에게 옮겨 붙을 수 있다! 하나님의 불은 우리의 복음 전파에 힘을 실어주고 우리를 정결케 씻어준다. 그 불은 우리에게 담대함과 용기를 전해준다. 이것이 교회의 본모습이어야 한다. 그러므로 이 책을 강력히 추천한다."

— 빌 브라이트(Dr. Bill Bright)
국제 대학생 선교회(Campus Crusade for Christ International)
창시자 및 전(前) 대표

"이 책은 오순절주의에 관한 책이다. 회개와 성결로 복음 전파의 능력을 추구하는 모습이 오순절주의의 본질이다. 가난한 사람을 위한 긍휼 사역과 '사회 정의'로 표현되는 성령의 역사를 추구하는 운동도 오순절주의다. 개인적·사회적 회심을 약속하는 하나님 나라의 교리를 붙드는 것 역시 오순절주의다."

— 토니 캄폴로(Tony Campolo, Ph.D)
펜실베이니아, 세인트 데이비즈 소재
이스턴 칼리지(Eastern College) 사회학 교수

"이 책은 우리가 부흥을 위해 기도하고 준비할 때 올바른 방향으로 나아갈 수 있도록 놀라운 도움을 주었다. 이 책에는 매우 좋은 내용들이 들어있다. 이 책, 『능력, 성결, 그리고 전도』는 당신의 믿음을 성장시켜줄 글들을 통해 당신의 삶 가운데 성숙해져야 할 주요 영역들에 대한 깊은 통찰력과 미래에 대한 소망을 제공해줄 것이다. 저자 모두가 분별력 있고 성경적이며 열정적이다. 또한 그들 모두가 잃어버린 영혼을 사랑한

다. 만일 이 모든 말에 동의한다면, 이 책은 바로 당신을 위한 것이다."

— 제럴드 코우츠(Gerald Coates)
파이어니어 네트워크(Pioneer Network)
연설가, 작가, 방송인

"'능력, 성결, 그리고 전도'라는 말은 현재 모든 성도와 교회 지도자들이 온전히 인지해야 할 진리의 언어다. 이 책의 공동 저자들은 이 놀라운 단어들의 정의, 깊이, 넓이와 목적을 확실하게 제시하였다. 이 책은 오늘날 성령께서 하시는 말씀에 귀 기울이는 모든 사람을 일깨워주는 책이다."

— 프랭크 다마지오(Frank Damazio)
오레곤 주 포틀랜드
시티 바이블 교회(City Bible Church, 전신 '성서 사원'[Bible Temple])

"랜디 클락은 이 논집에서 세 번째 천년의 시작으로부터 그리스도의 재림에 이르기까지 하나님께서 그분의 교회 안에 반드시 회복하고자 하시는 중요한 가치들이 무엇인지를 놀랍게 조명해주었다. 성령, 전 세계적 추수, 성결과 치유, 가난한 사람들을 위한 복음, 예언, 그리고 능력의 신학, 정치의 신학—나는 이 모든 가치를 위해 살기 원한다. 또 죽기 원한다. 바로 예수를 위해!"

— 로저 포스터(Roger Forster)
익누스 크리스천 펠로우십(Ichthus Christian Fellowship) 창시자
March for Jesus 공동 창시자

"이 책의 위대함은 결코 분리되어서는 안 되는 둘-곧, 성결과 능력의 재결합에 있다. 능력이 결여된 성결은 멋진 기관차와 객차가 올곧은 선로 위에 놓여있지만 동력이 없어서 꼼짝달싹하지 못하는 상태와 같다. 반면에 성결이 결여된 능력은 석탄 연료로 불을 지피는 기관차가 시꺼먼 연기를 뿜어내며 달릴 준비를 하고 있지만 선로가 놓여있지 않아서 그 바퀴가 진흙탕에서 헛도는 것과 같다. 성결과 능력을 겸비하는 것은 목적지를 향해 견고히 놓인 선로(성결) 위를 기관차(능력)가 달려가는 것과 같다. 이 책은 '성령'(기름 부음과 능력) 그리고 '진리'(충성과 성결), 이 둘을 병합하신 예수님의 방법을 심오하게 알려준다(요 4:24 참조). 이 책의 공동 저자들에게 감사드린다. 이 위대한 재결합 가운데 성결과 능력의 '대분리'는 끝났다."

- 짐 갈로우(Jim Garlow)
캘리포니아, 샌디에이고
스카이라인 웨슬리안 교회(Skyline Wesleyan Church) 담임목사

"랜디 클락은 가장 중요한 메시지로 이 세대를 향한 하나님의 마음을 두드렸다. 나는 정결함과 성결에 관한 수많은 책을 읽어보았다. 하지만 이 책만큼 내용이 풍성하고 또 강력한 영향력을 발휘하는 책은 없었다."

- 신디 제이콥스(Cindy Jacobs)
중보 기도의 장군들(Generals of Intercession) 공동 창시자

"여러 분야의 배경과 다양한 시각을 견지한 저명인사들의 글을 한

데 모은 이 시의적절한 책은 말씀과 성령, 성결과 능력의 재결합이 이미 오래전에 이루어져야 했다는 사실을 말하고 있다. 이 책은 오늘날 하나님께서 행하시는 놀라운 일들에 대한 체험으로 가득하다. 결국 이 책은 하나님의 놀라운 역사에 대한 나의 '식욕'을 충족시켜주었다. 단지 제삼세계에서만이 아니라 대서양을 사이에 둔 모든 대륙의 모든 교회가 이처럼 놀라운 역사를 경험하기를 바란다!"

- R. T. 켄달(R. T. Kendall)
영국, 런던
웨스트민스터 채플(Westminster Chapel)

"이 멋진 책의 출판은 최근의 부흥에서 그 중요성이 대두되고 있는 '성결'을 향해 환영 인사를 전한 것과 같다. 여기에 기록된 메시지와 간증은 효과적인 선교를 위해 꼭 필요한 '능력과 성결'을 주제로 한다. 이 책은 '하나님께서 살아계신다는 증거, 하나님의 나라가 이 땅에 임한다는 증거가 바로 하나님의 백성이다'라는 근본적 진리를 설파한다."

- 클락 피낙(Clark Pinnock)
맥매스터 신학 대학(McMaster Divinity College)
교수, 신학자, 작가

"성령의 신선한 바람이 전 세계에 불고 있다. 이 책은 내가 '신-은사주의적'(neo-charismatic)이라고 부르는 사조를 반영하고 있다. 이 책에는 강력한 부흥 운동의 건강한 모습들이 기록되어있고 또 이에 대한 올바른 가르침이 게재되어있다. 이 시대, 교회와 세상에서 일어나는 일들을 이해하기 원한다면, 이 책을 읽어야 할 것이다. '성령의 사람들'에 대해 빈번히 일고 있는 비판은 그들에게서 도덕적 기준이 발견되지 않는다는 것이다. 이 책은 마음과 삶의 성결(성화) 그리고 복음 전파와 봉사를 위한 성령의 능력을 아우르고 있다. 믿음과 부흥의 새로운 양상에 관심 있는 모든 이에게 이 책, 『능력, 성결, 그리고 전도』를 추천한다.

– 에드 롭(Ed Robb)
작가, 교회 개혁가, 연합 감리교 부흥사

"있을 법하지 않은 작가들의 조합, 게다가 이들이 부정확한 문체로 적어내린 불완전한 책이 바로 이 책이다. 그러나 이 책에는 매우 귀중한 성경적 통찰력이 담겨있다. 또한 열정적인 목소리로 부르짖는 단 한 가지의 목적이 담겨있다. 이 책에서 말하는 것처럼 우리의 삶과 부흥 운동 안에서 내적 성결과 사역의 능력이 다시 한 번 결합되기를 갈망하는 모든 이에게 이 책을 추천한다. 오직 이러한 '영적 연합'을 통해서만 우리는 효과적으로 복음 전도를 수행하며 잃어버린 영혼, 상처받은 세상에 손을 뻗을 수 있다."

– 데이비드 시맨즈(David A. Seamands)
『상한 감정의 치유』(Healing for Damaged Emotions)의 저자

"우리는 이 사실을 알아야만 했다–어떻게 모를 수 있었단 말인가? 대적을 이길 수 있는 '능력'은 '성결'과 직접적으로 연관되어있다. 또

한 삶의 정결함은 효과적인 복음 전도와 밀접한 관계가 있다. 하나님의 대사 자격으로, 신임할 만한 목회자의 무리가 당신에게 다가가 성결과 능력의 관계를 올바르게 가르쳐주며 확고한 사실들을 증거로 들어 이를 재차 확인시켜준다면, 당신은 그들의 말을 듣지 않을 수 없을 것이다. 아니, 당신은 반드시 그들의 말에 귀 기울여야 한다! 이 책이 바로 그들의 말이다. 지금 교회의 미래는 위험에 처해있다. 그러나 이 문제에 대한 해답을 이 책이 제시해주고 있다. 문제에 대한 당신의 생각, 또 당신이 직관적으로 알게 된 해결 방안을 이 책의 기고가들은 정확한 언어로 풀어냈다. 그렇다. 지금은 '청소할 때'다. 우리는 '깨끗이 청소해야 한다!'"

— 토미 테니(Tommy Tenney)
작가, 부흥 운동가

Contents...(목차)

05___ 헌정사
06___ 감사의 글
08___ 추천사
18___ 서문
24___ 소개하는 글

1부 성서적 부르심과 체험 The Biblical Call and Experience

44___ 제1장 '거룩함' 이라는 자유의 울부짖음 .... 스콧 맥더모트
　　　　 The Freedom Cry of Holiness

68___ 제2장 계속되는 전쟁–성령 Vs. 육체 .... 고든 D. 피
　　　　 The Ongoing Warfare–The Spirit Against the Flesh

94___ 제3장 성화의 능력을 경험하다 .... 하비 R. 브라운 2세
　　　　 Encountering the Power of Sanctification

2부 복음을 들고 거리를 나서다 Taking the Message to the Street

118___ 제4장 참된 회심, 거짓 회심 .... 마이클 L. 브라운
　　　　　True and False Conversion

134___ 제5장 능력 전도를 통해 잃어버린 영혼들에게 나아가다 ...... 랜디 클락
　　　　　Power Evangelism to Reach the Lost

176___ 제6장 가난한 자를 위한 사역 속에서 거룩함을 발견하다　크리스 휴어츠
　　　　　Discovering Holiness in Ministry Among the Poor

3부 구원에서 온전함으로 From Salvation to Wholeness

200 ___ 제7장 성령의 불, 성령 충만 .... 마크 니스완더
Fire and Fullness in the Holy Spirit

220 ___ 제8장 내적 치유를 통한 자유의 삶 .... 카를로스 음래이다
Inner Healing to Live in Freedom

238 ___ 제9장 어둠의 견고한 진으로부터의 자유(축사)
Deliverance From Dark Strongholds
.... 파블로 데이로스, 파블로 보타리 공동 집필

4부 우리의 유업인 능력과 정결함을 회복하기
Redeeming the Heritage of Power and Purity

260 ___ 제10장 엄청난 결별: 어떻게 능력과 정결함이 분리될 수 있는가?
The Great Divorce: How Power and Purity Got Separated
.... 스티븐 A. 시맨즈

284 ___ 제11장 예견할 수 없는, 거룩한 하나님과의 만남
The Unpredictability of Encountering a Holy God
.... 스티브 비어드

서 문

내가 랜디 클락을 처음 만났던 것은 1994년 버지니아 비치 Founders Inn에서 열렸던 "Catch the Fire Rally" 집회에서였다. 당시 나는 집회의 강사로 초대되어 과거 부흥의 때에 나타난 영적 현상들에 대해 강연했다. 그 후로 몇 달 뒤, 나는 세인트루이스에서 열리는 집회에 초청받았다. 집회 기간 중, 랜디와 수차례 만났는데 우리는 과거의 부흥들, 이에 대한 성결교의 반응과 가르침, 그리고 영적인 체험에 대하여 이야기를 나누었다. 비록 그와 나는 교단적으로 매우 다른 배경을 가지고 있었지만 우리는 '성결함'을 오늘날 세계 곳곳에서 일고 있는 성령 역사의 일부로 인식하여, '거룩하라'라는 성경적 부르심에 응답해야 할 필요가 있다는 사실에 동의했다.

사실 나는 '오순절주의'적이며 '성결교'적인 교회(오순절주의 성결 교회)에서 자랐기 때문에 내 성장의 기본 뿌리는 성결교의 전통에 깊이 박혀있었다. 나는 감리교 운동, 성결교 운동, 오순절주의 운동, 은사주의 운동들의 공통점을 조사하여 이들의 공통분모를 찾아내는 것이 나의 사명이라고 생각했다. 수년간의 연구 결과 나는 이 분야에서 박사학위를 받게 되었다. 그리고 이 모든 위대한 부흥의 기저에는 거룩함에 대한 개개인의 깊은 갈망이 자리하고 있다는 사실을 확신하게 되었다. 거룩함에 대한 갈망이야말로 수천의 성도를 '참회의 의자'로 보낸 동력이자, 성도들로 하여금 성화의 '두 번째 축복'(때때로 '성령 세례'라 불린)을 추구하도록 인도했던 동기 부여의 힘이었다.

오순절 부흥의 초기, 토페카의 찰스 파햄(Charles Parham)과 아주사 거리의 윌리엄 J. 시무어(William J. Seymour)는 방언을 비롯한 여러 가지 영적 은사의 체험을 중시함과 더불어 성결의 경험을 높이 평가하였다. 아주사 부흥 때의 간증은 이러했다. "하나님을 찬양합니다. 나는 구원받았고, 성화되었고, 성령으로 충만해졌습니다." 당시의 구도자들은 죄의 능력에서 벗어나는 여정 가운데 크나큰 영적 싸움을 겪어야만 했다. 수많은 경우, '성화'의 체험은 마귀의 영향력에서 풀려나는 '구원의 경험'이었다. 나는 이 사실을 확신하게 되었다.

사실 오순절주의 운동은 성결교 운동을 기반으로 시작되었다. 파햄과 시무어를 비롯하여 '웨슬리안-성결교'(Wesleyan-Holiness) 출신의 수많은 성결 운동 지도자가 오순절주의 운동에 가담하였다. 그 시절의 비극 중 하나는 방언과 여타 다른 은사들을 두고 성결교 내에서 갈등이 생겼다는 것이다. 이 분열이 결국 처참한 분열과 분리를 낳았다. 스티븐 A. 시맨즈는 이 분열을 가리켜 절대로 일어나서는 안 되었을 '대분리'(the great divorce)라고까지 이야기했다.

이후, 비(非)성결 교단 출신의 사람들이 대거 오순절 운동에 가담하면서부터 오순절 교리 가운데 성화의 경험이 덜 강조되기 시작했다. 그러나 이차 세계대전 직후 얼마 동안은 개인 차원의 성결이 강조되어 오순절 운동 안에 스며들었다.

다시 한 번 부흥이 일어났다. 이 부흥의 물결이 전 세계를 휩쓸자,

도덕적 부패와 죄악으로부터 자유케 되기를 원하는 울부짖음이 터져 나왔다. 당시 대중매체의 고발 대상이 되었던 크리스천들의 부패, 심지어 가장 유명한 기독교 지도자들의 사역까지 무너뜨렸던 도덕적 해이에 대한 반성이 일어난 것이다. 회중석에서는 물론 강단에서까지 천박한 말이 오가는 '싸구려 은혜'의 시대에, 사회적으로 팽배했던 도덕적 해이와 '고위층의 사악함'을 묵인할 수 없었던 수많은 성도 사이에서 커다란 전환점이 일기 시작했다.

 이 책에는 오늘날 하나님의 역사를 체험한 사람들의 간증이 기록되어있는데 이를 읽어보면 그 오래전 '뜨겁게 울부짖었던 감리교도들'의 간증, 천막 집회를 통해 성령의 역사를 강하게 체험한 성결교도들의 간증과 흡사하다는 것을 발견할 수 있을 것이다. 수백만의 사람을 변화시키고 오순절 부흥으로 이어졌던 급진적 성결교 운동을 향해, 다시 한 번 역사의 시계추가 회귀하는 것일지도 모른다. 만일 이것이 사실이라면, 이는 지난 수십 년 동안 내가 들어왔던 소식 중 가장 기쁜 소식이리라!

나는 청년 시절에 영국의 오순절주의 신학자 노엘 브룩스(Noel Brooks)에게서 깊은 영향을 받았다. 그는 한때 조지 제프리스(George Jeffries)의 치유 집회를 주관했던 사람이다. 그는 '방언은 했지만 여전히 은혜롭지 못하고 부도덕적인 삶을 살아가는' 수많은 목회자와 복음 전도자의 도덕적 타락을 목격했다. 결국 그는 1959년에 『용서, 정결, 그리고 능력: 성령의 삼중 사역』(Pardon, Purity, and Power: The Three Ministry of the Holy Spirit)이라는 책을 펴냈다. 여기서의 삼중 사역은 '칭의'(justification, 용서), '성화'(santification, 정화), 그리고 '성령 세례'(baptism in the Holy Spirit, the power, 능력)를 가리킨다. 그는 신약시대의 초창기부터 현재에 이르기까지 이 세 가지 사역이 항상 함께했다는 점을 지적했다. 마크 러틀랜드(Mark Rutland) 역시 이 셋의 연합을 '거룩한 결혼'이라고 칭하며 그와 동일한 주장을 폈다. 이 셋 중 어느 하나라도 누락될 때, 교회는 능력을 잃기 시작한다. 다른 말로 표현하자면, 결혼 서약서에 적힌 것처럼 '하나님께서 연합하신 것을 누구도 파기할 수 없다.'

랜디 클락의 책 『능력, 성결, 그리고 전도』는 새로운 세대의 독자들에게도 이 사실을 주지시켜줄 것이다. 이것은 현대 교회를 향해 중요한 메시지를 던지는 시의적절한 책이다. 성결(거룩)은 선택 사항이 아니다. 주님을 만나기 원한다면, 성결은 필수다. 이 책의 내용이 힘주어 강조하듯이, 정결함과 능력 중 어느 것이 더 중요한지의 논쟁은 결국 '둘 중 하나'가 아니라 '둘 다'로 결론지어야 한다. 만일 거룩함을 입은 수백만의 목사, 복음 전도자, 교사, 선지자, 사도의 군대가 성령의 능력과 은사를 겸비하여 금세기의 끝을 향해 행진한다면, 온 세상의 복음화라는 우리의 지상(至上) 목표는 이 세대가 끝나기 전에 성취될 것이다.

아멘! 그렇게 되리라!

빈슨 사이넌(Vinson Synan)
버지니아, 버지니아 비치
리젠트 대학(Regent University)

소개하는 글

비전...A Vision

　부디 이 책이 거룩한 백성의 마음에 뜨거운 불을 지펴내기를! 이것이 본서를 펴내면서 소망했던 바다. 또한 독자들 모두 기쁨으로 충만한 삶을 영위할 수 있기를 바란다. 삶에 거룩함의 향기가 묻어나기를, 대적의 영악한 속박으로부터 자유롭게 풀려나기를 기도한다. 우리가 모두 효과적으로 복음을 전파하는 전도자의 삶을 살아가기를 소망해본다.
　지금은 성도들의 삶에 복음 전도의 열정이 강력하게 일어나야 할 때다. 더 이상 '전도'는 누군가에게 믿음을 강요하고 그들로부터 지적(知的)인 동의를 이끌어내는 이벤트로 끝나서는 안 된다. 속박으로부터 자기 백성을 자유케 하시는 하나님의 능력이 전도자의 삶을 통해 명백하게 드러나야 한다. 이처럼 하나님의 능력이 생생하게 펼쳐지는 '전도'이어야 한다.

또한 이 책이 '하나님의 교회' 안에 있는 수많은 지역 교회, 다양한 그룹(교단)들을 향해 동일한 비전('변화된 교회, 정결한 교회, 강력한 교회, 역사상 가장 큰 추수를 이끌어낼 교회'의 비전)을 제시할 수 있기를 바란다.

성령으로 충만하여 변화를 입은 성도들, 성령의 인도하심대로 순종하는 성도들, '예수 그리스도의 제자'라는 타이틀에 걸맞은 성도들이 우리의 교회 안에 가득하기를 기대(vision)한다. 모든 얽매이는 것과 넘어지기 쉬운 죄들을 단호히 벗어던지고 승리자의 삶을 영위하는 성도들로 우리의 교회가 가득 차야 할 것이다. 자신의 삶이 그리스도의 피로 속량되었음을 깨달은 성도들, 그래서 그 삶을 자신의 것이라 주장하지 않고 주 예수 그리스도의 소유라고 선포하는 성도들로 넘쳐나야 한다. 이들이야말로 새로움을 입은 성도들 중 가장 새로움을 입은 사람, 곧 그리스도의 '제자들'이리라!

교회의 역사를 살펴보면 알 수 있듯이, 현재의 수많은 교회나 교단은 처음에는 다양하고 참신한 신학적 동향에서 출발하였지만 결국 비극적 분열을 통해 서로 갈라서게 된 것이다. 나는 이 책이 여러 교회와 교단 사이를 잇는 교량의 건축에 일조할 수 있기를 기도한다.

그저 꿈일 뿐이라고?...Only a Dream?

'연합된 공동체', '능력으로 가득한 삶', '개개인의 경건과 거룩' – 이러한 특징을 지닌 교회를 소망한다면, 과연 현실적인 소망이라고 할 수 있는가? 나는 그렇다고 믿는다. 사실 얼마 전까지만 해도 사람들은

'철의 장막'(Iron Curtain)이 무너지리라고는 꿈에도 생각지 못했다. 게다가 "철의 장막이 곧 무너질 것이다"라는 소문을 들었을 때, 모두 "비현실적인 이야기다"라며 비아냥거렸다. 하지만 철의 장막은 무너졌다.

우리가 살고 있는 이 놀라운 시대에 하나님께서는 사람들의 마음속에 거룩함을 향한 갈망을 새롭게 창조해주신다. 또한 백성의 마음속에 세계 선교를 위한 열정도 빚어주신다. 잃어버린 수십억의 사람에게 복음을 전할 수 있도록, 성도들의 마음속에 복음의 열정을 불어넣으신다.

이 책의 기고가(寄稿家)들은 저마다 위에 열거한 목표들의 실현 가능성을 설파한다. 그들은 자신이 몸담고 있는 교회 안에 변화의 바람이 일어나는 것을 실제로 목격했다. 개개인의 거룩한 삶과 하나님의 능력과 잃어버린 영혼의 구원을 중요하게 여기는 모습이 나타났던 것이다. 하나님께서는 우리가 거룩한 삶, 성결한 삶을 살 수 있도록 능력과 결단력을 허락해주신다. 그 능력으로 인해 우리는 '복음 전파'를 삶의 일부로 삼을 수 있게 된다. 이 책의 기고가들은 모두 하나님께서 우리를 자유케 하신다는 사실, 우리에게 세계 복음화의 소명을 주신다는 사실을 이야기한다.

또한 이들은 모두 교량을 건축하는 사람들이다. 그중에는 연합 감리교(United Methodist) 출신, 하나님의 성회(Assemblies of God) 출신, 후기 교단 은사주의 운동(post-denominational Charismatic) 출신, 빈야드(Vineyard) 출신, 그리고 침례교(Baptist) 출신도 있다. 아르헨티나에서 가장 오래되었고 남미에서 두 번째로 오랜 역사를 자랑하는 침례교회처럼 오랜 전통을 지닌 교회 출신도 있고, 빈야드 운동처럼 비교적 최근에 등장한 신흥 그룹 및 역사가 길지 않은 독립교회 출신도 있다. 우연은 아니지만 이들의 이력 또한 주목할 만한데 이들 중 박사학위 소지자가 일곱 명이나 되고 그중 절반 이상이 신학대학원, 성경 대학교 등 다양한 기독교육 기관에서 교편을 잡고 있다.

위에 언급한 비전에 대해 말하자면 나의 입장 역시 이들과 동일하다. 이 비전은 단지 백일몽으로 끝나지 않을 것이다. 이 비전을 위해 우리가 해야 할 일이 많다. 왜냐하면 인류 역사 속 그 어떤 세대를 살다간 사람들보다 지금 이 세대를 살다가 떠나게 될 사람의 수가 훨씬 더 많기 때문이다.

문제점…A Problem

이 꿈의 실현 가능성을 염두에 둘 때, 가장 먼저 떠오르는 장애물이 있다. 잘 알듯이, 교회가 변화되지 않았다는 것이 그것이다. 아직도 교회 안에는 '부정함'이 남아있다. 그뿐 아니라 교회가 능력으로 충만하지 않다. 그러므로 교회는 승리를 거머쥐지 못한다. 교회는 치유받고, 구원받고, 자신을 부인하며 변화를 입은 성도들로 가득 차 있어야 한다. 그러나 지금, 교회는 상처 입고 탈진해버린 용사들이 '숨어 지내는 곳'으로 전락하곤 한다. 교회를 구성하는 수많은 사람(리더 및 구성원 모두)이 아직 고백하지 않은 과거의 죄, 삶 속 깊이 묻혀있는 죄의 무게에 눌려 있다. 어깨에 메지 않아도 될 무거운 짐들을 짊어지고 있는 것이다. 또한 우리 중 대다수가 치유되지 않은 감정의 상처 때문에 신음하고 있다. 이러한 상처들은 성령께서 인도하시는 방향으로 나아가지 못하도록 우리의 발목을 붙든다. 치유받지 못했기에 생채기의 통증을 고스란히 체감한다. 그러므로 우리는 의식적으로든 무의식적으로든 그 통증이 위협하는 방향으로 나아갈 수밖에 없다. 결국 수많은 사람이 경건하지 못한 습관, 부적절한 습관에 중독되어버렸다. 우리는 남을 험담한다. 헛소문 퍼뜨리기를 즐긴다. 거짓을 행한다. 포르노그래피(음화)를 탐닉한다. 탐식한다. 화를 참지 못한다. 남을 증오한다. 여러 가지 음란한 행위를 통제하지 못한다. TV에 중독된다. 악감정(bitterness:쓴 뿌리)이나 분노에 사로잡힌다. 남을 용서하지 못한다.[1]

많은 사람, 심지어 교회의 리더들조차 이처럼 육체의 소욕대로 살아간다. 그들은 쉽게 화를 내고, 쉽게 상처받는다. 남을 통제하고, 조종하려 들고, 또 욕심을 부린다. 교만의 죄에 빠진다. 너무도 많은 사람이 자신의 신분을 지나치게 신경 쓰기 때문에 주변 사람으로부터 인정받고자 안간힘을 다한다.

그 결과 우리의 '복음 전도'는 두 가지 난관에 봉착했다. 첫째는 밖으로부터 들려오는 교회에 대한 좋지 못한 평가(기독교인들에 대한)이고, 둘째는 교회 자체의 무능력이다.

우리의 삶이 깨끗하지 못하고, 치유받지 못하고, 패배를 일삼고 있는 지경인데 세상을 정결케 하고, 치유하고, 승리하는 하나님의 능력을 어떻게 전파할 수 있단 말인가? 진정 이것이 하나님께서 의도하신 교회의 모습인가? 이러한 교회가 지옥의 문을 부서뜨리겠는가?

확신하건대 하나님의 의도는 자녀 된 우리 모두가 성령의 능력으로 옷 입고, 정결한 삶, 승리하는 삶을 살아가게 하는 것이리라! 이렇게 살아갈 때, 우리는 하나님의 이름을 높일 수 있고 그 아들 예수 그리스도의 내주하시는 생명력을 세상에 나타낼 수 있다. 나는 이것이 하나님의 의도라고 확신한다.

물론 이 세상에서는 완벽한 '온전함'을 경험하지 못할 수도 있다. 그러나 하나님께서는 완벽한 온전함을 향해 우리를 이끄신다. 하나님께서 명령하신다. "모든 무거운 짐, 얽매이기 쉬운 죄를 벗어버리라"(히 12:1 참조).

비밀...A Secret

때때로 하나님께서는 성도들이 예수님을 닮아갈 수 있도록 여러 가지 다양한 방법을 제시해주신다. 하나님이 제시해주신 성결한 삶, 승리하는 생활—결국에는 복음 전파의 영광스러운 결실(추수)로 이어지는 삶—의 열쇠 중 하나는 '능력을 부어주시는 하나님의 임재'(God's empowering presence)다. 이것이 바로 고든 피(Gordon Fee) 박사가 『바울, 성령, 그리고 하나님의 백성』[2]에서 언급한 내용이다. 상기 저서는 고든 피 교수가 바울 서신에 나타난 성령을 주제로 집필된 논문 및 방대한 양의 연구 결과를 집약 정리한 책이다.[3] 고든 피 박사는 리젠트 칼리지(Regent College)의 학장이며 오늘날 가장 존경받는 신약학 학자 중 한 명이다. 개인적으로는 고든 피 박사가 로마서 7장 내용을 설명했던 부분을 가장 좋아하는데, 그의 주해가 내게 큰 용기를 북돋아주었기 때문이다. 로마서 7장은

'성도들의 패배' 일변도로 대중에 이해되고 있지만 사실 바울은 성도들의 삶이 승리로 점철되리라 기대했다. 고든 피 박사의 로마서 7장 원문 주해는 이러한 내 생각의 발판이 되었다. 바울은 성도들에게서 승리하는 삶의 모습-성령이 강하게 부어질 때 일시적으로 나타나는 승리가 아닌, 지속적인 승리-이 나타나리라고 기대했다. 고든 피 박사가 『바울, 성령, 그리고 하나님의 백성』 중 제11장을 본서의 두 번째 장에 게재할 수 있도록 전문 발췌를 허락해준 것에 대해 큰 감사를 전한다. 더욱더 거룩한 삶을 갈망하는 성도들이라면 바로 지금, 고든 피 박사의 책 『바울, 성령, 그리고 하나님의 백성』을 읽어볼 것을 진심으로 권한다.

고든 피 박사 및 이 책의 기고가들 모두가 동일하게 전하는 메시지는 이것이다. "하나님의 거룩함과 그의 능력을 갈망하는 성도라면, 오늘, 바로 지금, '능력을 부어주시는 하나님의 임재'를 맛볼 수 있다!" 하나님께서 우리에게 바라시는 것은 우리가 능력의 삶, 거룩한 삶, 복음 전도자의 삶을 살아가는 것이다. 하나님은 바로 지금, 이 일을 이루실 수 있다.

우리는 하나님께서 부어주시는 능력에 어느 정도 익숙하다. 주로 기름 부음이 강력한 예배(특히 공[公]예배)의 현장에서 성령의 임재를 경험해왔고 또 성령의 임재에 수반되는 여러 가지 현상도 목격해왔다. 이를테면 육체 치유, 감정의 치유, 그리고 축사(逐邪)가 그것이다.

그러나 대부분의 성도가 인식하지 못하는 사실이 있다. 하나님의 능력은 결코 어려운 과제를 수행해야 얻을 수 있는 것이 아니다. 누구든지 그 능력을 얻는 데 필요한 아주 간단한 과정을, 묵묵히 그리고 신실히 행하기만 하면 교회 모임뿐만 아니라 개인 상담의 현장에서도 하나님의 능력을 맛볼 수가 있다.

　이 사실이 '전도'와 무슨 상관이 있단 말인가? 결론부터 말하자면 실로 많은 부분 상관이 있다. 우리 대다수는 정결하고 거룩한 삶을 살지 못하여 패배감에 눌려있기에 선뜻 복음을 전하지 못한다-나는 그렇게 생각한다. 마음속에 자리한 패배감 위에 수치심이 덧붙는다. 그리고 이 수치심은 우리의 입을 원천 봉쇄하여 구원의 강력한 복음이 담대히 발설되는 것을 불가능하게 만든다. 하지만 하나님의 능력이 우리를 자유케 하시면(영원한 지옥으로부터의 자유뿐만 아니라 현재의 '반복되는 죄와 경건의 실패'라는 지옥으로부터의 자유) 우리는 우리의 승리를 담대히 전하지 않고는 도저히 견딜 수 없을 것이다. 속박 아래 있는 사람은 결코 효과적인 전도를 성취할 수 없다. 수많은 전도 관련 컨퍼런스에 참가했을지라도 달라질 것이 없다. 여전히 전도할 수 없다. 하지만 온전한 진리가 임하여 우리를 온전히 자유케 할 때, 사람들에게 외치지 않고는 견딜 수가 없다.

　"한때는 내가 속박된 자였으나 지금은 자유케 되었도다!"

능력, 성결, 그리고 전도...Power, Holiness, and Evangelism

　책의 제목에서 알 수 있듯이, 이 책은 세 가지 중점-능력, 성결, 그리고 전도-을 강조한다. 이 책은 먼저 '능력'에 중점을 둔다. 우리에게 능력을 부어주시는 하나님의 임재가 없다면 성결은 불가능하다. 또한 능력 없이 전도하면 기껏해야 '미약한 전도'로밖에 자리 매김 되지 않을 것이다. 둘째로 이 책은 '성결'에 중점을 둔다. 우리의 삶에 거룩함이 없다면 하나님의 성품을 다른 사람에게 보여줄 수 없다. 삶으로 거룩함을 보이지 않는 전도는 종종 남을 설득하는 논쟁으로 전락해버린다. 물론 자연스럽게 전도 실패로 이어질 것이다. 마지막으로 이 책은 '전도'에 중점을 두는데 첫째, 전도는 예수님께서 직접 전달하신 명령이기 때문이다. 둘째, 전도는 하나님의 능력과 경건과 희락을 맛보는 성도들의 삶을 통해 자연스레 맺히는 열매이기 때문이다.

더 높은 차원의 '성결'에 도달하는 것이 가능하다는 주장에 대해 모든 사람이 동의를 표하는 것은 아니다. 심지어 우리가 그러한 거룩함에 도달하는 것이 하나님께서 의도하신 바가 아니라고 말하는 사람들도 있다. 오늘날 수많은 복음주의 설교자와 학자는 '전가된 의(義)'(imputed righteousness)를 강조한다(전가된 의-그리스도의 의로움이 우리에게 전가[轉嫁]된다는 교리다. 이 교리를 더 발전시키면 우리가 지은 죄는 간과될 수 있고, 우리는 자동적으로 그리스도의 의로움을 입게 되므로 의인이라 선언 받을[칭의] 수 있다는 결론이 도출될 수 있다. 그러므로 이러한 '칭의'를 '존재적 변화'와 상관없는 단순한 '법적 선언'으로 여길 때 문제가 발생할 수도 있다-역자 주). 그들은 믿음으로 의롭게 되는 것(이신칭의, justification by faith)을 설명하지만 그들의 설명에는 '실제 삶 속에서 그 의로움이 체현되는 것'(의로운 존재로의 변화, experiential righteousness)에 대한 기대가 결여되어있다. 물론 나 또한 예수 그리스도의 '전가된 의'를 믿는다. 내가 회심한 순간 그리스도의 의는 내게 전가되었다. 그러나 나는 거기서 모든 것이 완성되었다고 생각하지 않는다. 삶 가운데 '의로움'의 실체가 끊임없이 성장하는 것을, 하나님께서 원하신다-나는 그렇게 믿는다. 나의 죄성은 원죄로 인한 타락(The Fall)의 결과다. 죄성 가운데 나는 끊임없이 넘어질 수 있다. 하지만 또한 나는 마귀의 압제와 유혹으로 인한 범죄로부터 자유케 될 수 있다. 나를 쇠약하게 만드는 상처들로부터 온전히 치유받을 수 있다. 하나님의 율법을 거역하라는 유혹을 더 성공적으로 이겨낼 수 있다. 물론 나는 문자 그대로의 '온전함'에는 이르러본 적이 없다. 하지만 하나님의 은혜와 그 능력을 체험한 뒤, 결코 끊을 수 없을 것 같았던 몇몇 죄를 '온전히' 끊을 수 있었다. 그토록 신선하고 강력한 하나님의 현존과 임재를 맛보기 전에는 그러한 죄악들을 끊지 못하고 반복했었는데 말이다. 나는 여기서 의인(義認, justification: 의롭다고 인정받음)을 이야기하는 것이 아니다. 내가 말하는 주제는 성화(聖化, sanctification)다.

전도의 도구...Tools for Evangelism

우리가 경건한 삶, 전도자의 삶을 추구하며 성도의 길을 걷고자 할 때 도움을 주는 여러 가지 도구가 있다. 이 중 가장 중요한 세 가지는 '회개', '축사', 그리고 '내적 치유'다. 성화는 평생에 걸쳐 진행되는 과정이다. 성도들은 모두 평생에 걸쳐 '의인'이라는 지위에 걸맞은 성결의 상태(지위적 경건)와 실제 삶 가운데 나타나는 성결의 상태(실제적 경건), 이 둘 사이의 간격을 좁혀나가는 과정 가운데 있다. 비록 성화가 평생에 걸친 과정이지만, 때때로 이 간격을 획기적으로 좁혀주는 경험이나 사건들이 있을 수 있다. 이 과정은 긴 시간에 걸쳐 진행되기도 하지만, 비교적 짧은 시간 동안 진행될 수도 있다는 것이다.

나는 그동안 성화의 도구로 사용된 기독교의 전통적인 방법들보다 내적 치유와 축사 사역이 훨씬 더 우월하다거나 혹은 이 둘이 상호 적대적이라고는 생각하지 않는다. 또는 내적 치유와 축사 사역이 예부터 중요하게 여겨진 방법, 이를테면 '자기 부인', '육체를 십자가에 못 박기', '하나님을 아는 지식'과 '은혜 안에서 성장하기' 등을 대체할 수 있다고도 생각하지 않는다. 그러나 성화의 공식이 존재한다면 그 속에 축사 사역과 내적 치유를 반드시 포함시켜야 한다고 믿는다.

먼저 내 자신이 삶 속에 자리하고 있던 몇몇 특정한 '견고한 진들'로부터 해방되는 경험을 했기 때문이다. 그리고 나와 우리 사역팀은 모두 수많은 사람의 삶에서 이와 같은 해방의 역사가 일어난 것을 목격했다. 내가 알고 있는 어떤 여성에게 일어난 일은 결코 범상치 않았다. 그녀는 어린 자녀들을 키우고 있었으며 수년간 충성된 종으로서 주님을 섬겨왔다. 이러한 그녀가 오랫동안 삶 속의 견고한 진에 얽매어있었던 것이다. 하지만 축사 사역을 통해 이들 견고한 진에서 해방됨을 경험하였고 이후로 축사 사역과 내적 치유 사역에 몸담게 되었다. 자신이 경험한 자유와 해방감에 대해 그녀는 이렇게 언급한다. "이러한 자유를 맛볼 수 있으리라고는 생각도 못했어요. 천국의 자유 말이에요!"

남미의 예...The Latin American Models

수년 전, 중남미의 여러 도시에 놀라운 부흥의 불길이 일었다. 그 가운데 몇몇 도시에서는 강력한 축사 사역이 행해졌다. 보통은 축사 사역과 함께 개인의 회개와 내적 치유 사역이 병행되었다(흥미롭게도 남미에서는 더 이상 "과연 크리스천도 귀신들릴 수 있는가?" 하는 것이 신학적 논쟁거리가 되지 않는다. 성도들에게 귀신들림의 증거[현상]들이 너무도 많이, 또 너무나 자주 나타났기 때문이다. 축사 사역과 내적 치유 사역의 필요성이 현격해졌을 뿐 아니라, 축사와 내적 치유가 남미 신학의 일부로 자리 매김 될 정도였다).

아르헨티나의 유명한 복음 전도자(부흥가) 카를로스 아나콘디아(Carlos Annacondia)를 만나 다음과 같이 질문한 적이 있다. "부흥성회(crusade)를 통해 예수님의 제자가 된 사람들의 수가 북미보다 남미에서 훨씬 더 많은 이유는 무엇입니까?"[4] 그가 대답했다. "북미에서는 죄를 용서받기에 충분할 만큼만 복음이 선포되지만, 남미에서는 자유를 체험하기에 충분할 만큼 복음이 선포됩니다." 이삼백만 명의 잃어버린 영혼을 하나님의 왕국으로 회복시킨 부흥성회에서, 아나콘디아 목사는 회중 가운데 예수를 영접하고 싶은 사람들을 일으켜 세우고 단상 앞으로 불러내어 영접 기도를 시킨다. 그러나 그는 결신자들이 영접 기도 후 곧장 자기 자리로 돌아가는 것을 허락지 않는다. 이후 대기하고 있던 스태프들이 이들에게 다가가 필요한 정보를 얻어낸다. 그리고 아나콘디아 목사는 이들에게 악한 영향력을 끼쳤던 더럽고 부정한 영들을 대적하며 강력하게 기도하기 시작한다. 곧 수많은 사람에게서 귀신의 발작처럼 보이는 현상들이 나타나기 시작하는데, 어떤 사람은 몸을 떨고, 또 어떤 사람은 바닥에 고꾸라진다. 비명을 지르거나 극심한 두통을 호소하는 사람들도 있다. 또한 "난 절대 안 나갈 거야!"라는 귀신의 절규를 발하는 사람도 있다. 스태프들은 이러한 현상을 보이거나 이와 비슷한 증상을 나타내는 사람들을 추려내어 따로 마련된 축사 사역 장소로 이동시킨다. 그곳에서 이들은 훈련된 사역자들에게서 축사 사역을 받게 된다(사역자들 중 대다수가 평신도다). 사역이 끝나면 피사역자들 대부분이 치유된다. 압제로부터 해방감을 만끽하며 축사 사역 장소를 나선다.

파블로 보타리(Pablo Bottari)는 수년 동안 카를로스 아나콘디아 집회의 축사 사역 파트를 담당했다. 그는 수천 명에 달하는 귀신들린 성도(목회자 포함)에게 축사 사역을 했고 사역자들을 훈련시키는 일도 담당해왔다. 그의 지도하에 훈련받은 사역자들은 약 육만 명 이상의 사람에게 축사 사역을 시행했다. 하나님께서는 파블로 보타리에게 조용하고, 품위 있고, 목양(牧羊)적이며, 효과적인 축사 사역의 모델을 가르쳐주셨다. 그는 현재 미국을 포함한, 수많은 나라에서 이 모델을 가르치고 있다. 또한 이 책의 기고자들 중 파블로 보타리로부터 크게 영향을 받은 사람도 있다. 이 책의 제9장에는 보타리의 가르침을 한데 응축하여 기록한, 축사 사역 지침이 게재되어있다.

파블로 데이로스(Pablo Deiros)와 카를로스 음래이다(Carlos Mraida) 목사는 아르헨티나에서 가장 역사가 오래된 대형 침례교회를 공동 담임하고 있다. 그리고 박사학위를 소지한 데이로스 목사는 부에노스아이레스에 있는 국제 침례 신학대학원(International Baptist Theological Seminary)의 교회사 과목을 가르치고 있다. 그는 미국 프린스턴 신학대학원 및 풀러 신학대학원에서도 교수직을 지낸 바 있다.[5] 이들이 담임하고 있는 교회는 현재 축사 사역과 내적 치유 사역을 활발하게 수행하고 있으며, 이 교회의 목회자들 및 리더들은 성도들이 자유함을 얻도록 도와주는 사역에 있어서는 선구자 격이라고 할 수 있다. 이 교회에서 치유를 얻은 목회자나 사역자들은 그들이 가르침을 받은 대로 다른 사람들을 자유케 하고 치유하는 사역을 시행하게 된다. 카를로스 음래이다 목사는 이 책의 한 장에 걸쳐 내적 치유에 관한 글을 기고해주었다. 데이로스 박사는 파블로 보타리와 공동으로 축사 사역에 관한 글을 기고해주었다.

물론 수많은 성도가 부흥성회(crusade)보다는 지역 교회에서 시행하는 복음 사역을 통해 구원을 얻었다. 남미의 여러 교회는 새신자들이 회개, 축사, 내적 치유, 성령 세례를 통해 신앙 성장의 도움을 얻을 수 있는 방법들을 모색하였다. 어떤 교회는 매달 특정한 주말을 선택하여 새신자들을 한데 모으고 그들이 회개, 축사, 내적 치유, 성령 세례를 경험할 수 있는 수양회를 제공한다. 한 달에 수백 명의 새신자가 등록하는 대형 교회 중 몇몇은 이와 같은 주말 수양회를 더 자주 개최한다. 세사르 카스텔라노스(Caesar Castelanos)는 지구를 동서로 나누었을 때, 서반구(Western hemisphere)에서 가장 큰 교회를 담임하고 있다. 그가 담임하는 교회는 콜롬비아 보고타에 있는데, 새신자들이 예수님의 제자로 성장할 수 있도록 매달 세 번씩 주말 수양회를 개최하고 있다. 그 수양회의 프로그램 중 일부가 바로 '축사 사역'이다.

오순절 계열이든, 은사주의 계열이든, 전통주의든 상관없이 철저한 회개와 내적 치유와 축사 사역은 남미 개신교 교회의 핵심 사역이 되었다. 이러한 이유 때문에 남미 복음주의 계열 교회들이 놀라운 성장 곡선을 그리며 부흥하는 것이 아닌가 하는 생각이 든다(본서의 제5장, "능력 전도를 통해 잃어버린 영혼들에게 나아가다"를 참조하라).

새신자들이 예수님을 영접한 후 곧바로 회개, 내적 치유, 축사 사역과 성령 세례의 역사를 체험하게 되는 남미의 사역은 참으로 놀랍다. 반면 북미의 경우에는 한 달 동안 새신자의 수가 백 명이 넘지 않는 교회들이 다수다. 그중 한 달 내내 단 한 명의 결신자도, 심지어 몇 개월에 걸쳐 단 한 명의 결신자도 얻지 못하는 교회도 있다. 어쩌면 북미에서는 남미 교회가 목격했던 '대규모 회심'과 같은 사건이 당분간 일어나지 않을 수도 있을 것이다.

하지만 북미의 교회들은 주말 수양회와 같은 교회의 공식 프로그램이 아니더라도 성숙한 성도들을 통해 개별적으로 새신자들을 교육할 수 있고 회개, 내적 치유, 축사 사역, 성령 세례를 경험케 하는 비공식적 프로그램들도 제공할 수 있을 것이다. 뜻을 같이하는 교회들이라면, 매월 특정한 주말에 이러한 특별 수양회를 공동 개최하여 당월 새신자에게 사역할 수도 있을 것이다.

우리는 어디로 나아가는가?...Where Do We Go From Here?

하나님께서 놀랍도록 성령을 부어주시는 이 시대에 호흡하며 살아간다는 사실이 한없이 기쁘다. 나는 당신이 마음을 열고 성령님을 받아들이기를, 또한 그분께 민감하게 반응할 수 있기를 바란다. 그래서 성령님이 당신에게 이 책의 기저에 흐르는 주제를 깨우치시기를 기도한다. 우리가 거룩한 백성이 되는 것-이것은 분명 하나님의 뜻이다. 예수님은 '거룩함'으로 우리를 부르셨다. 사도 바울은 디모데에게 서신을 보내어 이렇게 말했다. "하나님이 우리를 구원하사 거룩하신 소명으로 부르심은 우리의 행위대로 하심이 아니요 오직 자기의 뜻과 영원 전부터 그리스도 예수 안에서 우리에게 주신 은혜대로 하심이라"(딤후 1:9). 물론 성경에는 위의 구절 말고도 "거룩하라"라는 명령이 수없이 기록되어있다. 확실히 거룩한 삶은 우리를 향하신 하나님의 뜻이다. 그러나 우리에게 당면한 문제는 에베소서 4장 1절에 기록된 사도 바울의 권면을 어떻게 행하는지 하는 것이다. "그러므로…내가 너희를 권면하노니 너희가 부르심을 받은 일에 합당하게 행하여…"(엡 4:1).

내가 확신하건대 부르심에 합당하게 살아간다는 것은 곧 하나님의 뜻에 순종하며 사는 것이리라. 그런데 하나님의 뜻은 성경, 특히 십계명과 산상수훈에 제시된 하나님의 도덕적 성품과 깊이 연관되어있다. 삼위 하나님, 그의 왕국, 그리스도의 신부인 교회를 향해 열정을 품는 삶 또한 하나님의 뜻대로 살아가는 노력의 일부일 것이다. 여기에 하나님이 함께하실 때 나타나는 능력을 체험하고 그 능력으로 말미암아 잃어버린 영혼을 구원하며 하나님의 거룩함을 본받아 사는 삶이 포함된다.

미주리 세인트루이스에서
랜디 클락
Randy Clark
St. Luis, Missouri

▌주 석

1. 이와 같은 중독에 마귀가 개입해있다는 주장은 전적으로 나의 경험이다. 나는 크리스천이 '마귀에게 사로잡히는' 일은 없다고 생각한다. 왜냐하면 사로잡힘이라는 말에는 '소유'의 개념이 포함되기 때문이다. 우리는 주 예수 그리스도의 피 값으로 사신 바 된 사람들이다. 그러나 우리는 마귀의 영향을 받을 수는 있다. 즉 마귀라고 불리는 사악한 영들에 의해 고통당할 수 있다는 뜻이다. 내 자신이 그랬다-하나님께서 자유케 해주시기 전까지 말이다. 그러므로 이 글에서 내가 '축사'(deliverance)라는 말을 사용했다면 그것은 사악한 영 혹은 마귀의 영향력으로부터 자유케 된 상태를 의미한다.

2. Dr. Gordon D. Fee, *Paul, the Spirit, and the People of God* (Peabody, MA: Hendricson, 1996). 고든 D. 피 박사는 성령의 능력은 바울 서신에 나타나는 가장 중요하고 근본적인 교리라고 말한다. 그의 신학적 이해 아래, '이신칭의'의 교리보다 훨씬 더 중심에 위치하는 것이 바로 '하나님의 능력의 체험'이다. 바울의 관점에서 볼 때 능력의 체험이야말로 '과연 우리가 믿음으로 의롭게 되었는지'를 확인할 수 있는 증거다.

3. 이 책은 *God's Empowering Presence: The Holy Spirit in the Letters of Paul* (Peabody, MA: Hendricson, 1994)이다.

4. 남미에서 카를로스 아나콘디아의 사역은 80%의 결실(성공)을 이끌어냈다고 보고된 반면, 우리들 대부분이 알듯이 북미에서의 성공률은 '성공'이라고 이름 붙이기 창피할 정도다.

5. 미국이 마귀의 압제를 가장 많이 받는 나라일 수도 있다는 것은, 수많은 사례 연구를 통해 데이로스 박사가 내린 결론이다. 실제로 크리스천들은 마귀의 공격에 대해 속수무책인데 부분적으로는 그리스도인들이 '나는 마귀로부터 괴롭힘을 당하지 않는다'라는 믿음을 갖고 있기 때문일 것이다. 나는 이것을 입증할 수 있다. 크리스천들을 향해 "당신은 예수 안에서의 자유를 알아야 하며, 그 자유를 가져야만 한다"라고 설교하기 시작하면, 그제야 스스로가 마귀의 속박으로부터 풀려나야 함을 깨닫고 기도받기 위해 강단으로 나아오는 크리스천들의 수가 엄청나기 때문이다. 보통 집회 참석자의 40-60% 정도에 달한다.

1부

성서적 부르심과 체험
The Biblical Call and Experience

스콧 맥더모트(Scott McDermott) 박사는 텍사스 남 감리교 대학 퍼킨스 신학교(Perkins School of Theology at Southern Methodist University)에서 부교수로 재직 중이다. 그는 또한 펜실베이니아 주 워싱턴 크로싱 지역에 소재한 '워싱턴 크로싱 연합 감리교회'(Washington Crossing United Methodist Church)의 담임목사로 사역하고 있다. 1994년, 주님께서는 이 교회의 교인들에게 놀라운 능력을 펼쳐 보이셨다. 교인들은 저마다 더 깊은 기도(개인 기도, 연합 기도), 더 깊은 성경 연구, 활기찬 예배로의 부르심을 깨닫고 교회의 부흥과 회복을 위한 국내 선교 및 해외 선교로의 사명을 감당하고 있다. 스콧 맥더모트는 주님께서 수많은 사람을 그분의 나라로 인도하시는 것, 또한 그들이 준비되어 다른 사람을 구원하는 일에 도구로 쓰임 받는 것을 목도하기를 갈망한다.

1

'거룩함' 이라는 자유의 울부짖음
The Freedom Cry of Holiness

스콧 맥더모트
by Dr. Scott McDermott

•

그러므로 너희 마음의 허리를 동이고 근신하여 예수 그리스도께서 나타나실 때에 너희에게 가져다주실 은혜를 온전히 바랄지어다 너희가 순종하는 자식처럼 전에 알지 못할 때에 따르던 너희 사욕을 본받지 말고 오직 너희를 부르신 거룩한 이처럼 너희도 모든 행실에 거룩한 자가 되라 기록되었으되 내가 거룩하니 너희도 거룩할지어다 하셨느니라(벧전 1:13-16)

기억에서 지워버린 말씀인가? 고찰해본 적 없는 말씀인가? 어쩌면 그럴지도 모른다! 어떤 사람에게는 '거룩함'(성결)이라는 단어가 이미 마음에서 멀어진 지 오래되었을지도 모른다. 게다가 거룩함을 잘못 이해하고 있는 사람도 있다. 사람들은 거룩함이라는 단어를 듣고는 외면적인 행위, 심지어 율법주의적인 행위를 떠올리곤 하는데 이는 거룩함의 정의와 거리가 멀다. 아니 완전한 오해다. 이것이 바로 이 장을 빌려 설명하고자 하는 내용이다. 거룩함(성결)은 마음속에서 절로 일어난다. 그러므로 외면적 행위와는 거리가 멀다. 거룩함은 또한 율법주의가 아니다. 왜냐하면 거룩함은 구원받은 교회, 어둠의 세력으로부터 자유롭게 된 교회가 외치는 '자유의 울부짖음'이기 때문이다. 본질로 들어가 보면 사실, 거룩함은 인간의 일이 아니다. 이것은 하나님의 일이다. 하나님께서는 아들 예수 그리스도 안에서 '출애굽'의 명령에 순종할 모든 사람을 부르신다. 하나님은 그들을 새로운 자유, 새로운 삶, 새로운 능력, 새로운 목표, 새로운 희망으로 인도하신다.

그렇다면 '거룩하게 된다'는 것은 어떤 의미인가?

'거룩한' 이라는 형용사...The Term Holy

성경에서 '거룩한', '거룩함', '성도', '성화', '성별'(聖別)이라는 말을 발견한다면 이는 대부분 '분리', '이탈', '따로 떼어냄'의 뜻을 지닌 히브리어나 헬라어의 번역일 것이다.[1] 실제로 이러한 뜻을 지닌 모든 히브리 단어의 어근은 '잘라내다', '이별하다'의 뜻을 내포하고 있다. 그러므로 어떤 사람이나 장소 혹은 사물이 '거룩하다'는 것은 그들이 세속으로부터, 일반으로부터 혹은 속된 것으로부터 분리되었다는 의미다.

하지만 거룩함은 단지 '무엇으로부터의 분리'만을 의미하지 않는다. 여기에는 '무엇을 향한(위한) 성별(헌신, 따로 떼어내어 거룩하게 준비함)'의 의미도 담겨있다. 즉 '거룩함'이라는 말에는 분리라는 의미와 함께 왜 분리되었는지에 대한 이유(분리의 목적)도 있다. 예를 들어 출애굽기에는 땅(호렙 산)이 거룩해진 사건이 등장하는데, 그곳은 하나님께서 그분의 이름을 계시하시기 위해 따로 구별하신 장소였다(출 3:6 참조). 그리고 예루살렘이라는 도성 역시 거룩한 장소다. 왜냐하면 하나님께서 그분의 백성과 교통하시는 장소였기 때문이다(느 11:1 참조). 성전의 기물들은 거룩하다. 하나님을 예배하고 찬양하는 일에 사용하려고 따로 구별해놓은 도구들이기 때문이다. 이것들은 모두 본래 평범한 것들이었다. 하지만 이 모든 것이 거룩하게 된 이유는, 하나님께서 자신의 뜻과 목적을 이루는 일에 사용하시려고 일반적·세속적인 것들로부터 따로 구별해두셨기 때문이다.[2]

하나님은 거룩하시다...God Is Holy

하나님은 사람, 사물, 장소를 향해 '나의 거룩함을 찬양하라'라고 명령하실 수 있다. 그것은 하나님께서 거룩하시기 때문이다. 시편에서 뽑아낸 다음의 말들을 살펴보자.

> 주의 크고 두려운 이름을 찬송할지니 그는 거룩하심이로다…너희는 여호와 우리 하나님을 높여 그의 발등상 앞에서 경배할지어다 그는 거룩하시도다(시 99:3, 5)

사도 요한은 보좌를 둘러싼 네 생물이 끊임없이 주님의 거룩하심을 선포한다는 사실을 이야기한다.

네 생물은…밤낮 쉬지 않고 이르기를 거룩하다 거룩하다 거룩하다 주 하나님 곧 전능하신 이여 전에도 계셨고 이제도 계시고 장차 오실 이시라(계 4:8)

위의 성경 구절이 하나님에 대해 무엇이라고 말하고 있는가? '거룩함' 이야말로 하나님의 본질적 성품을 가장 잘 나타내는 단어임을 밝히고 있다. 하나님은 거룩하시다. 이 말은 하나님의 광대하심과 신적 초월성을 나타낸다. 그러므로 유한성이나 죄는 하나님과 아무런 관련이 없다.[3] 토머스 오든(Thomas Oden)은 다음과 같이 말했다. "그 무엇도 하나님의 능력에 견줄 수 없다. 마찬가지로 하나님의 선하심 역시 어디에도 견줄 수 없다. 이러한 하나님의 선하심을 가장 잘 나타내주는 성품, 즉 그의 도덕성이 바로 '거룩'이다. 거룩함(kodesh: 히브리어 '거룩'의 영어 음역)이라는, 지존자(Supreme Being)에게나 걸맞은 탁월성이 흠도 없고 한계도 없으신 하나님에게서 발견되기 때문이다."[4]

그러나 성경에서 볼 수 있는 가장 흥미로운 점은 하나님께서 자신을 찾는 사람들의 삶 가운데 '거룩함'을 재생산하신다는 사실이다. 실제로 구약과 신약 모두 이 주제를 외치고 있다.

너희는 스스로 깨끗하게 하여 거룩할지어다 나는 너희의 하나님 여호와이니라 너희는 내 규례를 지켜 행하라 나는 너희를 거룩하게 하는 여호와이니라(레 20:7-8)

안식일을 지키라고 명령하는 출애굽기 31장 13절도 이와 동일한 외침을 발한다.

너는 이스라엘 자손에게 말하여 이르기를 너희는 나의 안식일을 지키라 이는 나와 너희 사이에 너희 대대의 표징이니 나는 너희를 거룩하게 하는 여호와인 줄 너희가 알게 함이라

신약의 히브리서 역시 동일한 주제를 메아리 울리고 있다.

그러므로 만물이 그를 위하고 또한 그로 말미암은 이가 많은 아들들을 이끌어 영광에 들어가게 하시는 일에 그들의 구원의 창시자를 고난을 통하여 온전하게 하심이 합당하도다 거룩하게 하시는 이와 거룩하게 함을 입은 자들이 다 한 근원에서 난지라 그러므로 형제라 부르시기를 부끄러워하지 아니하시고…(히 2:10-11)

하나님께서는 우리도 그와 같이 거룩해질 수 있도록 그분의 거룩을 우리에게 알리신다. NIV 성경은 이 구절을 "너희를 거룩하게 하는"(who makes you holy)이라고 번역해놓았지만 원문 그대로 번역한다면 "너희를 성화시키는"(who sanctifies you)이라고 할 수 있다. 성화(sanctification)는 사람, 장소 혹은 사물을 거룩하게 만드는 행위다. 사람, 사물, 장소가 본연의 목적으로부터 '결별'한 뒤, 또 다른 차원의 목적과 용도로 사용되는 현상이 바로 성화다. 이사야 선지자가 부름 받는 장면이야말로 하나님

께서 자신의 목적을 위해 누군가를 '성화' 시키시는 가장 훌륭한 예가 아닐까 한다.

> 웃시야 왕이 죽던 해에 내가 본즉 주께서 높이 들린 보좌에 앉으셨는데 그의 옷자락은 성전에 가득하였고 스랍들이 모시고 섰는데 각기 여섯 날개가 있어 그 둘로는 자기의 얼굴을 가리었고 그 둘로는 자기의 발을 가리었고 그 둘로는 날며 서로 불러 이르되 거룩하다 거룩하다 거룩하다 만군의 여호와여 그의 영광이 온 땅에 충만하도다 하더라 이같이 화답하는 자의 소리로 말미암아 문지방의 터가 요동하며 성전에 연기가 충만한지라 그때에 내가 말하되 화로다 나여 망하게 되었도다 나는 입술이 부정한 사람이요 나는 입술이 부정한 백성 중에 거주하면서 만군의 여호와이신 왕을 뵈었음이로다 하였더라 그때에 그 스랍 중의 하나가 부젓가락으로 제단에서 집은 바 핀 숯을 손에 가지고 내게로 날아와서 그것을 내 입술에 대며 이르되 보라 이것이 네 입에 닿았으니 네 악이 제하여졌고 네 죄가 사하여졌느니라 하더라 내가 또 주의 목소리를 들으니 주께서 이르시되 내가 누구를 보내며 누가 우리를 위하여 갈꼬 하시니 그때에 내가 이르되 내가 여기 있나이다 나를 보내소서 하였더니…(사 6:1-8)

이사야의 표현은 실로 인상적이다. 주님께서는 '높고 고귀한'(high and exalted) 모습이다. 문지방의 터가 요동했고, 성전은 연기로 가득했다. 이 구절에 사용된 언어들은 하나님의 주권과 그의 초월성, 그의 찬란함과 능력을 반영하고 있다. 또한 이 구절을 통해 하나님께서는 평범함과 불경함으로부터 거리가 멀다는 것을 알 수 있다. 이 환상의 장엄함은 보좌 주위를 날며 "거룩하다 거룩하다 거룩하다"라고 외치는 스랍들의 모습을 통해 더욱 극대화된다. '거룩' 이라는 단어가 세 번 사용된 것은 하나님의 거룩함이 최고로 높은 차원임을 말해준다(세 번 반복하여 최상의 상태를 표현하는 것은 성경 기자들의 기록 방법이다). 그 어느 누구도 주님과 같이 거룩할 수는 없다.

이사야가 "화로다 나여 망하게 되었도다"라고 말한 것은 결코 놀랄 일이 아니다. 그는 자신의 무가치함 그리고 동시대를 살아가는 백성의 무가치함을 인식했던 것이다. 그러나 위의 말씀에서 본 대로 하나님께서는 성화시키시고, 성별하시고, 분리하시므로 그를 거룩하게 만들어주셨다. 스랍 중 하나가 제단에서 불타고 있는 숯을 집어 들고 이사야에게로 날아왔다. 그리고 그 숯을 이사야의 입술에 가져다 대었다. 이 일로 인해 이사야는 깨끗함을 입었다. 그는 자신의 죄로부터 '분리' 되었다. 실제로 스랍은 이렇게 공표하였다. "네 악이 제하여졌고 네 죄가 사하여졌느니라." 하지만 위 구절에서 본 것처럼 거룩하신 하나님께서는 이사야를 죄로부터 분리시키셨을 뿐만 아니라 그분의 목적을 위해서도 그를 성별하셨다. 이사야는 이스라엘을 향해 거룩함의 메시지를 선포하도록 '구별' 된 것이다. 그가 거룩하신 하나님에 의해 깨끗함을 입은 것과 같이 이제 이스라엘 역시 깨끗해져야 했다. 어떤 학자가 이야기한 것처럼, "깨끗해지고 성화되기 전까지 이스라엘과 유다 모두는 주님의 사랑과 인자하심을 경험할 수 없었을 것이다. 오직 정결하게 될 때에야 '이스라엘의 거룩한 자'를 만날 수 있고 그의 임재를 경험할 수 있기 때문이다."5)

지금, 곧 전 세계적 부흥의 이 시대에 하나님의 거룩하심이 나타나 이를 체험한 사람들의 간증을 듣는 것은 결코 생소한 일이 아니다. 하나님의 거룩하심을 체험할 때 우리는 자신의 무가치함과 더러움을 적나라하게 깨닫게 된다. 하지만 이와 더불어 하나님께서 용서를 베푸시고 성화시켜주신다는 사실도 깨닫게 된다. 최근 우리 연합 감리교회의 성도, 조 설리번(Joe Sullivan)이 이러한 체험을 하게 되었다. 물론 그가 경험한 것은 이사야가 보았던 환상처럼 극적이지는 않았을 것이다. 그러나 주님과의 만남은 그에게 '성별'이라는 후유증을 남겨주었다. 그의 삶을 성별하시기 위해 하나님께서 어떻게 역사하셨는지 한 번 살펴보자.

"전에는 그 사실을 알지 못했던 양, 나는 강당의 바닥에 엎드려 목 놓아 울기 시작했다. 머리로만 알았던 성경의 진리가 내 혼과 영과 육체를 파고든 것이다. 내 존재의 세포 하나하나마다 진리가 침투하기 시작했다. 이제야 나는 하나님의 주권과 그의 광대하심을 알게 되었다. 또한 나를 향한 하나님의 사랑, 곧 아빠의 친밀한 사랑도 느끼게 되었다. 내가 그리스도와 함께 하나님의 유업을 물려받는 상속자라는 사실, 그리고 이 땅에서 그리스도를 대표할 수 있는 권세가 내게 주어졌다는 사실을 깨달았을 때 나는 내 마음을 주체할 수 없었다. 나는 너무도 무가치하다. 그러나 참된 가치가 내게 전달되었다. 이 모든 것 때문에 내 마음 깊은 곳에서 커다란 탄성이 터져 나온 것이다."

— 조 설리번

조 설리번은 이 경험이 한 시간 이상 진행되었다고 말했다. 최근 나는 그와 만나 이야기를 나누었는데 나는 그의 삶에서 풍기는 새로운 평온함을 느낄 수 있었다. 그 외에도 몇몇 중요한 변화가 일어났다. 그는 새로운 능력을 얻게 되었다. 그런데 더 중요한 변화는 하나님께서 그분의 목적을 이루시기 위해 그를 성별하셨다는 사실을 깨닫게 되었다는 것이다. 머리가 아니라 가슴으로 말이다.

물론 주님을 만나는 모든 경험이 조의 경우처럼 강렬하지 않을 수도 있다. 하지만 하나님께서는 그분 자신을 시인하는 모든 사람을 그리스도 안으로 데리고 가서 깨끗하게 씻기시고 또 거룩하게 구별해주신다. 성경에는 이와 같은 '성화'(sanctification)가 과거에 일어난 '사건'으로, 또 현재에 진행되고 있는 '과정'으로 기록되어있다. 잠시 시간을 내어 '과거에 일어난 사건'으로서의 성화를 생각해보자.

성화—삶을 변화시킨 과거의 사건...
Sanctification as a Life-Altering Event

하나님께서는 자신을 찾는 사람들을 그리스도 안에서 거룩하게 구별하신다. 성경은 성도들의 '성화'를 과거의 사건으로 말한다. 이 사실에 당신은 어쩌면 놀랄 수도 있을 것이다. 사도 바울은 고린도 교회의 성도들을 가리켜 '그리스도 안에서 이미 성화된 사람들'이라고 표현했다 (고전 1:2). 이후 바울은 고린도전서 6장 11절에서 다음과 같이 말한다. "너희는…주 예수 그리스도의 이름과 우리 하나님의 성령 안에서 씻음과 거룩함과 의롭다 하심을 받았느니라." 위의 구절들 및 여러 다른 구절을 통해서 '성화는 과거의 사건'이라고 잠정적으로 결론 내릴 수 있을 것이다. 즉 이미 일어난 사건이라는 뜻이다. 하지만 이 결론은 다음과 같은 중요한 질문을 불러일으킬 것이다. "그렇다면 우리는 어떤 경위로 성화되었는가?"

위에서 살펴본 바, 성화는 사람, 장소, 사물이 일반적이고 세속적이고 불경건한 것으로부터 분리되어 하나님의 거룩한 목적을 위해 다시 구별되는 것을 의미한다. 그렇다면 성도들은 무엇으로부터 분리되었는가? 성경은 말하기를, 성도들은 어둠의 왕국(행 26:18 참조), 이 세상으로부터 기인한 패러다임, 세상이 강요하는 의무(롬 3:6, 19, 고전 1:20, 27, 고후 5:19 참조), 그리고 죄와 사망의 권세(롬 6-8장 참조)로부터 분리되었다고 한다. 이러한 '분리'가 발생하는 이유는 성도들이 '그리스도 안에' 거하며 그곳에서 자신의 정체를 발견하기 때문이다. 성도들은 더 이상 어둠의 왕국, 이 세상, 혹은 자신의 육체적 소욕 안에서 자신의 존재를 정의하지 않는다. 실제로 삶의 오랜 습성으로부터 이러한 분리가 일어날 때 성도들은 새로운 삶을 얻게 된다(고후 5:17 참조).

그리스도 안에 있는 사람은 하나님을 위해 성별된다. 그리스도를 믿는 사람은 이 세상에서 하나님의 뜻을 행하도록 구분된다는 뜻이다(마 6:9-10 참조). 하나님 아버지의 뜻을 행하는 사람으로서 하나님의 백성은 그리스도 안에 있는 하나님의 복음을 세상에 전파하고(마 28:18-20 참조), 그분의 은혜와 사랑을 이웃과 나누며(갈 5:22 참조), 하나님의 선한 일들을 행하도록(엡 2:10 참조) 부르심을 받았다. 이것이 바로 고린도 교인들을 향해

'너희는 성화된 사람이라'라고 했던 바울의 표현이 의미하는 바다. 그들은 구습으로부터 분리되었고 하나님의 거룩한 목적을 위해 성별되었다.

그렇다면 성화가 되었다는 말은 모든 성도가 더 이상 죄를 짓지도 않고, 모든 면에서 완벽하게 되었다는 것을 의미하는가? 결코 그렇지 않다! 성화가 되었다는 말은 성도들이 이제 새로운 규범과 새로운 능력을 지니고 그리스도 안에서 살아간다는 뜻이다. 성화된 성도들은 새로운 삶의 목적을 발견한다.

지금, 곧 부흥의 시대, 하나님께서는 교회를 향해 성화의 메시지로 다시 한 번 도전하시는 것 같다. 하나님께서는 우리의 현재 상태가 거룩함으로의 부르심-곧 하나님의 백성에게 주어진 그 부르심으로부터 얼마나 멀리 떨어져 있는지를 보여주신다. 최근 우리 교회의 성도 중 몇 명이 먼 타국에서 사역하고 있는 선교사들을 격려하기 위해 그들을 방문한 일이 있었다. 그 지역은 세계에서 가장 오염 정도가 심한 대도시였다. 조앤 뮐러(JoAnn Muller)가 그 지역을 방문했을 당시 자신이 받았던 느낌을 들려주었다.

"세계에서 가장 오염된 도시를 여행했던 그 반나절 동안, 우리는 그곳의 대기가 독성 물질로 가득하다는 사실을 체감할 수 있었다. 오염된 공기를 들이켰을 때 나는 목과 코에 불이 붙는 것 같은 아픔을 느꼈다. 코를 감싸 쥐었지만 오염된 공기 때문에 통증은 계속되었다. 하지만 그 지역 사람들에게는 오염 물질의 독성이나 악취가 그다지 큰 문제가 되는 것 같지 않았다. 내가 고통을 호소했을 때 그들은 '조금만 참으면 곧 익숙해질 거예요'라고 반응했다.

주님께서는 그분의 교회가 어떤 상황에 놓여있는지, 그분의 백성이 세속적 오염 물질을 교회 안으로 들이며 적당히 타협하고 있는 현실 상황을 명확한 그림으로 보여주셨다. 오랜 기간 동안 우리는 오염 물질을 수용해왔다. 이제는 더 이상 그 악취를 개의치 않는 분위기다. 하지만 순전한 복음과 진리를 오염시킨 독극물에 대해 우리가 회개하기 전까지 거룩하신 하나님께서는 우리와 교제하실 수도, 우리에게 다가오실 수도 없다. 하나님께서는 정결한 곳에 그분의 임재를 나타내고자 하시기 때문에 오염된 우리는 그토록 무능력했던 것이다. 하나님의 임재를 거의 맛보지 못하거나 아예 체험하지 못했던 것이다.

아무리 간절하게 기도한다 하더라도, 우리 스스로가 '기도의 집' 안에 들여놓은 '더러움'들을 인식할 때까지는 하나님의 능력과 영광의 발현을 볼 수 없을 것이다. 여기서 '기도의 집'은 우리가 흔히 교회 건물이라고 부르는 조형물이 아니다. 기도의 집은 우리의 마음을 가리킨다. 우리는 산 제물로 부름 받았다. 우리는 스스로를 거룩한 제물, 하나님이 기뻐 받으시는 산 제사로 드려야 한다. 하나님의 기준과 그의 진리, 또 거룩함에 대한 하나님의 정의는 결코 타협할 대상이 아니다."

고린도 교인들이 '성화된 자들'로 불린 것처럼, 그리고 '성화된 자들'이라는 바로 그 이유로 구습과 타협하는 습관을 회개할 것을 훈계받았던 것처럼, 하나님께서는 온 교회가 이미 성화되었음을 말씀하시며, 이미 성화된 교회로서 구습을 버리고 새로운 삶을 살아갈 것을 말씀하신다.

그러므로 '성화'라는 과거의 사건은 초대장과 같다. 우리는 과거 일회적 사건으로서의 성화를 통해 그리스도와의 연합 속으로 들어갔다. 그 후 주님과 동행하며 계속해서 진행되는 '성화의 과정'을 체험하고 있다. 당신은 이런 의문을 제기할지도 모른다. "어떻게 '성화'가 과거의 일회적 사건도 되고 또 현재 진행되는 과정도 된다는 말입니까?" 어쩌면 '결혼'이 이에 대한 답을 제시해줄 수 있을지도 모르겠다. 결혼식을 올리는 날, 신랑과 신부는 서로 헌신할 것과 상대방에게 '독점적'으로 소유될 것을 서약한다. 그날 이 둘은 하나님과 가족과 친구들 앞에서 살아가는 동안 어떤 상황에서든지 서로 아끼고 사랑하고 존중할 것을 약속한다. 이 결혼 서약 중 가장 중요한 부분은 살아있는 동안 이 둘은 타인으로부터 분리되고 오직 상대 배우자에게만 몸과 마음을 허락한다는 다짐이다. 이 서약이 바로 성화(구별됨)의 행동, 곧 스스로를 성별하여 새로운 목표를 갖는 행동이다. 하지만 결혼 서약을 통해 이미 상대 배우자에게만 성별된 상태일지라도, 이들 부부는 하나님과 국가의 법이 인정하는 '부부'의 상태를 유지하기 위해, 이미 서약했던 내용대로 살아가는 법을 배워야만 한다. 이제 이 부부는 결혼 생활이라는 과정 속으로 들어가게 된다.

마찬가지로 하나님께서는 '과정'으로서의 성화로 우리를 초청하신다. 그것은 하나님께서 이미 그리스도 안에서 우리를 위해 이루신 일– 그 일이 목표하는 내용을 따라 살아가는 과정을 의미한다.

성화–현재 진행되는 과정...Sanctification as a Present Process

하나님께서 우리의 성화 과정에 개입하시는 방법 중 하나는 기도의 능력을 통한 개입이다. 예수님은 제자들에게 이렇게 기도하라고 가르치셨다. "하늘에 계신 우리 아버지여 이름이 거룩히 여김을 받으시오며"(마 6:9). 하나님의 이름이 거룩히 여김을 받도록 기도한다는 것은 하나님의 이름을 높이는 것 이상의 의미가 있다. 하나님의 이름을 높이는 것은 그의 뜻과 계명에 순종함으로써 하나님의 이름을 영화롭게 하는 행위다. 콜린 브라운(Colin Brown)은, "이 기도는 깊은 고민으로부터 터져 나오는 절규다. 제자들은 죽음과 악, 사탄에게 종노릇하는 세상으로부터 눈을 돌려 위에 계신 하나님 아버지를 바라봐야 했다. 그리고 하나님의 영광이 나타나기를 울부짖어 기도해야 했다. 그들은 하나님께서 이 기도를 들어주시고 하나님의 영광을 나타내주실 것을 믿음으로 붙들어야 했다"[6] 라고 역설했다.

그렇다면 피조세계(被造世界)에 하나님의 거룩함을 드러내주실 것을 간구하는 이 기도는 곧 교회가 울부짖는 '자유의 갈망'이다. 하나님의 이름이 거룩히 여김을 받도록 울부짖어 기도하는 것은, 하나님의 뜻과 명령에 반(反)하는 모든 것(삶에서 하나님의 뜻에 부합되지 않는 것들)이 사라지기를 간구하는 것이기 때문이다.[7]

이러한 자유의 울부짖음은 우리의 마음속 생각의 패턴과 삶의 패턴에 영향을 미칠 것이다.

마음의 변화...A Transformation of Heart

무엇보다 먼저, 성화는 내면에서 일어나는 일(inside job)임을 이해하는 것이 중요하다. 참된 거룩함은 마음의 거룩함에서 시작된다. 성경이 사람의 '마음'에 중점을 둔 것은 결코 놀랄 일이 아니다. 예를 들어, 잠언이 전하는 조언을 살펴보자.

> 무릇 지킬 만한 것보다 더욱 네 마음을 지키라 생명의 근원이 이에서 남이니라(잠 4:23)

예수님 역시 마음에 관한 명쾌한 가르침을 전하셨다.

> 입으로 들어가는 모든 것은 배로 들어가서 뒤로 내버려지는 줄 알지 못하느냐 입에서 나오는 것들은 마음에서 나오나니 이것이야말로 사람을 더럽게 하느니라 마음에서 나오는 것은 악한 생각과 살인과 간음과 음란과 도둑질과 거짓 증언과 비방이니 이런 것들이 사람을 더럽게 하는 것이요 씻지 않은 손으로 먹는 것은 사람을 더럽게 하지 못하느니라(마 15:17-20)

왜 이토록 마음을 강조하는가? 마음에는 감정뿐만 아니라 생각과 이해력과 의지와 선택이 담기기 때문이다. 잠시 이 사실을 생각해보라. 잠언은 마음을 지키라는 교훈을 주고 있는데, 이는 곧 감정을 지키고 생각과 이해를 지키고 우리의 결단과 선택을 지키라는 뜻이다. 예수님께서는 사람의 마음으로부터 나오는 것이 그 사람을 더럽힌다고 하셨는데, 이는 사람이 자신의 감정, 생각, 선택을 부정한 일에 굴복시킨 상태를 말한다. 겉으로 나오는 것은 속에 무엇이 있었는지를 알려준다.

그리스도 안에서 성별되었기에 우리의 마음은 더 이상 육신의 선택이나 인본적인 열정에 종속되어서는 안 된다. 우리는 이 세대를 본받아서도, 이 세상이 강요하는 길을 따라 걸어서도, 이 세상이 우리의 삶에 부과하는 임무를 짊어져서도 안 된다(롬 12:1-2 참조). 성도인 우리는 더 크고 높은 차원의 삶으로 부르심을 받았다. "…네 마음을 다하고 목숨을 다하고 뜻을 다하여 주 너의 하나님을 사랑하라 하셨으니 이것이 크고 첫째 되는 계명이요…"(마 22:37-38)

때때로 예배를 드리는 중에 주님께서 놀라운 방법으로 사람들의 마음을 움직이시는 것을 볼 수 있다. 하나님은 그분을 찾는 자에게 그분의 목적을 알려주시며 그들이 이 목적을 위해 부름을 받았고 세속적이고 육신적인 소욕으로부터 온전히 분리되었음을 알려주신다. 하나님께서는 그들의 마음속 열정과 욕망과 의도와 생각이 어떤 상태에 있는지를 알려주시고 그에 대한 하나님의 의견을 계시해주신다. 그러므로 자신의 마음 상태, 마음의 상처와 그릇된 선택, 죄악과 대면한 사람이 너무도 괴로운 나머지 스스로 견딜 수 없어 바닥을 '데굴데굴' 구르는 것은 조금도 놀랄 일이 아니다. 우리의 마음은 결코 '아름다운 광경'이 아니다.

나는 자주 주님 앞에 나아가 내 마음을 비춰달라고 간구하는 것이 내 신앙 성장에 도움이 된다는 사실을 깨달았다. 주님이 내 마음을 거울로 비춰주실 때 나는 내 마음속의 감정, 이해, 생각과 선택을 알게 된다. "내 마음을 비춰주소서"-이 기도는 하나님께서 즉시 응답해주시는 기도다. 항상은 아니지만 규칙적으로, 나는 내 마음속을 들여다본 그대로를 종이에 적어놓는다. 그리고 주님께서 내 마음속 감정과 이해와 생각과 선택을 어떻게 다루시는지도 적어놓는다. 주님은 항상 신실하셨다.

이처럼 하나님의 이름이 높아지기를 간구하는 '자유의 울부짖음'은 마음의 변화 외에 개개인의 삶의 방식에도 변화를 가져온다.

변화된 삶의 방식...A Change of Lifestyle

바울은 영적 예배 곧 '산 제물'로서의 삶을 살아가도록 로마의 교인들에게 권면했다(롬 12:1-2).

> 그러므로 형제들아 내가 하나님의 모든 자비하심으로 너희를 권하노니 너희 몸을 하나님이 기뻐하시는 거룩한 산 제물로 드리라 이는 너희가 드릴 영적 예배니라 너희는 이 세대를 본받지 말고 오직 마음을 새롭게 함으로 변화를 받아 하나님의 선하시고 기뻐하시고 온전하신 뜻이 무엇인지 분별하도록 하라

하나님께 제물을 드리는 것은 '하나님께서 모든 사회적 지위보다 높으심을(초월성) 인정하는 행위이며, 모든 칭송과 존경과 순종을 받으실 만한 유일한 분이심을 인정하는 행위'다.[8] 물론 오늘날 성도들은 더 이상 동물의 제사를 드리지 않는다. 대신 성도들은 자신-육체는 물론 모든 행동과 태도-을 산 제물로 하나님께 드린다.[9] 바울 사도는 고린도 교인들이 안고 있는 성(性)적 부도덕 문제를 힐문하였다.

너희 몸은 너희가 하나님께로부터 받은 바 너희 가운데 계신 성령의 전(殿)인 줄을 알지 못하느냐 너희는 너희 자신의 것이 아니라 값으로 산 것이 되었으니 그런즉 너희 몸으로 하나님께 영광을 돌리라(고전 6:19-20)

성도들은 개인적 윤리 행위와 더불어 사회생활을 통한 모든 행위를 하나님께 올려드리되 그가 받으실 만한 거룩한 산 제사로 올려드리도록 부름 받았다.

주께서 죄에 넘어진 사람들의 삶을 은혜롭게 씻으시고 회복시키시는 모습을 바라보면 참으로 경이롭다. 자신의 그릇된 선택으로 타락의 길을 걸었지만 주님께서 만져주시고 회복시키신 사람들의 간증은 우리 주변에 매우 많다. 나는 그들이 탄식과 고통 가운데 자신의 죄를 정직하게 고백하고 회개하는 모습을 지켜봤다. 또한 그들이 자신이 지었던 동일한 죄에 빠지지 않도록 책임감을 가지고 주위의 형제와 자매에게 권면하는 모습도 볼 수 있었다. 주님께서 회복시키시자 그들은 다른 차원의 삶을 살게 되었다. 성도의 삶에 임하는 하나님의 은혜는 참으로 놀랍다.

우리 교회에서 하루는 남성들만 모여서 수양회를 한 적이 있었다. 주님은 그들의 삶에서 성도덕이 무너진 영역을 지적하시며 그들이 지은 성적 범죄를 다루기 시작하셨다. 기도 시간이 되자 이들은 자신의 마음속에 감춰두었던 어두운 비밀들을 공개적으로 고백하며 울부짖었다. 또한 습관으로 굳어져버린 죄, 혼의 영역에 정착되어버린 죄악들을 회개하며 오열하였다. 그들은 갈보리 십자가에서 그리스도가 허락해주신 자유를 확신함으로 온화한 목소리의 기도를 올리기도 했지만, 종종 전보다 더 크고 강렬한 울부짖음이 터져 나오기도 했다. 이제는 거의 이 년이 다 되어가는 과거의 사건이었지만, 그날 저녁에 일어난 일은 계속해서 그들의 삶에 영향을 미쳤고, 지금도 아름다운 열매를 맺고 있다. 그들 중 유부남이 많았는데 수양회를 마친 후 그들은 자신의 죄를 아내에게 고백했고 용서를 구했다. 또한 자신의 삶 가운데 유혹에 취약한 영역들에 대해 아내가 감시해주고 보호해줄 것을 요청했다. 하지만 이것이 전부는 아니었다. 이들 중 상당수가 다른 남성 모임에 참가하여 그들도 동일한 자유를 누릴 수 있도록 회복의 길을 제시하였다. 그 열매는 실로 엄청났다. 하나님은 인생을 변화시키신다!

나는 하나님께서 사람들의 삶에서 굴욕으로 가득한 영역, 감추고 싶은 영역, 쓴 뿌리가 돋아난 영역들을 들춰내시는 것을 많이 보았다. 그리고 그들의 삶과 결혼 생활이 치유되는 모습을, 그들이 미래를 향해 소망을 품는 것을 목격해왔다. 성경에서 "너희는 성령 안에서 살아야 한다"라는 하나님의 부르심을 발견하는 것은 당연한 일이다. 사실 성경은 우리에게 "성령 안에서 행해야 한다. 성령을 따라 살아야 한다"(갈 5:16 참조), "성령 안에서 기도해야 한다"(고전 14:15), 그리고 "성령의 열매를 맺어야 한다"(갈 5:22 참조)라고 명령한다. 이 모든 명령은 우리의 인격과 성품, 그리고 우리가 맺고 있는 대인관계와 긴밀하게 연관되어있다. 하나님께서는 우리의 유익, 자유, 개개인의 삶과 관계의 발전을 위해 뜻과 목적을 세우신다. 하나님은 우리를 위하시는 분이지 우리를 대적하시는 분이 아니다.

애통하는 '마음의 울부짖음'에 동참하는 것은 주님을 향해 "오, 주님! 제겐 주님이 얼마나 필요한지요. 오직 주님만이 내 삶을 변화시켜주시는 근원이십니다. 오직 주님만이 내가 그토록 원했던 승리의 삶을 살아가게 하십니다"라고 고백하는 것이다. 거룩함과 성화는 교회가 진실한 마음으로 울부짖을 기도 제목이다. 하나님께서 자신의 백성에게 거룩함을 기대하시기 때문이다. 또한 거룩함은 백성을 위해 하나님이 행하시는 '중요 업무'이기 때문이다.

우리는 외면적인 거룩함, 율법주의적인 경건함으로 부름 받지 않았다. 우리는 살아있는 거룩함으로 부름 받았다. 살아있는 거룩함이야말로 교회를 향한 하나님의 생각이 무엇인지를 계시해준다. 거룩함으로 옷 입을 때, 하나님의 백성은 자신의 삶이 더 큰 하나님의 목적과 뜻을 위해 구별되었음을 깨닫게 된다. 거룩함 안에서 하나님의 백성은 자유를 누린다. 새로운 삶을 산다. 영광에서 영광으로 변화되는 성도들의 무리에 동참한다.

■주 석

1. Richard Whitaker, ed., *The Abridged Brown-Driver-Briggs Hebrew-English Lexicon of the Old Testament*, CD-ROM (Oak Harbor, WA: Logos Research Systems, Inc., 1997)에서 히브리어 "카도쉬" 발췌. Walter Bauer, F. Wilbur Gingrich, Frederick W. Danker, *A Greek-English Lexicon of the New Testament and Other Early Christian Literature*, CD-ROM (Oak Harbor, WA: Logos Research Systems, Inc., 1997)에서 헬라어 "하기오스" 발췌.

2. Horst Seebas, "Holy", *The New International Dictionary of New Testament Theology*, Colin Brown, ed. (Grand Rapids: Zondervan, 1976), 223.

3. Raymond E. Brown, Joseph A. Fitzmyer, Roland E. Murphy, eds., *Jerome Biblical Commentary* (Englewood Cliffs, NJ: Prentice Hall, 1968) 중, 이사야 6장의 설명 참조.

4. Thomas Oden, *The Living God: Systematic Theology*, Vol. I (San Francisco: Harper, 1992), 99.

5. Walter A. Elwell, ed., *Evangelical Commentary on the Bible* (Grand Rapids: Baker Book House Company, 1989), CD-ROM, 이사야 6장 설명 참조.

6. Seebas, "Holy", *The New International Dictionary of New Testament Theology*, Brown, ed., 229.

7. Seebas, "Holy", *The New International Dictionary of New Testament Theology*, Brown, ed., 229.

8. Bruce Malina, *The New Testament World: Insights from Cultural*

Anthropology (Atlanta: John Knox Press, 1981), 142.

9. Malina, *The New Testament World*, 147.

고든 피 박사는 캐나다 벤쿠버의 리젠트 칼리지(Regent College)에서 신약학 교수로 재직 중이며 교학처장을 역임하고 있다(1999년 당시-역자 주). 저명한 신약학 학자인 고든 피 박사는 그동안 수많은 저서와 논문을 발표했는데 이 중 신약해석법에 대한 교과서, 그리고 바울 서신에 나타난 성령을 주제로 한 저서가 유명하다. 현재 고(故) F. F. 브루스(F. F. Bruce)에 이어 『New International Commentary』(새 국제 성경 주석) 시리즈의 편집장으로 일하고 있다. 고든 피 박사는 교회의 회복을 위한 열정과 헌신으로 세간에 질 알려져 있음은 물론, 현재 하나님의 성회 소속 목사로서 활동하고 있다.

2

계속되는 전쟁—성령 Vs. 육체
The Ongoing Warfare—The Spirit Against the Flesh

고든 D. 피
by Dr. Gordon D. Fee

　　바울이 언급한 성령과 육체의 싸움은 크리스천의 마음에서 일어나는 내적 갈등이 아니다. 이것은 구조적 갈등이다. 여전히 육체가 강력하게 역사하는 현재, 이 세상에서 하나님의 백성은 미래의 삶을 살아야 한다. 그렇기 때문에 크리스천들은 성령과 육체의 '구조적' 갈등을 겪게 된다.

　　얼마 전, 친한 친구 한 명이 이렇게 말했다. "요즘의 크리스천들은 두 부류로 나뉘는 것 같네. 한 쪽은 삶에서 죄가 그리 큰 문제가 되지 않는다고 생각하는 부류일세. 그리고 다른 한 쪽은 죄의 심각성에 대해 완벽하게 인지하고는 있으나 여전히 죄 된 습관에서 헤어나지 못하는 부류일세."[1] 지금 내가 쓰는 이 글은 두 번째 부류의 사람들을 위한 것이다. 이 글의 집필을 계기로 나는 크리스천이 처한 현실 상황을 알게 되었다! 안타깝게도 이 글의 주제는 수많은 크리스천의 삶에서 아주 치열하게 진행되고 있는 '내면의 갈등'이다.

　사실 그들은 사도 바울도 자신들처럼 내면의 갈등을 겪었다고 믿으며 거기에서 약간의 위로를 얻는 듯하다. "저 위대한 사도 바울마저도 '원하는 이것은 행하지 아니하고 도리어 미워하는 그것을 함이라'(롬 7:15)라고 말할 정도였으니, 우리 같은 사람들이야 말해 무엇하랴?" 이러한 고백을 품은 채, 그들은 속수무책으로 '내면의 싸움'이라는 강물 속에 스스로를 내던진다.

　하지만 로마서 7장 14-25절의 말씀은 크리스천의 삶을 그린 것이 아니다. 이는 성령의 도움을 받지 못한 채 율법의 굴레 안에서 살아가는 사람들의 삶과 그들이 겪는 갈등을 기록한 것이다. 크리스천이 겪는 갈등의 묘사가 아니라는 것이다. 실제로 로마서 7장 14-25절에는 성령에 대한 언급도 그리 많지 않다. 그런데도 수많은 사람은 이 말씀을 '크리스천이 겪게 되는 내적 갈등의 기록'이라고 착각하면서, 이러한 관점으로 갈라디아서 5장 17절(성령과 육체 사이의 갈등을 언급한)을 해석한다. 사람들이 로마서 7장 14-25절에 기록된 말씀을, 마치 자신(크리스천)의 경험처럼 여기면서, 액면 그대로 받아들인다는 것은 참으로 안타까운 일이다. 더욱 안타까운 것은, 이 관점을 지닌 대다수 크리스천의 삶에서 항상 '육체'가 승리한다는 사실이다. 그러므로 현재를 살아가는 모든 성도가 육체를 넉넉히 이길 만큼 충분히 성령을 경험할 수 있다는 바울의 주장은 각각의 성도들이 처한 현실 상황(육체의 승리) 앞에서 그만 설득력을 잃고 '비현실'로 치부되고 만다.

　물론 수많은 성도의 마음속에서 이 내적 전쟁이 치열하게 일어나고 있음은 부인할 수 없는 사실이다. 대부분의 경우, 이러한 전쟁 발발의 원인 및 이를 제대로 통제하지 못하는 우리의 무기력한 삶은 서구 문화의 영향을 입은 과도한 개인주의의 직접적인 산물이랄 수 있다. 왜냐하면 서구의 심리학이나 기독교적 가르침이 개개인의 내면을 과도하게 주목하는 방향으로 나아가기 때문이다. "어떻게 해야 나는 온전함의 기준에 도달할 수 있는가?" 사람들은 내면에서 일고 있는 갈등 구조에 신경 쓰느라고 그리스도를 제대로 바라보지 못한다. 확신을 갖고 성령의 길을 걷지 못하는 것은 물론, 성령의 열매를 맺는 것도 어려워 보인다. 성령께서 우리 자신과 이웃의 삶에 행하신 놀라운 역사를 보지 못하고 감격하지 못한다. 자신의 내면을 향해 눈이 고정되어있기 때문이다. 결국 우리의 믿음은 자기중심적인 성향에서 벗어나지 못한다–자신의 불완전함에 대한 깊은 좌절, 실제로는 없지만 사랑을 가진 척, 불안하지만 평안한 척, 온유하지 않지만 온유한 척하기 위해 안절부절 못하는 모습, 하나님 앞에서 타락하고 무너져버리는 삶에 대해 지나치게 집착하는 모습. 이처럼 내면의 부조리에 대한 갈등에 사로잡혀 결국 우리는 성령님을 생각할 만한 마음의 공간조차 잃어버리고 만다. 그리고 이 모든 영적 어려움에 대해, 대부분의 사람은 하나님께 책임을 추궁한다.

위의 설명이 어떤 이들에게는 매우 생생하게 다가올 것이다. 그러나 갈라디아서 5장 17절에서 바울이 성령과 육체를 전적 대립 관계로 그렸을 때, 그가 말하고자 했던 것은 위에 언급된 것과 같은 '내면의 갈등'이 아니었다. 사실 바울은 이러한 '내면의 갈등'을 이해조차 못했을 것이다. 그가 몸담았던 문화는 시편 19편에 기록된 세상이었지 '의식적 내면 성찰'[2]로 특징지어진 서구 사회의 세상이 아니었기 때문이다. 시편 19편 12-13절, 이 두 구절에 걸쳐 시적 자아는 자신의 '허물'과 '숨은 잘못'을 인정한다. 이후 그는 '고범죄'(고의로 짓는 죄)의 가능성에 대해서도 인정하기에 이른다. 전자(허물, 숨은 잘못에 대한 인정)는 우리의 죄성이 얼마나 깊은지에 대한 인식이다. 그는 이러한 '숨은 잘못'에 대해서는 단지 하나님의 용서를 구하고 넘어간다. 그가 집중하는 것은 다름 아닌 '고범죄'다(주의하라! 고범죄는 내적 갈등 구조를 취하지 않는다. 이미 마음으로 의도한 죄이기 때문에 내적 갈등 자체가 필요 없다). 이 고범죄에 대해서 그는 간절히 기도하기를 '그 죄가 나를 주장치 못하게 하소서'라고 하였다.[3] 바울의 견해도 이와 비슷하다. 갈라디아서 5장 17절에서 말하는 갈등은 '숨은 잘못'에 대한 내적 갈등이 아니다. '고범죄'의 형태로 하나님을 향해 '대놓고 불순종하는' 죄와의 싸움인 것이다.

이 글에서 다룰 주제는 성령과 육체 사이의 대립에 대한 바울의 견해다—즉 성령을 따르는 삶(kata pneuma)과 육체를 따르는 삶(kata sarka) 사이의 대립이다. 바울 서신에 등장하는 이러한 용어들은 '종말론적 실존'(eschatological existence)으로서 현재를 사는 성도들의 삶과 관련이 있음을 이해하기 바란다. 종말론적 실존이란 세상에 의해 규정되고 정의된 과거의 삶과 달리 '이미 그러나 아직'(already/not yet)이라는 언약의 성취 구조 안에서 '하나님의 백성'으로 살아가는 성도들의 상태를 말한다(여기서 '이미 그러나 아직'이라는 언약의 성취 구조'란 예수님의 초림과 함께 하나님의 나라가 임했다는 사실[이미]과 더불어 재림의 때까지는 그 나라가 완성되지 않으리라는 사실[아직]을 의미한다. 즉, 초림부터 재림의 때까지 우리가 살았고, 살고 있고, 살게 될 지금의

'이때'가 바로 '이미 그러나 아직'인 것이다-역자 주). 내가 말하고자 하는 바는 이것이다. 바울은 단 한 번도 성령 가운데 살아가는 크리스천의 삶을, 끊임없이 육체와 갈등하며 싸우는 삶이라고 이야기한 적이 없다.[4] 심지어 바울은 그러한 문제를 제기해본 적도 없다. 오히려 종말론적 실존으로 살아가는 하나님의 백성은 '성령님' 한 분만으로 충분하다는 것이 바울의 주장이었다.

바울의 견해 기저에는 "그리스도인에게 토라(율법)의 준수는 끝났다. 이와 더불어 그리스도인에게는 육체의 시간이 끝났다"는 사실이 깔려있다. 로마서 7장 4-6절에 의하면, 그리스도와 성령께서는 하나님의 백성에게 새로운 언약을 주시면서 율법과 육체의 시간에 종지부를 찍으셨다. 즉, 예수님을 믿게 된 후, 시간적으로는 그리스도의 '이전'(before), 공간적으로는 그리스도의 '바깥'(outside)에 속해있던 우리의 존재 곧 '육체'는 끝났다. 그러므로 육체를 따르는 삶을 유지한다는 것은 '성령을 따르는' 우리의 삶과 공존할 수 없다(롬 8:5-8). 물론 바울이 가진 견해는 마치 성령을 따르는 사람들이 육체 및 구습의 유혹을 전혀 받지 않는다든가 이러한 유혹에 절대로 넘어지지 않을 것이라는 승리주의 일변도는 아니다. 성도들도 유혹을 받는다. 또한 넘어진다. 그러나 이러한 죄에 대해 하나님의 용서가 있다. 은혜의 회복이 있다. 바로 이것이 바울의 견해라는 사실은 핵심 구절인 갈라디아서 5장 17절과 로마서 7장 14-25절을 면밀히 연구해보면 알 수 있다. 하지만 먼저 바울이 '육체'라는 용어를 어떠한 의미로 사용했는지 살펴보자.

바울이 사용했던 '육체' 라는 말의 의미...The Meaning of "Flesh" in Paul

바울이 사용한 '육체' 라는 용어의 의미는 구약성경에 근간한다. 때문에 이 연구의 시작점은 구약이어야 한다. 히브리 단어 '바사르' (basar)는 기본적으로 육체의 '살' (flesh)을 의미한다. 가끔씩 여기에서 파생된 의미로 '몸' 이라는 뜻을 나타내기도 한다. 그리고 경우에 따라서는 창조주이신 하나님과 대조되는 인간의 유약함과 한계성을 나타내는 의미로 확장되어 사용되곤 한다. 그러므로 구약에서 살아있는 모든 존재(특히 인간)는 '모든 피조물' 을 뜻하는 말, '모든 육체' (all flesh)로 표현된다. 시편 기자가 하나님을 향한 신뢰를 바탕으로 "육체(flesh)가 무엇을 할 수 있을꼬?"(시 56:4)라고 자문했을 때, 이는 만물의 보호자이신 하나님을 위해 아무것도 할 수 없는 일개 '인간' 을 말한 것이다(렘 17:5과 비교). 괴로워하는 마음으로 욥은 하나님께 여쭈었다. "주의 눈도 육체의 눈(eyes of flesh)과 같습니까? 인간이 눈으로 볼 수 있듯이 당신도 볼 수 있는 겁니까?"(욥 10:4 참조) 이렇게 사용될 때, '육체' 라는 말은 중립적인 의미도, 부정적인 의미도, 어떠한 도덕적 판단도 내포하지 않는다. 위의 구절에서 '육체' 라는 단어는 다만 피조물로서의 덧없음을 표현할 뿐이다. 그러므로 죄가 육체 속에 거한다는 개념은 히브리인들에게는 가당치도 않다. 그들은 죄의 근원이 육체가 아닌 인간의 마음에 있다고 보았다.

그런데 바울은 sarx(육체)라는 헬라어를 '몸' 이라는 본래의 의미로 사용한 적이 거의 없다. 그는 이 단어를 우리의 '인간 됨' (인류)을 뜻하는 확장적 의미로 자주 사용하였다. 그러므로 "육신을 따라" 난 이스라엘(고전 10:18), "육신으로" 우리 조상 된 아브라함(롬 4:1), "육신으로는" 다윗의 혈통에서 나신 예수(롬 1:3) 등의 구절에서 반복되는 '육신을 따라, 육신으로, 육신으로는'(영어 성경에는 모두 according to the flesh로 번역)라는 표현은 모두 '평범한 인간으로서'라는 의미다. 이와 동일한 차원에서 바울은 우리의 삶을 가리켜 '육신 가운데 있다'(갈 2:20, 고후 10:3 참조)라고 말했는데 이는 유약함과 한계성으로 대표되는 인간의 삶, 곧 육체 안에서 살아가는 삶을 가리킨다.

그러나 바울은 sarx(육체)라는 헬라어를 좀 더 특별한 의미로 사용하기도 했다. 사실 이러한 사용은 부분적으로는 신구약 중간 시대의 유대 전통 때문이기는 하지만, 기본적으로는 바울이 자신만의 종말론적 관점으로 이 땅에서의 삶을 바라본 것에 기인한다. 여기서 바울이 의미한 '육체'는 단지 창조주 하나님이 지으신 피조물로서의 인간이 아니다. 특별한 의미에서의 '육체'는 모든 면에서 거룩하신 하나님을 정면으로 대적하는 타락한 인성을 가리킨다. 바로 이 견해로 '육체'를 이야기했기 때문에 바울은 '육체를 따르는 삶'과 '성령을 따르는 삶'을 대조할 수 있었던 것이다. 전자는 인류의 타락으로 말미암은 현재의 사악한 세대를—그러므로 각 사람이 자신의 뜻대로 행하는 삶을—가리킨다. 반면에 후자는 그리스도와 성령의 도래로 서광이 비치기 시작한 종말론적 세대를 가리킨다(종말론적 세대의 특징은 고든 피의 『바울, 성령, 그리고 하나님의 백성』의 5장에 잘 설명되어있다. 본문은 상기서의 제11장을 전문 발췌한 것이다—역자 주).

그러므로 sarx(육체)를 번역하기란 이제 어려운 일이 되어버렸다.

NIV역은 sarx를 '죄 된 본성'(sinful nature)으로 번역했다.[6] 이 번역은 거듭나기 전, 율법 아래 실패할 수밖에 없었던 바울 자신의 삶을 설명한 로마서 7장에 잘 어울린다. 여기서 '육체'는 하나님의 법과 싸워 이겨 율법을 무력하게 만들어버린, 그의 '지체 가운데 거하는 또 다른 법'을 대변한다. 여기서 '지체 가운데 거하는 또 다른 법'은 다름 아닌 바울 자신의 '죄성'이다. 그러나 육체를 죄 된 본성(죄성)으로 번역한 것은 바울이 육체를 가리켜 '타락한 현재의 세상', 또는 '인간의 타락'으로 이야기했던 다른 부분과는 잘 어울리지 않는다.

바울이 '육체'라는 단어를 두 가지 기본적 의미('인간의 유약함'과 '인간의 타락')로 사용했던 확실한 예는 고린도후서 10장 2-4절에서 찾아볼 수 있다. 당시 바울을 참소하던 사람들은 그를 가리켜 도덕적으로 타락한 사람, '육체를 따라 행하는' 사람이라고 했다. 이들의 참소에 바울은 '그렇다. 나는 육체 가운데 산다'(10:3 전반)라고 말하며 자신의 주장을 개진하는데 여기서 바울이 의미했던 바는 '현재의 유한성 가운데 연약한 삶, 제약이 많은 삶'이다. 결코 인간의 타락을 말한 것이 아니다. 하지만 같은 절 후반부에서 바울이 했던 말을 살펴보자. 그는 그리스도의 죽음과 부활로 말미암아 '육체'(인간의 타락성)는 떠나는 길 위에 있기 때문에 "나는 '육체를 따라' 싸움을 싸우지 아니한다"라고 언급했다. 여기서 바울은 현 세대를 특징짓는 '타락'으로서의 '육체'를 언급한 것이다. 그러므로 이 구절에 나타는 두 번의 '육체'라는 표현을 모두 '인간의 타락'으로 번역한다면 바울이 말하려는 본의에서 벗어나는 것이다.

이제 우리의 관심을 후자의 의미-인간의 타락성-에만 철저하게 십중해보자. 여기에 신체나 몸의 뜻은 완전히 분리된다. 곧, 도덕적 타락을 대변하는 의미, 전적으로 종말론적인 의미다. 바꾸어 말하면, 그리스도를 모르기 때문에 하나님의 원수로 살아갈 수밖에 없는 사람들의 상태를 가리키는 '육체'를 논의의 대상으로 삼는 것이다. 그러므로 육체라는 단어를 성도에게 적용할 때는 그들이 그리스도 안에 거하기 전의 삶, 성령을 따르기 전의 삶만을 가리킨다. 이 관점으로 육체를 인식할 때 우리가 고려해야 할 문제가 있다. 그것은 예수님을 믿고 성령의 내주하심을 입어 그리스도 안에 있는 성도들이 여전히 과거의 삶과 가치를 계속해서 따르는 것을 어떻게 인식해야 하는지 하는 것이다. 이 복잡한 문제에 대해 바울의 처방은 의외로 간단했다. "멈춰라", "옛 자아를 버리라", 그리고 "새 자아를 입으라"(엡 4:22, 24). 이제 내가 말하려는 요점은 이것이다. 성령과 대조되는 존재로서의 '육체'가 성경에 거론될 때마다 그것은 '종말론적 의미'(이미-아직)의 육체를 뜻한다.

바울 서신에 나타난 성령과 육체의 대조[7]...
The Spirit-Flesh Contrast in Paul

바울은 '육체'나 '토라(율법)의 준수'를 그리스도를 믿기 이전의 삶에 나타나는 특징으로 보았다. 이러한 그의 관점은 특히 로마서 7장 4-6절에 잘 드러나 있다. "…우리가 육신에 있을 때에는 율법으로 말미암는 죄의 정욕이 우리 지체 중에 역사하여…이제는 우리를 얽어맸던 것에 대하여 죽었으므로 율법에서 벗어났으니…우리가 성령의 새로운 길로 걸어갈 것이요…" 바울의 이해는 고린도후서 5장 14-17절에서 더욱 확연하게 드러난다.

> 그리스도의 사랑이 우리를 강권하시는도다 우리가 생각하건대 한 사람이 모든 사람을 대신하여 죽었은즉 모든 사람이 죽은 것이라 그가 모든 사람을 대신하여 죽으심은 살아있는 자들로 하여금 다시는 그들 자신을 위하여 살지 않고 오직 그들을 대신하여 죽었다가 다시 살아나신 이를 위하여 살게 하려 함이라 그러므로 우리가 이제부터는 어떤 사람도 육신을 따라 알지 아니하노라 비록 우리가 그리스도도 육신을 따라 알았으나 이제부터는 그같이 알지 아니하노라 그런즉 누구든지 그리스도 안에 있으면 새로운 피조물이라 이전 것은 지나갔으니 보라 새것이 되었도다

그리스도의 죽음과 부활, 그리고 성령의 도래는 모든 것을 변화시켰다. 이전의 삶과 세상의 방식은 '육체'로 설명된다. 육체는 기본적으로 자기중심적, 피조물 중심적인 관점이다. 그렇기 때문에 회심 전의 바울은 예수님을 유약한 인간으로 생각했지 하나님의 아들로는 생각지 못했다. 이와 마찬가지로 자기중심적이고 피조물 중심적인 관점을 가졌기에 고린도 사람들 역시 바울을 비난했던 것이다. 육체는 옛 세대의 관점을 붙든다. 옛 가치관으로 판단하기 때문에 권력, 영향력, 재산과 지식에 큰 가치와 중요성을 부여한다(고전 1:26-31 참조).

물론 이러한 세계관은 지금도 강성하다. 그러나 그리스도 안에 있는

자들에게는 이 모든 것이 이미 지나갔다. "보라 새것, 곧 성령의 시간이 도래하였도다!" 무엇이 중요한지를 판단하는 가치관에 전적인 변화가 생겼다. 이 새로운 모델은 십자가다. 참된 능력은 외면적인 것에 있지 않고 성령 안에 있다. 성령께서 성도들 안에 거하신다. 그가 하나님의 은혜로 우리의 '속사람'을 새롭게 하신다(고후 4:16). 그리고 우리를 하나님의 이미지(십자가를 통해 궁극적으로 그리스도 안에 이루어진 모습)로 변화시키신다.

성령과 육체의 대조라는 종말론적 관점은 다른 구절에도 나온다.

1. 바울은 고린도 교인들에게 "내가 신령한 자들을 대함과 같이 너희에게 말할 수 없어서 육신에 속한 자를 대함과 같이 하노라"(고전 3:1 참조)라고 말했다. 이 문장에는 아이러니한 사실이 담겨있다. 당시 고린도 교인들은 스스로를 성령의 사람으로 생각했다. 하지만 그들은 그리스도를 못 박았던 그 세대의 관원들처럼(고전 2:6-8) 이전의 사고방식을 그대로 답습했다. 그들은 '육체'라는 가치관으로 모든 것을 판단했기 때문에 바울의 고통에 대해서 듣고 그가 전하는 십자가의 메시지를 들었을 때 바울을 거부했던 것이다. 결국 스스로를 성령의 사람이라고 생각했던 고린도 교인들은 그리스도를 죽인 사람들과 다름없었다.

여기서 말하는 육체와 성령의 대립은 확실히 종말론적인 개념이다. 신자의 마음속에서 일고 있는 내적 갈등을 의미하는 것이 아니다. 이것은 '이미'와 '아직'이라는 구조로 대변되는 두 세대의 본질적 특성이 조금도 완화되지 않은 대립 관계로 나란히 공존하는 것을 뜻한다. 그러나 이 둘 중 하나인 '육체'는 정죄를 받고 떠나는 길 위에 있다. 고린도 교인들이 처한 상황도 이와 같다. 육체가 떠나는 길 위에 있기에 바울은 고린도 교인들에게 성령 안에서의 참된 삶을 살라고 권면할 수 있었다.

2. 빌립보서 3장 3절에서 바울이 '할례'를 고집하는 사람들을 향해 경고의 말을 한 것도 위와 비슷한 경우다. 그는 성도를 '하나님의 성령을 따라 섬기고 육체를 자랑하지 않는 사람'으로 규정했다. 여기서 바울이 말한 '육체'란 할례의 증표를 지님으로 인해 스스로가 하나님의 특별한 은총 아래 있다는 생각에서 자만심을 갖게 된 상태를 가리킨다. 하지만 앞선 장(『바울, 성령, 그리고 하나님의 백성』의 9장)에서 살펴보았듯이 그리스도께서 이미 토라를 완수하셨으므로 성령님께서는 어떠한 형태로든 토라의 준수를 대적하신다. 그러므로 '성령'과 '토라의 준수' 역시 엄밀히 말하면 '종말론적 현실'이다. 육체를 자랑하는 것, 이를테면 할례의 준수로 회귀하는 것은 결국 그리스도의 죽음과 부활과 성령의 도래로 말미암아 이미 끝나버린 상태로 되돌아가는 것이다.

3. 마찬가지로 로마서 8장 5-8절에 나오는 치열한 대결 구도 역시 성도의 내면적 갈등을 말한 것이 아니다. 물론 여기서도 바울은 절대로 양립할 수 없는 두 존재를 소개한다. 이 구절에서 '육신을 좇는 자들'은 육체의 소욕에 마음과 생각을 고정시킨 사람들이다–문맥으로 볼 때, 이는 성도를 의미하는 것이 아니라 여전히 그리스도의 바깥에 존재하는 사람들을 가리킨다(롬 8:5 참조). 육체의 소욕에 사로잡힌 '생각 구조'는 하나님과 적대적이다. 이러한 생각 구조를 지닌 사람들은 하나님의 율법

을 지키지 않는다. 아니 지킬 수가 없다. 하나님을 기쁘시게 할 수도 없다(이 세상에서 이 생각 구조로 어떻게 하나님을 기쁘시게 할 수 있단 말인가?). 이 생각 구조는 결국 죽음으로 인도한다. 이는 결코 그리스도인의 삶이 아니다. 바울 서신에서도, 또 다른 어떤 곳에서도 그리스도인의 삶을 이렇게 표현한 곳은 없다.

성령을 따르는 하나님의 백성은 육체를 좇는 사람들과는 뚜렷한 대조를 보이며 살아간다. 그들의 마음은 성령의 일에 초점이 맞춰져 있다(그들의 마음은 성령으로 새로움을 입었다!). 하나님을 대적하는 대신, 그들은 하나님과 평화를 누리며 살아간다. 죽음 대신 생명을 누린다.

바울이 설명했던 '갈등'은 성도의 내면에서 일어나는 갈등이 아니다. 이 갈등은 성도의 삶과 육신에 속한 자의 삶을 대조한 것이다. 이는 로마서 8장 9절에서도 확연히 드러난다. 바울은 성도들에게 이렇게 말했다. "너희 속에 하나님의 성령이 거하시기 때문에 너희는 육신(7-8절에서 말한 '육신을 좇는 자'의 의미)에 있지 아니하고 성령 안(전혀 새로운 존재)에 있나니…"

하지만 바울은 성령 안에서의 삶이 공원을 거니는 것처럼 한가한 삶이 아니라는 사실도 주지하였다. 그래서 앞선 로마서 8장 1-11절의 내용 전체를 성도들의 삶에 적용시키며, 12-13절을 통해 "너희는 이미 육체의 행실에 대해 죽었다. 그러므로 성령 안에서 육체의 행실을 계속해서 죽여야 한다"라고 강권하였다(이것 역시 '이미 그러나 아직'의 구조-이미 죽었다. 그러나 아직 계속해서 죽어야 한다). 그리스도를 믿기 전, 그들은 육체의 통제를 받았다. 그러므로 육체의 뜻대로 행할 의무가 있었다. 그러나 이제 그들이 행할 새로운 의무는 '성령의 뜻'이다. 성령의 길을 걷고 그의 인도하심을 받는 것이 성도의 의무다(롬 8:14).

성령 안에서의 삶은 수동적이지 않다. 자동적으로 순종하게 되는 삶도 아니다. 우리는 성령 안에서 살지만, 계속해서 현실을 살아가야 한다. 결국 우리 자신의 삶 자체가 '이미 그러나 아직'의 구조인 것이다. '이미'가 우리에게 던지는 명령은 '성령 안에서 행하라'이다. 이 명령에는 "이 땅에서 살아가는 우리 삶의 많은 부분이 육체의 영향을 받는다"라는 전제가 깔려있다. 그러나 또 다른 전제가 있으니 그것은 "우리는 '이 세상과는 다른 하나님의 백성'으로서 이 땅을 살아간다"이다—우리는 육체의 일을 계속 답습하는 대신, 성령의 인도하심을 받고 성령의 능력을 통해 의의 열매를 맺으며 살아간다.

이 관점을 견지한 후에야 비로소 갈라디아서 5장 17절과 로마서 7장 13-25절의 말씀을 다룰 수 있다. 먼저 로마서의 말씀을 살펴볼 것인데, 이 말씀은 '갈등'과 아무런 관련이 없다. 이후 갈라디아서의 말씀을 살펴봄으로 결론을 지으려고 한다(제10장을 참조하라).

로마서 7장 13-25절에 나타난 갈등(싸움)...
The Struggle in Romans 7:13-25

로마서 7장 13-25절에 나오는, 충분히 감정적인 바울의 내적 갈등에 대한 설명에서 그 갈등의 강도는 어떠한가? 이 구절은 성령의 사람이었던 바울 역시 속사람으로는 여전히 육체의 소욕과 싸우고 있다는 사실을 말하고 있지 않은가? 이 본문을 처음 접했다거나, 전체 문맥에서 따로 떼어놓고 본다면 그렇게 생각할 수도 있다. 그러나 다음의 세 가지 요소가 그렇지 않음을 이야기해준다. 본문을 둘러싼 앞뒤 문맥, 바울이 실제로 말한 내용, 바울의 말이 의도하지 않은 내용.

본문을 둘러싼 앞뒤 문맥은 크리스천의 삶에서 토라가 어떤 위치를 차지하고 있는지와 관련이 있다. 1-6절에서 바울이 이야기한 것은 성도와 토라의 준수와는 아무런 관계가 없다는 것이다. 이는 그리스도의 죽음을 통해 성도 역시 율법에 대하여 죽었기 때문이다(4절). 게다가 바울은 우리가 육체에 대해서도 죽었다고 이야기한다(5-6절, 과거 시제로 기록되었음을 주목하라. '우리가 육신에 있었을[were] 때에는'). 이렇게 주장하기까지 바울은 율법에 대해 지나치리만큼 혹독한 태도를 취했다. 바울 스스로도 이 점을 알고 있다. 유대인 출신의 크리스천들이라면 바울의 태도를 쉽게 수용했을 리가 만무하다. 하지만 바울은 율법을 나쁜 것이라고는 생각하지 않았다. 오히려 그 반대다. 그가 율법에 대해 제기했던 문제는 율법 자체가 아니라 율법의 부적절성이었다. 즉, 율법의 요구대로 행할 능력이 율법 안에서는 발견되지 않는다는 것이 바울의 지적이었다. 결국 문제는 율법의 무기력성이다.

7-25절에서 바울은 율법이 우리의 죽음에 연루되었다는 이유로 율법 자체를 나쁜 것으로 간주하려는 모든 주장을 반대하며 율법에 씌워진 혐의를 벗겨낸다. 그는 두 가지 방법으로 이 일을 진행한다. 첫째, 7-12절에서는, "나를(여기서 '나'는 바울 자신은 물론 다른 모든 유대인도 포함한다) 죽인 것은 율법이 아니라 율법이 깨닫게 한 죄성이다"라고 밝힌다. 물론 율법

이 그의 '죽음'에 연루되었음은 사실이지만 직접적 사인(死因)이라기보다 교사자(敎唆)로서 연관된 것이다.

하지만 이러한 관점 역시 율법을 나쁜 것으로 바라보는 태도일 수 있기에 바울은 처음부터 다시 시작한다(13절). 이번에는 율법을 비난할 이유가 전혀 없다는 주장을 개진한다. 사실 율법의 역할은 죄의 행동 속에 '전적인 죄성'이 담겨있다는 사실을 깨닫게 하는 것이다. 이렇게 율법은 우리 안에서 죄책감을 불러일으키는데, 이것에 대해 율법이 해줄 수 있는 일은 아무것도 없다. 바로 이것이 율법의 문제다. 바울은 이 사실을 힘주어 강조했다. 율법의 준수로 하나님을 기쁘시게 하려고 했던 모든 사람이 수긍할 수 있는 어조로 서술했다. 율법의 행위로 하나님을 기쁘시게 하려는 노력은 헛고생이다. 성령의 내주하심을 경험하지 못한 채, 율법 아래 거하는 사람에게는 죄와 육체가 훨씬 더 강력한 힘으로 다가오기 때문이다.

고통에 찬 울부짖음(롬 7:24)에 대한 하나님의 응답은 "그리스도와 성령 안으로 들어가라"(롬 8장)이다. 그리스도 안에는 결코 정죄함이 없다 (그리스도의 죽음으로 우리가 마땅히 받아야 할 엄청난 심판이 과거로 사라졌다). 그뿐만 아니라 그리스도 안에서 우리는 생명의 성령이라는 새로운 법칙에 따라 살 수 있게 된다(롬 8:2). 율법이 할 수 없었던 그 일을 그리스도께서 우리를 위해(우리를 대신하여) 행하셨다. 우리가 성령 안에 거할 때, 성령께서는 우리 안에서 이것을 (체험적으로) 실현시켜주신다(롬 8:3-4).

세 가지 요점으로 결론을 내릴 수 있다.

1. 전체 구절에서 바울이 설명한 것은 율법 아래 사는 모습이다. 회심하여 그리스도인이 된 바울에게 이러한 모습이 나타난다 하더라도 바울은 결코 자신이 율법 아래 있다고 생각하지 않았을 것이다. 그리스도를 믿은 이후의 관점으로 그가 이 구절에서 설명한 것은 그리스도와 성령을 만나기 이전, 율법 아래 살았던 자신의 삶이 어떠했는지 하는 것이었다. '나'라는 주어와 현재형 시제를 사용한 것은 죄의 문제에 대해 율법이 속수무책이라는 사실에 안타까운 감정을 극대화하기 위한 장치일 뿐이다.

2. 이 구절에 설명된 그 사람(나)은 절대로 승리할 수 없다. 율법보다 훨씬 더 강력한 육체와 죄를 대면한 상황에서, 율법 아래 들어간다는 말은 곧 스스로를 죄의 노예로 팔아버린다는 뜻이기 때문이다. 그러므로 율법 아래에서는 율법이 요구하는 선한 일을 행할 수 없다. 바울의 관점으로는 '율법 아래의 삶'과 '성령의 능력을 받는 그리스도 안에서의 삶'이 절대로 양립할 수 없다.

3. 전체 구절(7-25절)에는 단 한 차례도 성령에 대한 언급이 없다. 이 장에서 성령이 마지막으로 언급된 것은 6절이다. 6절에서 성령은 그리스도 안에서의 새로운 삶을 가능케 하시는 분, 율법과 육체에 얽매인 우리의 관계를 청산시켜주시는 분으로 설명되었다. 그리스도와 성령이 다시금 언급되는 것은 8장 1-2절에서다. 이 구절에서 성령님은 율법의 무기력에 대한 해결책으로 제시된다. 율법은 우리의 죄악 된 행동 속에 내

재한 죄성을 완벽하게 지적해준다. 그러나 죄성을 해결해주지는 못한다. 이처럼 무력한 율법 아래서 죄와 씨름하느라고 울부짖는 사람들에 대한 해결책으로 바울은 성령을 제시하였다.

종합하자면, 로마서 7장 13-25절 전체 구절에서 바울이 제기했던 질문은 '토라'(율법)와 관계된 것이었다-과연 토라(율법)가 좋은 것인가, 아니면 악한 것인가? 만일 토라를 좋은 것으로 규정짓는다면 어떻게 이 좋은 것이 우리의 죽음에 연루될 수 있는가? 이것이 바울이 제기한 질문들이었다. 즉 토라 아래서의 삶만을 면밀한 연구 대상으로 삼았던 것이다.

문맥으로 본 갈라디아서 5장 17절...Galatians 5:17 in Context

그러나 바울이 "육체의 소욕은 성령을 거스리고 성령의 소욕은 육체를 거스리나니 이 둘(실존)이 서로 대적함으로 너희의 원하는 것(하고 싶은 일)을 하지 못하게 하려 함이니라"라고 말한 갈라디아서 5장 17절은 어떠한가? 이 구절은 성령과 육체가 서로 싸우고 있다는 내적 갈등을 이야기하지 않는가? 그러나 이 구절을 포함하고 있는 전체 문맥을 본다면, 그 대답은 '아니오' 다. 이 구절은 앞서 살펴본 로마서의 구절과 정확히 맥을 같이한다.

사실 갈라디아서 5장 17절은 다음의 질문에 대한 답이 무엇인지를 놓고 공방되는 논쟁의 핵심이다. "그리스도와 성령의 도래로 인해 토라(율법)의 준수가 과거의 일이 되었다면, 우리는 무엇으로 의롭게 되었다는 증거를 삼을 수 있는가?" 유대 출신의 크리스천들은 바울이 토라의 준수를 무시한다고 생각하면서 그의 주장을 '방자함과 경건치 못한 삶'으로의 초대장처럼 여겼다. 바울은 그들의 생각을 대적하였다. 로마서 3장 7-8절에 확실하게 언급되었고, 로마서 6장 1절에 넌지시 언급되었듯이 사람들은 토라 준수의 문제로 인해 바울을 비방하였다.

위의 질문을 다룰 때, 바울은 하나님과 일대일로 관계를 맺고 있는 전체 성도를 지칭하지 않았다. 그가 이 질문을 던진 것은, 육체가 지배하는 시점에서 과거의 삶을 그대로 답습하며 살아가는 갈라디아 성도들을 보았을 때다. 그러므로 바울은 갈라디아 성도들에게 "그리스도 안에서 발견한 새로운 자유를 마치 육체를 따라 멋대로 살 수 있는(갈 5:13) 방종의 초대장으로 삼지 마라"라고 경고했던 것이다. 여기서 바울이 이야기한 '육체를 따르는 방종'이란 갈라디아 성도들이 믿음의 공동체 안에서 서로 싸우고 계속해서 대립하는 행동을 의미한다(15절). 바울은 갈라디아 성도들에게 싸우는 것을 그만두고 서로 사랑하고 서로에게 종노릇할 것(13절)을 요구하면서 이러한 사랑이야말로 '율법을 이루는 사랑'(14절)이라고 단언했다.

13절과 15절의 질의에 대한 바울의 응답을 16-26절에서 볼 수 있다. 그는 16절에서 기본적인 명령이 무엇인지를 말하고 이를 수행할 때 따르는 약속도 이야기한다. "성령을 좇아 행하라 그리하면 육체의 욕심을 이루지 아니하리라." 이 말씀(행동 강령)은 15절의 응답이다. 결국 그는 성도들 각자의 내면에서 일고 있는 갈등이 아니라, 공동체 안에서 일어나고 있는 경건치 못한 행동들을 지적한 것이다. 이후 구절에 '육체의 일들'로 대표되는 모든 항목은 마음의 상태가 아니라 '행동, 습관들'이다. 총 열다섯 개 항목으로 기록된 육체의 일 가운데 여덟 개 항목이 믿음의 공동체 안에서 일어나던 죄, 곧 불협화음에 관련된 것이었다.

17절은 13-15절에서 언급한 내용을 정리함으로써, 16절의 내용을 부연하는 기능을 한다. 이 구절에서 볼 수 있는 바울의 설명은 그가 이미 다른 곳에서 말했던 내용들과 같다. 성령을 좇는 삶은 육체를 따르는 삶과 양립(공존)할 수 없다. 이 둘이 서로를 전적으로 대적하기 때문이다. 이 둘이 양립할 수 없기 때문에 성령의 사람은 자신이 기뻐하는 대로 행할 수 없을 것이다. 이 말은 "그리스도 안에서 발견한 새로운 자유가 서로를 물고 뜯는 과거의 삶을 지속하지 못하도록 가로막는다"라는 뜻이다.

그러므로 육체와 성령의 대립은 그리스도와 성령을 통해 새로운 삶을 시작하게 된 사람들과 관련이 있다. 바울은 그들을 향해 성령의 능력으로 살 것을 촉구한다. 그는 "성령께서는 육체의 삶을 대적하신다. 그리고 성령께서는 우리가 그분을 따라 살 수 있도록 능력을 주실 수 있다"라고 결론 내린다. 그렇다고 해서 바울이 우리 내면의 상태를 무시한 것은 아니다. 사실 그는 우리의 내면에 관심이 많다. 그러나 여기서 그가 더 집중한 것은 하나님의 백성이 살아가는 방식, 곧 행동이다. 하나님의 백성이 살아가는 이 새로운 삶의 방식은 세상을 따르는 삶을 전적으로 대체할 수 있다. 성령을 좇는 사람이라면 믿음의 공동체를 무너뜨리는 반목과 대립의 행위를 지속하지 않을 것이다.

바울이 성령과 육체를 대립 관계로 상정하여 기록했던 성경 구절 전체를 살펴보면 알 수 있듯이 바울은 그리스도의 죽음과 성령의 도래를 통해 육체가 치명적인 상처를 입었다고 말한다—바울의 말대로라면, 육체는 죽임을 당했다. 그러므로 바울의 관점에서는 성령의 사람이 죄에 팔린 노예처럼 살아간다는 것은 가당치도 않다. 죄에 팔린 노예라면 죄의 율법에 얽매인 상태로, 자신이 원하는 바 선한 일을 행할 능력조차 없기 때문이다.

성도들은 두 시대 사이에서 살아간다. 이미 치명적인 상처를 입은 육체는 그리스도가 재림하실 때 완전히 멸망당할 것이다. 그리고 이미 우리 가운데 현현하신 성령님은 그리스도의 재림의 때 완전함으로 나타나실 것이다. 아직 '옛것'이 완전하게 떠나지 않은 영역에서는 성령님을 의지하고 성령님의 뜻대로 행해야 하며 그의 뜻대로 '심어야' 한다. 성령님으로 충분하기에 우리는 정확히 그렇게 행할 수 있다. 바울의 관점에서 보면 우리는 육체—현재의 제약받는 몸, 즉 이 시대를 살아가는 실존이라는 의미에서의 육체—안에 거한다. 그러나 우리는 육체를 따라 행하지 않는다. 육체를 따르는 삶은 과거에 속했다. 그리고 그렇게 살아가는 사람들은 그리스도의 바깥에 거하며 "(종말론적) 하나님의 나라라는 유업을 물려받지 못할 것이다"(갈 5:21).

바울은 항상 현실주의자였다. 바울의 입장에서는 토라를 완성한 '새로운 의', 곧 성령의 능력으로 효과를 입은 이 새로운 '의' 역시 '이미 그러나 아직'의 구조 안에 있다. 앞선 장들에서 설명했듯 성령의 도래는 '거룩함의 전염성'(divine infection)이 현재의 삶에 임한 것이지 '거룩함의 완성'(divine perfection)이 삶에 장착된 것이 아니다. 이제 우리의 삶은 율법을 시작하신 그분, 율법에 영감을 불어넣으신 바로 그분에 의해 인도함을 받는다. 하지만 이 말은 하나님의 백성이 항상 율법의 요구대로 살게 되며 더 이상 '죄에 빠지지 않는다'(갈 6:1)라는 뜻이 아니다. 그러므로 두 시대 사이를 살아가는 성도는 하나님의 의로운 요구를 범할 수 있는데, 이에 대한 해결책은 성령의 사람들이 공동체 안에서 성령의 온화함(심령의 온유함)으로 그를 회복시켜주는 것이다. 하나님의 용서와 은혜를 주기적으로 체험해야 한다는 의미다. 하지만 마치 성령님만으로는 충분치 않은 것처럼, 우리의 삶이라는 '풍선'을 천천히 수축시키는 구멍과 같은 고범죄를 지으며 "어쩔 수 없었어. 죄 짓는 것은 불가피하니까"라고 생각해서는 안 된다.

● 만일 끊지 못하는 몇 가지 죄로 인해 계속해서 마음의 고통을 겪는 사람이 이 글을 읽고 만족스럽지 못한 설명이라고 생각한다면 내가 그에게 해줄 수 있는 말은 이것이다. "복음으로부터 용기를 얻으라!" 물론 나는 당신의 마음속에서 일어나고 있는 내적 갈등을 무시하는 것이 아니다. 그러나 이 사실을 기억하기 바란다. 당신은 하나님의 사랑을 받고 있다. 그리고 그 사랑은 성령을 통해 당신의 마음속 가득히 쏟아지고 있다. 어떤 이에게는 율법대로 행하지 못한 과거의 실패에 연연하여 자신의 마음을 성찰하는 대신 Q.T.를 하거나 하나님이 하신 일(하고 계시거나 하신다고 약속하신 일)에 대한 찬양에 더 많은 시간을 들이는 것이 성령 안에서 살아가는 삶의 열쇠이리라!

그리스도께서 우리를 용서하신 것처럼 다른 사람을 용서해야 함을 알면서도 오히려 복수하고 싶은 마음이 일어남을 느낀다면, 그것은 당신 스스로가 '이미 그러나 아직'의 시간-성령의 거룩한 전염이 시작된 때와 성령의 전염이 완성될 때-사이에서 살고 있다는 사실을 다시 한 번 입증하는 것이다. 그러나 성령님의 인도하심이 있기에 당신은 과거에 아무 거리낌 없이 보복했던 것과 달리 이제는 당신이 원하는 대로 할 수는 없을 것이다. 하나님의 임재이신 성령, 능력을 주시는 그분의 현존이 당신 안에 있다. 그가 당신을 올바른 길로 인도하실 것이다.

마지막으로, 처음 부분에서 이야기했던 논점을 여기서 마무리 지으려고 한다. 이제야 비로소 당신이 그리스도의 몸 된 교회의 한 지체라는 사실을 다루고자 한다. 구원의 궁극적인 목표는 우리 각 사람이 '하나님의 백성'이라는 전체 공동체 안에서 한 지체로서 성장하는 것, 또 이 공동체를 섬기고 세우는 것이다. 내가 이러한 이유로 이 공동체 안에 있는 것처럼, 다른 사람들 역시 당신을 섬기기 위해 이 공동체 안에 있다. 그러므로 '나 홀로' 모든 싸움을 싸우려는 특수요원이 되지 마라. 공동체 안에서 당신을 도울 수 있는 사람들을 찾으라. 그리스도를 닮아가기 원하는 당신의 갈망을 이루는 일에 '그들'이 공헌할 수 있도록 그들의 동행을 허락하라!

▌주 석

* 이 장은 고든 피의 책 *Paul, the Spirit, and the People of God* (Peabody, MA: Hendricson, 1996)에서 11장 "The Ongoing Warfare–The Spirit Against the Flesh"의 전문을 발췌하여 게재한 것이다. 저자 및 출판사의 허락을 받았으며 저작권법에 의해 보호를 받는 저작물이다.

1. N. T. Wright, *Following Jesus: Biblical Reflections on Discipleship* (London: SPCK, 1994), 72.
2. 이 표현은 Krister Stendahl, *Paul Among Jews and Gentiles and Other Essays* (Philadelphia: Fortress, 1976), 78–96에 기재된 "The Apostle Paul and the Introspective Conscience of the West"라는 표현에서 발췌.
3. 시 51편 참조. 여기서 다윗은 "내 죄가 항상 내 앞에 있나이다"(3절), "내가…주의 목전에 악을 행하였사오니"(4절)라고 고백했다. 그리고 다윗은 이러한 죄의 근원이 무엇인지 알고 있는데 이는 사악한 마음이다(5–6절 참조).
4. GEP(*God's Empowering Presence*)에 기록된 갈 5:13–15, 16–17, 19–23, 24–26, 6:7–10, 롬 7:4–6, 8:4, 5–8, 13:11–14, 빌 3:3의 설명을 참조하라.
5. 이 문제에 대한 최근 학자들의 의견을 알기 원한다면(특히 제임스 D. G. 던과 같은 학자들의 입장) 나의 저서 *GEP* pp. 816–822를 참조하기 바란다. 이곳에 기록된 내용은 제임스 D. G. 던의 입장에 대한 나의 대답이다.
6. 그렇다고 해서 NIV가 일관되게 '죄악 된 본성'이라는 표현을 사용하는 것은 아니다. NIV 성경은 '육체'가 도덕적으로 부정적인 의미로 사용될 때 '육체'를 '죄악

된 본성'으로 번역해놓았다(예를 들면, 고전 5:5, 갈 5:13. 16, 17[두 번], 19, 24; 6:8, 롬 7:5-8:13, 골 2:11, 13, 엡 2:3을 참조하라). 그러나 고후 5:16에는 '육체'를 '세상적인 가치관'으로(고후 1:12, 17, 10:2과 비교해보라), 빌 3:3-4에는 말 그대로 '육체'로 번역했다!

7. 이러한 대조는 기본적으로 갈 5:13-6:10(4:29에 나타난 비유 참조), 롬 8:3-17, 빌 3:3(고전 3:1도 참조해야 하지만)에서 볼 수 있다. 바울의 글에 성령과 육체의 대조가 자주 등장할 것이라고 생각하지만 사실은 그렇지 않다.

"내가 느끼는 부담 가운데 가장 큰 것은 이것이다. 내 존재, 내 언행을 통해 하나님의 영광이 드러날 수 있도록 나는 투명한 삶, 모든 것을 공개할 수 있는 삶을 살아야만 한다." **하비 R 브라운 2세**(Harvey R. Brown, Jr.)의 말이다. 그는 켄터키 윌모어에 소재한 애즈버리 대학의 행정직책을 사임하고 교회 갱신을 위한 말씀과 교육 사역을 위해 임팩트 미니스트리즈(Impact Ministries, Inc.)를 설립하였다. 연합감리교 소속 목사인 브라운 박사는 목회자, 캠퍼스 사역자, 대학 교수, 대학 행정관, 교구 발전 컨설턴트, 미 육군 군목 등, 다양한 사역을 행했다. 특히 그는 여러 교단의 다양한 크리스천과 의사소통할 수 있는 능력을 겸비하였다. 그는 그리스도의 교회가 본래의 모습으로 회복되는 것을 갈망한다─하나님 임재의 거룩함으로 충만하고, 성령의 은사, 은혜, 직임이 회복되는 능력 있는 교회, 마지막 때의 추수를 거둘 수 있는 교회!

3

성화의 능력을 경험하다
Encountering the Power of Sanctification

하비 R. 브라운 2세
by Dr. Harvey R. Brown, Jr.

　눈을 떴을 때, 천정에서 흘러나온 불빛은 마치 무지개를 발산하는 분광(프리즘)과 같았다. 내가 누워있던 곳은 세인트루이스 리갈 리버프론트(Regal Riverfront) 호텔의 연회장 바닥이었다. 위쪽-바닥에 누웠을 때 볼 수 있는 유일한 방향-을 바라보는 동안 내 마음은 안도감과 놀라움의 혼재로 가득했다. 눈가에서 흘러내린 눈물은 광대뼈를 지나 귓속까지 들어갔다. 그중 약간은 바닥에 떨어져 내가 누운 자리를 적시었다.

　정신을 차리고자 몸을 곧추세웠다. 앉은 채로 주변을 둘러보았다. 여전히 흥건한 눈물을 손으로 훔쳐내자 몇 안 되는, 남아있는 사람들의 모습이 시야에 들어왔다. "도대체 얼마 동안 누워있었던 걸까?" 궁금했지만 그다지 신경 쓸 문제는 아니었다. 중요한 사실은 내가 하나님 아버지의 놀라운 임재를 강력하게 맛보았다는 것이다. 집회 초반에 가졌던 당황스러움이나 걱정은 이미 사라지고 없었다. 나는 오직 사랑만을 감지하고 있을 뿐이었다-나를 향한 아버지의 사랑! 그를 향한 나의 사랑! "바로 이것이로구나! 모든 사람이 입이 닳도록 이야기했던 '능력 체험' (Power Encounter, 능력의 만남)이 바로 이것이구나."

사람들이 '부흥'이라고 말하는 것을 직접 확인해보려는 마음에 나는 랜디 클락과 세인트루이스 빈야드 크리스천 교회(St. Louis Vineyard Christian Fellowship)가 공동 주최한 'Praying Down the Fire'(불보다 더 강한 기도) 집회에 참석했다. 이러한 탐구 정신 덕분에 나는 기독교 대학의 행정관으로서 누리던 안전한 신앙의 테두리를 벗어나 온 우주의 창조자이신 하나님과 정면으로 만날 수 있었다!

집회 시간 내내 서있으려고 노력했다. 하지만 두 다리가 심하게 후들거렸다. 결국 나는 바닥에 주저앉았다. 그 자세에서 두 팔로 내 무릎을 감싸 안았는데 마치 내 자신을 안는 느낌이었다. 그리고 하나님께서 지금까지 나를 어떻게 인도하셨는지에 대해 묵상하기 시작했다. 이 묵상은 경외감으로 이어졌다. 군목직(Army chaplaincy)을 마치고 전역한 후 일 년 만에 나는 켄터키 윌모어(Wilmore)에 위치한 애즈버리 대학(Asbury College)의 행정관으로 부임할 수 있었다. 그 이후로 하나님께서 내 삶을 얼마나 많이 변화시키셨는지, 나는 도무지 믿을 수가 없었다.

애즈버리 대학에서 근무할 때, 재학생 중 대다수(약 천이백 명)가 독실한 크리스천이라는 사실을 알게 되었다. 그들 중 다수가 이미 단기 선교를 다녀온 경험이 있었다. 음악적으로 재능이 뛰어난 몇 학생은 자신의 달란트로 하나님께 영광을 돌렸고 대부분의 학생은 주님을 위한 일들에 끊임없는 열정과 믿음을 강하게 나타내보였다. 이들에게서 나는 이십육

년 전의 내 모습을 발견할 수 있었다. 당시의 나 역시 이들처럼 바로 이 캠퍼스에서 동일한 열정으로 하나님을 섬겼다.

열정으로 가득한 젊은이들을 바라볼 때, 애즈버리 학생이었던 나에게 어떤 변화가 일어났는지를 깨닫게 되었다. 오랜 시간에 걸친 죄로 인해 내 신앙의 열정은 빛을 잃어버렸던 것이다. 이 놀라운 젊은이들과 함께하는 시간이 길어질수록 이러한 자각은 더 깊어갔다. 내 내면세계는 쓰레기 공터가 되었음을 더 많이 깨닫게 되었다. 물론 나는 여전히 성경적으로 옳은 정통 교리를 견고히 붙잡고 있었다. 하지만 '성령 충만'은 먼 옛날의 추억이 되어버렸다. 주님을 향한 내 열정에 무언가 변화가 생긴 것이다. 내 뼛속에서 활활 타올랐던 뜨거운 불꽃은 이제 겨우 타다 남은 깜부기불처럼 되어버렸다. 나는 다만 옛일을 추억하는 사람일 뿐이다. 과거의 기억을 외칠 뿐이다. 내 '영성'이라는 계좌에는 사용할 잔고가 없다. 나는 영적으로 파산했다. 그리스도 안에 있는 참된 기쁨을 모두 잃어버린 상태였다.

어떤 연유에서인지 알 수 없지만 거울 속의 나는 그저 '교회 다니는 사람들'(주로 강단에서 설교하는 '교회 다니는 사람')의 캐리커처가 되어있었다. 한때 젊고 열정적인 성도였던 나는 구세주를 향한 나의 열정을 이해해주고 설명해줄 수 있을 것 같은 사람들을 만나고자 여러 교회의 리더들을 찾아다녔다. 그런데 내가 종종 만나게 된 리더들은 '전문직 크리스천들'—열정은 없지만 돈을 받고 교회 일을 하는 사역자들—이었다. 물론 그들은 당시 내 삶에 일어났던 거룩한 변화가 어떤 것이었는지를 제대로 이해하는 것처럼 보였다. 하지만 나의 거듭남과 성경에서 발견한 진리에 대해 서로 의견을 나누었을 때 그들과 나 사이에는 아무런 공감대도 형성되지 않았다. 부지불식간에 나는 '열정적인 성도'에서 전문성을 인정받고 싶은 '교회 다니는 사람'의 자리로 오랜 시간 동안 내려앉게 되었다.

대학과 대학원을 졸업한 후, 나는 '시스템'(행정 체계)에 적응하는 법을 배웠다. 연합 감리교 소속 교인으로서 나는 교단의 일원, 즉 '신학적 혼합 바구니'(theological mixed bag) 속의 일원이 되었다(동일한 교단 안에서 호전적 근본주의로부터 열성적 자유주의에 이르기까지 참으로 다양한 스펙트럼의 신앙 체계를 접할 수 있다). 강단에 선 목사들은 종종 자유주의 입장으로 기울었고, 예배당의 장의자에 앉아 있는 회중은 자신들의 보수 신앙을 더욱 고수하려는 입장을 표했다. 당신의 신학적 입장이 무엇이든 상관없이 목회자로서 성공하기를 원한다면 당신은 어떻게 해서든 비위 맞추는 법을 배워야 할 것이다. '판에 박힌' 진부한 목회자라야 교회에서 살아남을 확률이 높다. 만일 당신의 마음 안에 뜨거운 열정이 있다면 그 불꽃을 벽난로 속에 가둬야 한다. 밖으로 꺼내면 절대 안 된다. 독창적인 소수가 되어서도 안 되고 너무 급진적인 색깔을 내비쳐도 안 된다. 당신은 주류에 속해야 한다. 존경받을 만해야 한다. 주류에 속한 채, 어려운 문제들을 해결해낼 비법을 배워야만 한다. 되도록 의문점이나 호기심은 삼가라. 변화를 일으키고자 타고 있는 배를 흔들어서는 절대 안 된다. 규칙에 따라 움직이면 시스템이 당신을 돌봐줄 것이다.

비록 사역을 위한 열정 대신 전문성을 기하려고 의도하지는 않았지만, 나는 안전함과 만족이라는 중심을 향해 천천히 흘러들어 가게 되었다. '시스템의 세례'를 받는 것과 '효과적인 사역'의 시행 사이에는 아무런 갈등도 존재하지 않는다. 시스템에 물들었다고 해서 효과적으로 사역하지 못하는 것은 아니기 때문이었다. 팔백오십만 성도를 자랑하는 교단에서 영향력 있는 지도자가 되는 것보다 더욱 주님의 뜻에 순종할 수 있는 일이 무엇이 있겠는가?

이러한 시간을 보내며, 나는 사역의 기술을 갈고 닦아 결국 첨단의 경지에 이르렀다. 나는 위로의 말씀을 전해야 할 때가 언제이며 침묵한 채로 앉아서 상대방의 이야기를 경청한다는 표시로 그저 고개를 끄덕이기만 해야 할 때가 언제인지 알고 있었다. 회중의 마음을 사로잡기 위해 정교하게 설교문을 작성했다. 회중으로부터 기대했던 효과를 얻어야 할 정확한 타이밍에 설교의 주제가 최고조에 이르도록 치밀하게 구성했다. 또한 교단 참모로서의 자격, 그리고 교구 발전 자문위원으로서의 자격에 걸맞은 사역을 위하여 특별한 훈련도 받았다. 나는 동료 목회자들이 나의 능력을 인정해준다는 사실, 또 상관 목회자들로부터 설교 기술과 사역 수행 능력에 대해 끊임없이 칭찬받는다는 사실에 만족했다. 그것을 즐겼다!

그러나 이는 성령의 임재와 주권을 내 노력, 내 능력, 내가 받은 교육과 맞바꾼 행위에 지나지 않았다. 물론 성령의 임재와 나의 노력이 상호 배타적인 것은 아니지만 나는 사도 바울이 경고했던 덫에 발목을 내어주고 말았다. '경건의 모양은 취하였으나 능력이 없는 삶의 덫' 말이다(딤후 3:5). 내가 하는 사역은 결국 내 주권하에 내 뜻대로 진행되는 사역이었다. 다른 목회자와 나 자신을 비교할 때마다 내 기분, 내 자존심은 너무도 쉽게 우쭐해졌다. 나의 사역을 통해 결실된 수많은 회심자의 수와 내 설교를 통해 주님의 만지심을 경험했노라고 고백한 사람들의 통계치는 나로 하여금 "그래, 하나님마저 내 사역을 축복해주시는구나"라고 착각하게 만들었다. 주님은 단상에서 선포되는 그분의 말씀을 존중하시지 그 말씀의 선포자를 존중하시는 것이 아니다. 물론 주님께서 선포하는 사람을 존중해주실 수도 있지만 반드시 그렇게 하셔야 할 이유는 없다. 나는 이 사실을 염두에 두지 않은 채, 내 멋대로 착각했다. 결국 그 모든 통계치는 하나님의 긍휼이었다. 그러나 나는 하나님의 긍휼을 하나님의 칭찬으로 착각했던 것이다.

당시 나의 내면세계에서 심하게 요동치던 문제가 있었는데 그것은 바로 정욕, 포르노그래피를 탐하는 음란한 마음이었다. 성적 충동이 요동칠 때마다 나는 씨름해야 했다. 하지만 억누르고 억눌러도 육신의 정욕은 또다시 고개를 들고야 말았다. 그럴 때마다 나는 패배하는 삶, 죄에 대해 무력한 삶으로 생을 마감할 것 같은 느낌을 받아야 했다. 사도 바울이 로마서 7장에 설명했던 '반복되는 죄의 덫'은 당시 내가 실감하던 내면의 무력감을 잘 표현해준 것 같았다. "원함은 내게 있으나 선을 행하는 것은 없도다." 내 마음은 이 문제가 해결되기를 갈망했지만, 구원은 항상 손닿을 수 없는 거리에 있었다. 하나님과 타협도 해보고 간청도 해보았으나 "하나님께서 제 마음속의 충동과 정욕을 제거해주시면 다시는 이러한 죄를 짓지 않을 겁니다"라는 나의 다짐은 허공을 울릴 뿐이었다. 또 다시 나는 중독된 죄의 습관 속으로 빠져들어 갔다. 나는 덫에 갇혔다.

뉴저지 몬머스(Monmouth) 군 기지의 영내 교회에서 크리스천 대중가수인 돈 프란시스코(Don Francisco)를 초청하여 콘서트를 개최한 적이 있었다. 그때 나는 약간의 희망을 볼 수 있었다. 한 곡이 끝나고 다음 곡으로 넘어가기 이전, 프란시스코는 주님께서 포르노그래피의 중독으로부터 자신을 치유해주셨다고 간증했다. 그는 주님께서 어떤 방법을 통해 포르노중독으로부터 치유해주셨는지도 이야기했는데, 그의 간증을 듣는 순간 그와 만나고 싶은 마음이 간절했다. 콘서트가 끝난 후에 직접 만나거나 아니면 전화 통화라도 해서 나를 위해 기도해줄 것을 부탁하고 싶었다. 하지만 죄에 대한 수치심 때문에 이 중독증을 빛 가운데로 가져갈 수 없었다. 나는 하나님께서 이 문제를 은밀히 다루어주시기를 원했다. 어느 누구도 이 문제를 눈치채지 못하기를 바랐다. 적어도 내 소견에 나는 교회에서 꽤나 중요한 인물이었다. 때문에 그러한 습관을 쉽게 뛰어넘어서는 사람으로 보여야 했다. 나는 이 문제를 스스로 해결해야만 했다.

삶 속에 괴물이 버티고 있었건만, 나는 억지로라도 평안을 얻은 것처럼 행동해야 했다. 정욕을 거부할 수 있을 때에는 거부했다. 그러나 참지 못할 때에는 '하나님께서 한 번 더 용서해주시기를 바라며' 또 다시 죄를 선택했다. 이렇게 '불편한 평안'의 상태를 유지해갔던 것이다. 물론 그 괴물이 점령하고 있는 영토를 되찾고 싶었다. 나는 거룩한 삶을 원했다. 죄의 덫에 빠져 허우적거릴 필요가 없는, 그런 거룩한 삶을 원했다. '이것은 하지 마라', '저것은 해선 안 된다' 등의 금지 조항에 집착하는 소위, '경건한 그룹'의 '경건'은 원하지 않았다. 내가 원하는 거룩함은 '겨우겨우 지켜나가는' 거룩함이 아니었다. 나는 진정한 자유를 원했다. 정말로 자유롭게 되기를 소망했던 것이다. 하지만 나는 천국에 갈 때까지 내 삶에 근본적인 변화가 일어나리라고 기대하지 않았다.

이십삼 년간의 목회와 군목직을 마친 후, 다시금 애즈버리 대학의 지도자 격으로 들어가게 된 것은 참으로 아이러니하다. 청년 시절 그 학교에서 배웠던 성화의 교리를 단상에서 단 한 번도 선포해본 적이 없었는데, 내가 거룩한 학교로 다시 들어가 그곳에서 리더의 역할을 한다는 것 자체가 아이러니였다. 나는 성화의 교리를 선포할 수 없었다. 내 삶에 성화의 기미가 보이지 않았기 때문이다. 오! 물론 나는 노력했다. 하지만 나의 모든 노력에도 불구하고 내 인생이 참담한 실패의 길로 내닫는 것을, 나는 남몰래 지켜봐야만 했다.

캠퍼스에 재직하던 중, 자유를 누리는 것처럼 보이는 몇몇 학생과 만날 수 있었다. 내가 그토록 갈망해왔던 그런 자유 말이다. 그들은 예수님께서 자신들의 삶에 행하신 일들에 대해 항상 간증했다. 참으로 많은 학생이 하나님의 놀라운 은혜와 구원을 체험했다. 어떤 학생들은 내가 상상하기조차 힘들 정도의 아픔과 상처를 경험했지만 주님께서는 그들을 구원해주셨고 그들에게 자유를 주셨다. 또 어떤 학생은 과거의 충동과 중독으로부터 절연하고 완전한 자유를 누리며 살아가고 있었다. 이들이 주님을 향한 사랑에 대해 이야기하는 것을 듣노라니 내 마음이 부드러워지는 것을 감지할 수 있었다. 마치 살짝, 아주 조금, 창문이 열려 그 틈으로 신선한 바람이 불어오는 것 같은 느낌이었다. 그때가 바로 내 영혼 깊은 곳에서 '거룩한 요동'이 시작된 시점이다.

그 즈음 나는 전 세계의 교회 가운데 부흥의 바람이 일고 있다는 이야기를 연거푸 듣게 되었다. 윌모어 지역은 내가 다시 이주해오기 육 개월 전에 이미 부흥의 바람을 맞이하였다. 이 지역의 교회들은 "불을 지펴라"(Light the Fire)라는 주제로 집회를 개최하였고 주민들은 이 집회를 통해 많은 은혜를 받았다. 새로 사귄 수많은 친구는 이곳에서 일어나고 있는 하나님의 역사에 대해 열변을 토했다. 그들의 이야기를 듣는 것만으로도 하나님의 역사하심을 충분히 알 수 있었지만 나는 다른 누군가의 의견을 받아들이는 것에 만족할 수 없었다. 내 눈으로 직접 부흥의 현장을 목격해야겠다고 생각했던 것이다. 그래서 세인트루이스로 달려가 'Praying Down the Fire' 집회에 참석했다.

세인트루이스에 도착했을 때, 나는 주님께 내가 무엇을 원하는지 확실히 해두었다. "주님, 저는 특별한 경험을 구하는 것이 아닙니다. 내 유일한 목표는 주님을 더 잘 아는 것, 당신을 더 많이 사랑하는 것입니다." 물론 특별한 경험을 하게 되더라도 괜찮았다. 하지만 특별한 경험이나 현상을 체험하지 못한 채 귀가하더라도 나는 여전히 그리스도를 사랑할 것이었다. 그것이 여행의 목적이었다. 그러므로 시간과 비용을 들일 만한 가치가 충분했다. 나는 하나님을 더 많이 알고, 더 많이 사랑하고 싶었다. 이 집회를 통해 하나님께 기대했던 것은 그뿐이었다. 당시 내가 지녔던 그 마음에는 조금도 거짓이 없었다.

처음으로 부흥의 서광을 보게 된 것은 집회가 시작되기 몇 시간 전, 호텔의 회의실에서 랜디 클락이 백 명 넘는 목회자를 따로 불러 모아 다음의 말을 전했을 때였다. "지금 교회에 임하는 부흥은 해변까지 덮는 큰 파도와 같습니다. 한 번 철썩거리는 파도가 아닙니다. 성령께서는 성부 하나님이 원하시는 일들을 완수하고자 연거푸 방문하실 것입니다."

이어서 그는 토론토에 임한 성령의 역사가 건조한 교회를 회복시키는 부흥의 첫 번째 파도였다고 설명했다. 그 사건 이후로 부흥의 파도가 계속 밀려와 교회를 준비시키고 있다는 것이다. 부흥의 파도는 이 땅의 교회들을 갱신하여 열방을 향해 구원을 전하는 교회, 하나님의 사랑을 땅 끝까지 전하는 교회로 빚어가고 있다.

그가 던진 말들이 내 마음을 울리기 시작했다. 잃어버린 영혼들을 향한 안타까운 마음이, 전에 없던 강렬함으로 내 속에서 일어나기 시작했다. 사실 이 집회에 참석하기 일주일 전, 나는 켄터키 주립 소년원을 방문하여 '끈질긴' 일대일 복음 전도를 했다. 그때 내 안에서 구세주를 모르는 사람들을 향한 긍휼의 마음이 회복되는 것을 경험했다. 당시 랜디 클락은 이처럼 내가 느꼈던 모든 것을 이야기했다.

'랜디는 복음 전도자의 심장을 가지고 있어.' 나는 그렇게 생각했다. '그는 청중으로부터 종교적 열성을 일으키는 설교자도, 그들의 기분을 좋게 만들어주는 설교자도 아니야. 그리고 여기 모인 이 사람들은 하나님 나라의 복음을 전하는 사람들이다. 그저 자기를 축복해달라고 외치는 사람들이 아니야. 이들은 잃어버린 영혼을 향해 열정을 지니고 있어!'

목회자의 모임이 거의 끝날 무렵 나는 온전히 주님께 집중할 수 있었다. 잃어버린 영혼들을 위한 랜디 클락의 기도가 끝나고 찬양이 이어지는 동안 그의 동역자인 프레드 그리웨(Fred Grewe)가 앞으로 나와 마이

크를 들었다. "주님은 지금 이 자리에 포르노그래피와 자위행위의 문제로 씨름하는 목사님들이 있다는 것을 말씀해주셨습니다. 이 문제로부터 자유함을 얻기 원하신다면 회의실의 뒤편으로 오십시오. 그곳에서 여러분을 위해 기도해드리겠습니다."

갑자기 머리가 아찔해졌다. "주님께서 정말 나를 자유케 하실 수 있을까?" 나는 의심했다. "아니야. 이것은 다른 사람들을 위한 것일 테지." 사실 세 대륙을 넘나들며 사역했던 나는 하나님께서 구원해주시기를 간구하며 설교단에 오르내릴 때마다 수많은 눈물을 흘려야 했다. 그러나 얼마나 많이 기도했는지와 상관없이 나는 항상 오랜 습관, 파괴적인 습관으로 되돌아갔을 뿐이었다.

"이제 와서 기도한들 무슨 소용이 있겠는가? 이 목사님들 앞에서 내 죄를 들춰낼 필요가 있을까? 만일 애즈버리 대학에서 온 사람이 있어서 나의 이러한 모습을 본다면 뭐라고 말할까? 그냥 내 스스로 이 문제를 해결하는 편이 낫겠어."

그렇게 결심한 후, 어깨 너머로 회의실의 뒤편을 흘깃 쳐다보았다. 몇 사람이 이미 뒤편에 모여 있었다. 순간 이런 생각이 들었다. "서두르지 않으면 기도 사역 받을 기회를 놓쳐버릴 수도 있겠구나." 무언가가-혹은 누군가가-이 부르심에 대해 내가 응답하기를 요청하는 것만 같았다.

나는 내가 앉았던 앞줄 의자에서 일어나 가장자리 통로로 나아갔다. 아무도 나를 알아보지 못하기를 바라면서… 그때 내 두 귀가 얼마나 뜨겁고 빨개졌는지! 확신하건대 그곳에 모인 사람들은 내 귀가 빨갛게 달아오른 것을 주의 깊게 살펴보았을 것이다. 마치 열 추적 미사일이 적의 전투기를 끝까지 쫓아가는 것처럼 말이다. 하지만 회의실 뒤편에 다다랐을 때, 모든 사람의 눈이 내게로 향해있는 것이 아님을 알게 되었다. 대부분의 사람은 두 눈을 감은 채 고개를 숙이고 있었다. 그들은 확실히 하나님께서 행하실 일을 위해 중보 기도하고 있었다.

나는 프레드의 초청에 반응한 사람들의 맨 뒤에 서서 기도 사역을 기다리고 있었다. 몇 분이 지나자 프레드가 내게 다가와 기도해주었다. 그런데 그는 곧바로 기도하지 않고 몇 초 동안 나를 물끄러미 바라보는 것이 아닌가? 마치 그의 두 눈이 내 마음을 꿰뚫어보는 것 같았다.

"당신은 당신의 삶에 대해 엄청나게 큰 기대를 걸고 있었지만 그것들을 성취할 수 없었습니다. 결국 당신은 상상의 세계 속으로 숨어들어가 그곳에서 안식과 위로를 찾으려고 했습니다." 그가 입을 열었다.

쾅! 그의 말은 내 미간 정중앙에 커다란 못을 박았다. 내 문제의 원인을 이런 식으로 생각해본 적은 없었지만 하나님께서는 내가 무의식적으로 적어둔 편지글을 읽으신 모양이다. 하나님은 나를 알고 계셨다! 바로 그것이 문제였다! 내 기질은 MBTI(Myers-Briggs Personality Type Inventory)에 분류된 열여섯 개 기질 중 자아비판 성향이 가장 강한 기질이다. 이러한 생각들을 떠올리는 동안 프레드는 살며시 내 머리에 손을 얹었다. 예수 이름의 권위로 그가 내 삶의 문제에 대해 기도했을 때 나는 하나님의 능력이 임하는 것을 느꼈다. 누군가가 나를 바닥에 뉘였다. 그리고 나는 고요히 평안과 안식의 상태로 들어갔다. 은혜의 파도가 내게 밀려와 나를 씻어주었다. 기적적인 치유가 일어났음을 알 수 있었다.

바닥에 누워있는 동안 주님은 내가 열두 살 때 워싱턴 D.C.로 견학을 갔던 일을 상기시켜주셨다. 그때 내 친구 피트(Pete)가 자위하는 법을 가르쳐주었다. 그 후로 외로울 때마다 혹은 내가 기대하는 일이 이뤄지지 않았을 때마다 나는 위로를 얻고자 습관처럼 자위했다. 지금까지 나는 이 습관을 버리려고 노력했다. 괴로워했다. 지금 하나님께서는 이 문제의 근원으로 찾아가 그 뿌리를 향해 치명타를 날리시며 '사망'을 선고하셨다. 이제 더 이상 이 문제를 놓고 씨름할 필요가 없다. 정말로 자유, 자유를 얻었다!

그러나 그것이 전부가 아니다. 주님께서는 포르노그래피의 문제도 다루셨는데, 포르노는 이 섬뜩한 전체 드라마에서 조연을 담당하고 있었다. 팔 년 전의 일이었다. 나는 구 주간의 군사 훈련을 위해 집에서 멀리 떨어져 있었다. 그때 X등급(성인물) 비디오테이프를 빌렸다. "단지 호기심 때문이었어." 나는 내 스스로를 정당화했다. "이게 뭐 그리 큰 해가 되겠어? 여기에 나를 아는 사람은 아무도 없어. 나는 지금 다른 주(州)에 있고 집에서도 아주 멀리 떨어져 있단 말이야. 나는 그저 내 호기심을 충족할 뿐이라고." 얼마나 그릇된 생각이었는지! 영화 속 장면들은 내 뇌리를 떠나지 않고 반복 재생되었으며 결국 내 삶 속, 견고한 진으로 굳어져버렸다. 이제 나는 거듭해서 싸워왔던 또 다른 적, 포르노와 대면하고 있었다. 그동안 나는 이 적군이 내 삶에 침투해오는 것을 허락했다. 그리고 참소자 사탄은 그 수하의 침투 요원들을 보내어 내 삶을 괴롭히고, 삶의 방향을 틀어버리고, 혼란을 가져다줌으로써 나를 약탈해왔다. 마귀의 공격을 한두 차례 물리쳤지만 악독한 저격수들은 다시금 나를 향해 사격을 재개하였다. 자위행위와 포르노그래피의 연합군은 내게 게릴라

전을 펼쳤다. 그들의 공격에 나는 '결코 이 전쟁에서 승리할 수 없어' 라고 믿게 되었다. 수차례의 국지전을 통해 사탄은 효과적으로 나를 패배시켰다. 오직 순간순간 찾아오는 고요함만이 내게 '불편한 평안'을 안겨주었을 뿐이었다. 하지만 이러한 평안은 그리 오래가지 않았다. 매복하고 있던 적의 습격으로 '불편한 평안'의 상태는 쉽게 끝나버렸다.

나의 내적 전투(끊임없는 갈등을 통해)는 그동안 내가 경험해왔던 천국의 승리들에 오명을 남겼다. 물론 하나님께서는 나의 설교를 통해 수많은 사람의 삶을 변화시키셨다. 하지만 홀로 있을 때 나는 죄를 지었다. 죄를 지을 때마다 찾아오는 '실패의 감정'은 결국 죄책감과 정죄감으로 나를 오염시켰다. 죄책감과 저주는 나를 향해 날카로운 이를 드러내고 있었다. 마치 차에 치여 죽은 짐승들의 사체를 향해 독수리가 입을 벌려 달려들듯이 말이다. 하지만 이 싸움은 세인트루이스의 호텔 회의실 바닥에서 끝났다. 하나님의 사랑이 나를 덮었을 때 독수리들은 멸망당했다. 위대한 승리자 예수 그리스도께서 나타나셨기 때문이다.

그곳에 누워 잠시 묵상하는 동안, 나는 내 삶에 일어난 이 사건이 '운동경기'에 가장 잘 비교될 수 있다고 생각했다. 나는 주님과 씨름을 하고 있었다. 그런데 갑자기 주님께서 경기 규칙을 '프리스타일'로 바꾸시고는 그분의 큰 사랑으로 나를 바닥에 눕히신 것이다. 그리고는 나를 일으켜 세우시고 내 손을 들어 올리시며 나를 승리자로 선포하신 것이다. 하나님의 놀라운 이름에 영광을!

영적인 속박으로부터 그토록 자유를 갈구했던 수많은 나날과 세인트루이스에서의 그 밤의 차이점은 무엇인가? 스스로에게 수없이 물어본 결과 몇 가지 답을 찾게 되었다.

크리스천으로 살아가는 나날 동안 나는 거룩함(의, 義)을 추구했다. 때로는 아주 열정적으로 때로는 그보다 덜한 열정으로… 어쨌든 나는 그렇게 거룩함을 좇았다. 하지만 '거룩'이 단지 '환영'(幻影)일 뿐이라는 생각이 들자 환멸감을 느끼게 되었다. 거룩을 추구하는 여정도 이내 중단하고 말았다. 내가 얻은 것이라고는 '이루어지지 않은' 거룩함에 대한 지속되는 갈망뿐이었다. 예고편이 끝나면 본(本) 영화의 상영을 기대하는 것이 당연한 일이다. 그러나 거룩함을 추구했던 나의 여정은 마치 영사기사가 예고편만 계속해서 틀어놓는 것과 같았다.

지금에서야 깨달았지만 내가 겪었던 갈등은 죄 된 행동과의 씨름보다 더 치열하고 더 깊은 차원의 것이었다. 죄 된 습관의 기저에 근본적인 문제가 자리하고 있었기 때문이다. 겉으로 나타난 죄의 행동은 내 내면의 성품이 무너졌다는 증거였다. 크리스천들은 이러한 내면의 문제를 가리켜 '육체' 혹은 '죄성'이라고 부른다. 죄 앞에서 무너져버릴 수밖에 없는 '내재적 경향'은 그동안 내 삶을 쥐고 흔들었던 주요 요인이었다. 그러므로 죄 된 습관을 버리고자 아무리 노력해도 어쩔 수 없었던 것이었다. 아마 표범이 자신의 피부에서 얼룩진 모양들을 제거하는 것이 훨씬 더 쉬운 일일 것이다. 겉으로 드러난 죄의 행위는 내면에 죄 된 성향이 자리하고 있다는 증거다. 정작 변화를 입어야 할 것은 '습관'이 아니었다. '나'였다. 바로 내가 문제였다. 하지만 '나'는 이 문제에 대해 할 수 있는 것이 아무것도 없었다(물론 이 사실을 깨달은 것만 해도 엄청난 은혜이지만 말이다).

그러나 내 힘으로 이 문제를 극복했다면 그것은 단지 '육신의 일'일 뿐이다. 스스로 개혁하고 습관을 변화시키고 의지를 들여 죄 된 습관을 극복한다 하더라도 '육신의 일'은 어디까지나 문제의 근원을 없애기에 '부적격'하다. 문제의 근원은 '영적'이기 때문이다. 나는 죄의 습관을 없애려고 온갖 방법을 다 취해봤다. 하지만 여전히 패배하는 삶에 갇힐 뿐이었다. 죄 된 습관의 근원(나의 죄성)이 먼저 해결되어야만 이중생활의 함정으로부터 풀려나 진정한 자유를 누릴 수가 있다.

물론 나는 "하나님의 능력이면 충분할 거야. 하나님의 능력은 나를 죄의 속박으로부터 풀어낼 수 있어"라고 믿었다. 이 사실에 대해 적어도 지적인 동의를 표할 수 있었다. 하지만 반복되는 실패 때문에 나는 이러한 구원의 사건이 내 삶에서 실제로 일어나리라고는 기대하지 않았다. 그러므로 설교단에 올라 성화된 인생이 누릴 수 있는 온전한 자유를 선포해본 적이 단 한 번도 없었던 것이다. 비록 누구나 믿기만 하면 거저 (free) 받는 구원에 대해서는 꾸준히 선포할 수 있었다. 그러나 반복되는 죄, 그로 인한 실패의 덫 안에 갇힌 채 나는 나 스스로를 이렇게 정의했다. "나는 온전한 자유(freedom)와 구원의 복음, 죄를 이긴 승리의 복음을 전할 수 없다."

세례 요한이 태어났을 때 사가랴 선지자는 장차 그리스도께서 오셔서 사람들을 성화시켜주시고, 또 성화된 상태를 유지시켜주실 것이라고 예언했다. 그가 목소리를 회복했을 때 처음으로 내뱉은 말은, "메시아께서 우리로 원수의 손에서 건지심을 입게 하시고 종신토록 주의 앞에서 성결(성화)과 의로 두려움이 없이 섬기게 하시리라"(눅 1:74-75)였다. 하지만 세인트루이스에서의 체험이 있기 전, 나는 이 예언의 진정성을 믿지도 또 선포하지도 못했다.

흔히들 말하는 '능력 체험'은 하나님께서 성령의 은사 및 여러 다른 영적 현상을 동반하시어 개개인의 삶을 근본적으로 다루시는 사건을 가리킨다. 나는 세인트루이스의 그 밤에 나를 압도하시는 하나님의 능력을 체험했다. 그것은 저항할 수 없는 하나님의 능력, 그리스도의 씻어주시고 성화시키시는 그 능력 안으로 들어가는 입구였다. 그분의 능력은 내 삶 속 죄의 문제를 근원부터 해결하실 만큼 강력했다.

성령님께서 그 강당 안에 운집한 목회자들 중 포르노그래피와 자위행위의 죄로 힘들어하는 사람이 있다는 계시를 주셨고, 프레드가 그분의 음성에 집중하고자 했기에 나는 '주의 앞에서 성결과 의로 두려움이 없이' 섬길 수 있게 되었다(눅 1:74-75). 자신이 받은 성령의 계시를 사람들 앞에서 말한 프레드의 믿음을 통해 하나님께서는 내 마음을 만지실 수 있었다.

또한 하나님께서는 프레드의 기도를 통해 다시 한 번 내게 말씀해 주셨다. 그가 내 개인적인 일들을 아주 구체적이고 정확하게 말해주었기 때문에(성령의 은사를 통해), 나는 그것이 성령의 역사임을 의심치 않았다. 그의 입에서 흘러나온 계시의 말씀이 내 삶에 미친 영향은 말로 다 표현할 수 없다. 그 말씀으로 인해 나는 모든 의심을 버리고 하나님의 사랑을 믿을 수 있었다. 하나님께서 나를 인격적으로, 또 아주 세심하게 다루신다는 사실을 믿을 수 있었다. 하나님의 눈에 비친 나는 반복되는 음란의 죄로 힘들어하는 여러 무리 가운데 대충 섞여 있는 사람이 아니었다.

나는 정말로 자유케 되리라는 것을 알 수 있었다! 이 모든 계시를 통해 하나님께서 그분의 능력을 확실하게 보여주셨던 이유는 무엇인가? 참된 자유 말고 또 있겠는가? 서있을 수 없을 정도로 강력한 임재로 나를 감싸 안으셨던 이유가 이것 말고 또 있겠는가?

약속은 지킬 능력이 있을 때에만 실현될 수 있다. 나는 성령의 능력에 압도되어 바닥에 쓰러졌다. 나를 씻으시는 사랑의 파도가 내게 닿는 동안 성령 안에서 안식을 누릴 수 있었다. 그리고 자리에서 일어섰을 때에 나는 전혀 다른 사람으로 변화되어있었다.

'변화된 삶'(The Changed Life)이라는 제목의 유명한 설교를 전했던 헨리 드러몬드(Henry Drummond)는 말했다. "신약성경에 등장하는 '변화'라는 동사는 모두 수동태다." 변화라는 것 자체가 하나님께서 행하시는 일이지 인간의 노력으로 되는 일이 아니라는 뜻이다. 진정한 영적 변화의 본질은 이것이다. 우리의 노력으로는 실질적인 변화를 일으킬 수도 없고 영원한 가치들에 조금의 변화라도 가할 수 없다. 그러나 스스로 할 수 없는 것을 주님께서는 우리를 위해 이루어주신다. 스스로 해보려고 수십 년간 노력했던 그것을, 주님은 세인트루이스에서 단 몇 시간 만에 이루셨다. 주님 안에 있는 나의 모습을 발견했을 때, 죄로 얼룩진 나의 삶은 주님의 의(義)에 완전히 잠식당해버린 상태였다. 바닥에서 일어나자 신기하게도 내 자아의 진수(본질, essence)가 변화되어있었다. 하나님의 능력을 체험했기 때문이다!

내가 지금 말하는 것이 무슨 의미인지 아는가? "나는 다시는 죄를 짓지 않게 될 것이다"라고 말하는 것인가? 절대 아니다! 내가 지금 말하는 것은 하나님께서 나를 그리스도 안으로 옮기셨다는 것이다. 그곳에서 나는 그리스도의 부활의 능력을 체험했다. 그 능력으로 인해 습관적인 죄와 결별하는 가능성을 얻게 된 것이다. 죄책감과 죄의 형벌로부터 자유케 하시는 것 외에도 우리 주님께서는 성령으로 우리를 성화시켜주신다. 주님은 우리를 향하여 "너는 거룩하다"라고 선포하시며 그의 거룩한 신적(神的) 성품에 참예케 하신다. 그리스도의 성품 안에서 우리는 '영광으로 영광에 이르는' 변화를 입게 된다.

사도 바울이 고린도후서 3장 17-18절에 언급한 그대로다.

> 주는 영이시니 주의 영이 계신 곳에는 자유함이 있느니라 우리가 다 수건을 벗은 얼굴로 거울을 보는 것같이 주의 영광을 보매 저와 같은 형상으로 화하여 영광으로 영광에 이르니 곧 주의 영으로 말미암음이니라

한 번 생각해보라! 우리는 하나님의 아들의 형상으로 변화(조직되다, 형태를 본받다)되었다!

사도 바울이 다시 언급한 말씀을 보자.

> 하나님이 미리 아신 자들로 또한 그 아들의 형상을 본받게 하기 위하여 미리 정하셨으니 이는 그로 많은 형제 중에서 맏아들이 되게 하려 하심이니라(롬 8:29)

어떤 크리스천들은 "우리는 반드시 죄를 지을 수밖에 없다"라고 주장한다. 그러나 내가 그리스도 예수 안에서 하나님께 감사하는 것은, 경험(성경 공부도 포함하여)을 통해 다음의 사실을 알게 되었기 때문이다. "내 주님은 '나의 의탁한 것을 그날까지 능히 지키실' 분이시다"(딤후 1:12). 우리는 그리스도 안에 거하며 우리에게 능력을 주시는 성령의 임재를 누리기 때문에 죄를 지을 필요가 없다!

유다서 1장 24-25절을 묵상해보라.

> 능히 너희를 보호하사 거침이 없게(넘어지지 않게) 하시고 너희로 그 영광 앞에 흠이 없이 즐거움으로 서게 하실 자 곧 우리 구주 홀로 하나이신 하나님께 우리 주 예수 그리스도로 말미암아 영광과 위엄과 권력과 권세가 만고 전부터 이제와 세세에 있을지어다 아멘

우리가 넘어지지 않도록 바로 지금, 우리가 있는 이곳에서 우리를 보호해주시는 능력이 주님께 있다. 우리는 넘어질 필요가 없다. 쓰러지지 않아도 된다. 죄를 짓지 않아도 된다. 그리스도는 우리를 보호하실 만큼 충분히 크시고, 충분히 강하시고, 충분히 거룩하시다. 그가 이루신 일은 완전하다. 충분하다! 성령 안에서 그리스도의 신적 성품이 우리에게 접목되므로, 우리는 이 땅에서 성화를 누릴 수 있다. 주님은 우리가 천국에 들어가 죄를 짓지 않게 되기까지 계속해서 기다리실 필요가 없다.

우리에게 임한 '성화'는 '기쁨'을 분출하는 것이 그 특징이다. 오래된 죄의 습관으로 되돌아가지 않는 것은 물론 나는 지금 주님이 주시는

'넘치도록 큰 기쁨'을 온전히 체험하고 있다. 하나님의 거룩하신 현존 앞에는 '의와 평안과 기쁨'(롬 14:17)이 있다. 성화된 크리스천으로서 나는 하나님의 자녀가 누릴 수 있는 영광스러운 자유, 참기쁨의 자유 안에서 살아간다. 주님께서는 빼앗긴 내 영토를 되찾아주셨다!

이것을 '능력 체험'이라고 부르리라. '성화'라고 부르리라. '구원'이라고 부르리라. '기적'이라고 부르리라. 아니, 당신이 원하는 대로 불러보라. 다른 이름을 붙여본다면, 나는 이것을 '그리스도 안에 있는 자유'라고 부를 것이다!

---

* 이 장의 몇몇 부분은 Dr. Brown, *When God Strikes the Match: Igniting a Passion for Holiness and Renewal* (Shippenburg, PA: Revival Press, 1997) 에서 발췌했다.

2부

복음을 들고 거리를 나서다
Taking the Message to the Street

마이클 L. 브라운 박사(Michael L. Brown)는 뉴욕 대학교(New York University)에서 박사학위를 수여하였고 현재 Brownsville Revival School of Ministry에서 총장으로 재임 중이다. 이 땅에서 예수님이 높임 받기를 갈망하는 마음으로 브라운 박사는 회개와 부흥의 메시지를 미국 및 여러 나라에 전파하고 있다. 그의 다양한 저서는 열두 개 이상의 언어로 번역되었고, 학자로서 그가 수행한 구약과 히브리어 연구 업적은 유명한 저널지와 백과사전 등을 통해 발표되었다. 그는 잠자고 있는 교회를 일깨우는 일과 자기 민족인 이스라엘의 구원을 갈망한다.

4

참된 회심, 거짓 회심
True and False Conversion

마이클 L. 브라운

by Dr. Michael L. Brown

"거듭남(중생, 重生)의 유일한 증거는 변화된 삶이다"(The only proof of the new birth is the new life). 부흥학자 제임스 에드윈 오어(James Edwin Orr)의 짧지만 깊은 통찰이 담긴 말이다. 변화된 삶 외에 중생의 사실을 말해주는 증거가 또 있겠는가?

살아계신 하나님과 대면하면 무슨 일이든 일어나게 마련이다. 죄의 속박에서 자유케 되고, 어둠의 왕국에서 구출된다. 빛의 왕국으로 이전되며, 사탄의 손아귀에서 풀려난다. 하나님의 자녀로 거듭난다. 하나님과 대면한 사람은 어린양의 보혈로 씻음을 받고 성령의 내주하심을 입으며 '위로부터의 탄생' 곧 '거듭남'을 체험한다. 이전과 전혀 다른, 새로운 삶을 영위하게 된다. 그러므로 '구원을 받는다' 라는 말은 단순한 말잔치나 신학적 개념이 아니다.

사실 하나님과의 만남을 통해 인간이 얻을 수 있는 궁극적인 '능력 체험'은 신유도, 성령 세례도 아니다. 축사의 경험이나 예언 메시지의 습득도 아니다. 하나님과의 만남에서 우리가 얻는 것은 바로 '회심의 체험'이다. 이것은 입증될 수 있는 사실이다. 그렇다! 회심의 체험-나는 이 말을 힘주어 강조한다.

하지만 누군가는 다음과 같은 질문을 던질 수도 있을 것이다. "그런데 왜 그 많은 회심자에게서 회심의 증거가 나타나지 않습니까? 어째서 그 많은 성도(聖徒)가 성(聖)스럽지 못한 겁니까?" 이 질문을 달리 표현한다면, "어째서 우리의 교회는 '반만 구원받은 성도들'(부정확한 표현이지만 내가 풍자적으로 빗대어 했던 말)로 가득합니까?"일 것이다. 오어(Orr)의 말을 빌면 이 사실은 너무도 쉽게 설명된다. 오어는 이 현상의 원인을 '영적 선천적 결손증'(spiritual birth defect: 출생 결함)이라고 표현했다. 영적 선천적 결손증-이 말은 구원은 받았을지 모르지만 끔찍이도 얕은 믿음을 가지고 있는 사람, 헌신의 태도는 거의 없으며 항상 미적지근한 신앙을 유지하는 사람들을 가리킨다. 그들이야말로 '결함 있는 복음'의 산물이다.

우리가 들었던 복음에 결함이 있었다. 그러므로 이제 우리의 복음을 듣게 될 '우리의 제자들' 역시 결함을 보일 수밖에 없다. 또한 이러한 제자들로 구성된 미국의 '거듭난' 교회들 역시 결함을 나타내는 것은 당연한 이치다. 수차례나 거듭된 영적 재생산에도 여전히 결함을 지닌 유전 형질이 나타난다. 악순환이다. 1987년, 세상과 작별을 고하기 전, 오어는 다음의 글을 남겼다.

"수치스러운 일이지만, 결함 있는 복음은 이제 국가적 문제가 뇌어버렸나.

교계에서는 회심자의 숫자가 많아져 측정할 수 없을 정도라고 자랑한다. 그리고 전국적인 조사에 의하면 수백만의 사람이 스스로를 가리켜 '중생한'(born-again) 성도라 일컫는다고 한다. 교계는 이 현상을 '복음적 대각성'(부흥)이라고 부르는데, 신문을 읽어보면 이 현상이 국가의 도덕성 향상에 아무런 영향을 끼치지 못하는 것 같다. 회심자의 숫자는 증가하는데 살인, 강도, 강간, 매춘, 음란 영상물 및 그 외 여러 가지 사회악도 함께 창궐하고 있으니, 안타까운 일이 아닐 수 없다."[1]

1985년, 칼 F. H. 헨리(Carl F. H. Henry) 역시 위와 비슷한 관찰 결과를 역설했다.

최근 국가 도덕성 향상 운동을 주창하던 복음주의 진영의 한 지도자가 다음과 같이 말했다.
"미국은 하나님으로부터 등을 돌렸습니다. 미국은 하나님을 조롱하고 있습니다. 관능, 물질, 그밖에 여러 형태의 부도덕-이것들은 20세기에 성육한 바알 신입니다. 미국은 이러한 바알들을 숭배하고 있습니다." 하지만 타락 현상이 미국 전역을 뒤덮기 바로 몇 해 전, 우리는 복음적 대각성(부흥)이 미국에 서광을 비출 것이라는 예보를 들은 바 있다. 그 예측에 의하면, 미국이 20세기의 바알을 숭배하는 지금 이 몇 년의 시기가 바로 '복음의 시대'라는 것이다.[2]

이와 같은 영적·도덕적 위기의 주된 원인은 무엇인가? 바로 영적 선천적 결손증이다! 오늘날 수백만에 달하는 '거듭난' 크리스천은 참으로 비참한 영적 상태에 놓여있다. 하나님 나라의 시민으로 거듭날 때, 제대로 태어나지 못했던 것이 그 원인이다. 그들은 자신이 받은 구원이 '무엇으로부터의 구원'인지 모른다. 또한 '무엇을 향한 구원'인지도 알지 못한다(즉, 구원받은 이후 어떤 목표를 갖고 살아가야 하는지 모른다).

여기서 우리 모두가 깊이 생각해볼 만한 질문이 있다. "회심의 순간 혹은 회심 직후, 이들 회심자들은 구세주가 절실히 필요하다는 사실을 인식하는가? 그러한 인식을 가지고 세상을 등진 후, 참된 안식을 얻고자 하나님의 품을 향해 달려가는가? 아니면 예수님을 자신의 목표 성취 수단 정도로 여기는가? 또는 자신이 겪고 있는 문제의 해결책 정도로 예수님을 기대하는가? 이들은 거룩하신 하나님 앞에서 자신의 죄가 얼마나 심각한지를 온전히 이해했는가? 그래서 하나님으로부터 용서와 자유의 선포를 들었을 때, 자신의 전 존재를-조금도 남김없이-하나님께 온전히 내어드렸는가? 아니면 단지 회심을 통한 '신앙에의 참여'로써 하나님의(혹은 교회의) 소원을 성취해드렸다고 생각하는가? 참된 주인이신 하나님께서 그리스도의 제자가 되려는 사람들에게 처음부터 꽤 진지하고 구체적인 요구 사항을 제시하신다는 사실을 알고 있는가? 아니면 용서받는 것과 '진지한 그리스도인' 혹은 '거룩한 그리스도인'이 되는 것이 별개의 일이라고 상상하는가? 주님 앞에 나아올 때 과연 그들은 어떠한 복음의 메시지를 들었는가?"

영국의 성경 교사 데이비드 퍼슨(David Pawson)은 다음과 같이 제안한다. "사람들에게 제단 앞으로 나아와 참회할 것을 종용하는 목사 혹은 복음 전도자가 그들에게 처음으로 해야 할 질문은, '예수님께서 무엇으로부터 당신을 구원해주시기를 원합니까?' 하는 것이다. 확실히 이 질문은 모든 것의 시작이다! 이 질문 앞에서 우리는 현재 우리가 전하는 복음의 메시지에 확실성이 결여되어있다는 사실을 밝히 깨달을 수 있다. 주님을 알지 못하는 사람들에게 우리는 무엇을 이야기하고 있는가? 이 질문 앞에서, 우리는 모두 잠시 멈춰야 한다. 진지하게 생각해보아야 한다. 설교할 때나 전도할 때, 복음서에 기록된 것처럼 "그리스도를 따르려면 전적인 충성과 온전한 삶의 변화가 필요하다"는 메시지를 그대로 전한다면, 과연 어떤 일이 일어날 것인가? 그 결과를 충분히 예상할 수 있다. 이렇게 복음을 제시하는 것은 몇몇 사람이 타고 있던 배(안전하다고 생각되어 승선했던)를 뒤흔들어놓을 것이다!(이에 사탄이 화를 낼 것은 확실하다!)

사도행전에 기록된 성도들의 부르심 곧, 그리스도의 제자가 되는 것은 극단적인 사건이다. 남쪽을 향해 걷는 나, 북쪽을 향해 걷고 계신 예수님-이러한 상황에서 주님을 따르라는 부르심은 결국 내가 '뒤로 돌아!'를 시행해야 한다는 말이 아닌가? 영적인 영역에서 주님의 부르심은 더욱더 극단적인 양상을 띤다! 그분을 따르기를 원하는 모든 사람을 향해 예수님께서는 다음과 같은 요구 사항을 말씀하셨다. "자신을 부인하라. 자기 십자가를 지라. 모든 것을 버리라. 더 이상 다른 주인을 섬기지 마라. 좁은 길로 행하되 좌로나 우로나 치우치지 마라. 무엇인가를 혹은 누군가를 나보다 더 사랑해선 안 된다"(마 6:24, 16:24-26, 눅 13:22-30, 14:25-33, 요 12:24-25 참조). 이렇게 하지 않는다면 우리는 결코 예수님께 충성하는 것이 아니다. 이처럼 예수님은 간단하게 말씀하셨다.

주님의 말씀을 좀 더 확실히 이해하기 위하여 오늘날의 언어로 바

꿔본다면 다음과 같을 것이다. "만일 네가 네 십자가를 지지 않으려 한다면 내 제자가 되는 것은 꿈도 꾸지 마라!" 오, 우리가 이처럼 철저한 기반 위에서 신앙생활을 시작했더라면 오늘날 우리가 몸담고 있는 교회의 영적 상황은 현저히 달라졌을 것이 분명하다.

'결혼'이라는 거룩한 연합의 행위가 곧 인생의 헌신을 의미한다는 사실을 깨닫지 못한 채로 결혼식을 올리는 젊은 여성의 모습을 상상해보라. 전쟁터로 파병된다는 사실을 알지 못한 채 입대하는 청년의 모습을 상상해보라. 상대 선수가 자신을 향해 주먹을 날리려고 달려들 것이라고는 생각도 하지 못한 채, 사각의 링 위로 올라서는 권투선수의 모습을 상상해보라. 이 모두가 터무니없고 어리석은 모습들이다. 우리는 어떤가? 예수님을 따르는 것이 죄에 대하여 죽고, 자기 뜻대로 행하려는 욕구에 대해 죽는 것임을 알지 못한 채, 아무 문제없이 '거듭남'을 체험하고 있지는 않은가? 아니 거듭남을 체험하는 데 아무런 문제가 없다고 생각하는 것은 아닌가? 자신을 구원해주신 구세주가 자신을 다스리시는 주인임을 알지 못한 채, 또 자신이 구원받은 이유가 주님을 섬기는 것이라는 사실을 깨닫지 못한 채 우리는 '거듭남'의 순간을 맞이했지만, 결코 이를 어색하다고는 생각하지 않는다.

안타깝게도 우리는 모두 성경적 복음의 메시지로부터 너무도 멀리 떠나 있다. 위의 문단을 읽어 내려가는 동안 실제로 불편한 마음이 드는 독자들도 있을 것이다. 열거된 일련의 문장에 동의를 표하는 자체를 마치 '전적인 하나님의 은혜'를 개인의 노력이나 율법주의적 공의로 폄하하는 행위처럼 생각하기 때문일 것이다. 그러므로 고개를 끄덕임과 동시에 죄책감이 드는 것이다. 이는 성경적 진리에 대한 우리의 이해가 얼마나 부족한지를 설명하는 것이 아닌가? 구원은 죄인을 성자로 변화시킨다—이를 다른 말로 바꾸어 표현한다면, "예수님은 우리를 '정말로' 구원해주시는 구세주이시다!"

그렇기 때문에 바울은 다음과 같이 힘주어 선포할 수 있었다. "내가 복음을 부끄러워하지 아니하노니 이 복음은 모든 믿는 자에게 구원을 주시는 하나님의 능력이 됨이라 첫째는 유대인에게요 또한 헬라인에게로다"(롬 1:16). 잠시 이 말씀을 되새겨보라. 그는 복음이 "모든 믿는 자에게 구원을 주시는 하나님의 능력"이라고 했다. 믿음으로 예수님의 보혈을 선택한 죄인을 향해 하나님께서 "이제 네가 의롭게 되었노라"라고 선포하실 수 있는 법적인 수단이 바로 '복음'이라는 뜻이다. 그뿐만이 아니다. 이 복음은 죄와 어둠의 권세로부터 죄인을 구원하는 하나님의 능력이다. 죄와 어둠의 권세로부터의 구원이 아니라면 그것은 결코 '구원'이 아니다. 만일 이러한 능력이 결여된 복음을 전달하면, 우리는 결국 능력 없는 회심자들을 얻게 될 것이다. 하나님의 왕국에서는 뿌린 대로, 그 종류 그대로 수확하기 때문이다.

영적 선천적 결손증을 가지고 태어난 크리스천의 주요한 특징을 몇 가지 살펴보자.

1. 이 성도들은 거룩함에 대해 얕은 기준을 가지고 있으므로 자신의 죄 된 습관과 행동들에 별로 거리낌이 없다. 왜 그런가? 그들이 주님을 믿기로 결심하고 처음으로 하나님께 나아갔을 때, 거룩함에 대한 하나

님의 기준을 제대로 교육받지 못해서다. 그들은 하나님을 단지 죄책감을 없애주시는 분, 당면한 문제를 해결해주시는 분쯤으로 인식한다. 그들은 결국 모든 것을 들춰내고 면밀히 비춰내는 말씀의 거울과 단 한 번도 대면할 수 없다.

2. 이들에게 주님을 위한 헌신과 희생과 고통은 소위 '다른 나라 이야기'다. 주님의 구원이 아니었다면 계속해서 '잃어버린 영혼'의 상태로 살아야 했건만, 그들은 자신에게 얼마나 큰 은혜가 임했는지를 깨닫지 못한다. 그러므로 주님께 얼마나 큰 빚을 졌는지 전혀 알지 못한다. 자신의 영혼을 구원하시기 위해 주님이 지불하셔야 했던 대가를 알지도 못하고, 그러한 은혜를 받을 자격이 없는데도 불구하고 주님이 베푸신 은혜가 얼마나 깊은지를 깨닫지 못한다. 이 상황에서 그들이 말하는 '감사'는 기껏해야 피상적(skin-deep)인 감사에 지나지 않는다.

3. 이 성도들은 잃어버린 영혼을 향해 복음을 전파해야 한다는 부담을 갖고 있지 않다. 왜 그런가? 첫째, 자신의 삶에서 일어난 변화가 미미하기 때문이다. 따라서 다른 사람에게 나눠줄 믿음의 증거들도 거의 없다. 둘째, 복음을 전하는 일은 종종 '창피함'과 '거절당함'을 의미하기 때문이다. 그러므로 그들은 복음 증거의 삶에 너무 많은 비용이 든다는 생각을 가지고 있다. 결국 '자신의 기독 신앙'을 자신 안에 가두는 것이 훨씬 편하고 쉽다고 결론 내린다. 자신 외의 다른 사람들에게는 다음과 같은 입장을 표명한다. "생명을 얻으라! 대신 알아서 믿고 알아서 살라!"

4. 이러한 성도들은 삶에 어려움이 찾아올 때, 이 교회 저 교회로 옮겨 다닌다. 그들에게 기독교는 '더 나은 삶', 심지어 '더 편리한 삶'을 뜻하기 때문이다. 그렇기에 삶이 어려워지거나 혹은 교회 공동체로부터 과중한 부담을 받게 되면 은혜 안에서 참고 견디는 대신 편한 곳을 찾아 떠난다. 물론 그들의 신앙 체계에는 어느 정도의 '복음 기반'이 자리하고 있으므로 신앙을 완전히 버리는 경우는 거의 없다. 하지만 그들은 삶의 질을 높이고 편리를 도모하기 위해 주님을 선택했기에 부담감을 느끼는 순간 지체하지 않고 떠나버린다. 자신의 삶에 관여하지 않을 공동체를 찾아 떠나는 것이다!

이 모든 증상은 한 가지 원인 때문이다. 수년간 우리가 싸구려 복음을 전해왔기 때문이다. 사람들이 좋아할 만한 구세주를 '판매'한 것이다. 그리고 이제 그 대가를 치르고 있다. 그동안 우리는 삶을 변화시키는 복음의 능력을 아주 효과적으로 부인해왔다. 수많은 성도가 죄의 홍수에서 허우적거리거나 간신히 고개만 쳐들고 있는 현실은 결코 놀랄 일이 아니다. 성도들의 삶과 세상이 따르는 삶이 조금도 다르지 않거나 아주 미미한 차이를 보이는 것도, 성도들이 어두운 세상을 향해 아주 흐릿한 불빛만을 발하는 것도 이미 예견된 결과다. 영적 능력을 상실해버린 이 가련한 성도들이 하나님과 동행하고자 매달리는 이유는 그저 오늘보다 내일 더 타락하지 않기 위해서다. 이것이 신약시대를 살아가는 성도들의 삶인가? 성경의 관점으로 볼 때 우리는 전혀 예상치 못했던 모습으로 신약시대를 살아가고 있다! 예수의 피, 성령의 내주하심, 하늘 아버지의 보호하시는 능력, 살아계신 하나님의 말씀은 지금 우리가 살고 있는 이

삶보다 훨씬 더 강력해야 옳지 않은가? 그렇지 않은가?

물론 우리는 모두 고통도 겪고 유혹과 시험을 당한다. 건조한 땅을 걷기도 하고 시험의 때를 통과하기도 한다. 심지어 강력한 성령의 능력 가운데 회심한 후 믿음의 길을 걷다가도 신앙을 버리는 사람도 있고, 시간이 지남에 따라 믿음이 미지근해지는 성도들도 있다. 하지만 이 사실을 기억하라. 온전한 회심을 하고 성경적으로 확고한 가르침을 받아 주님의 제자가 된 성도들의 '결손' 비율은 그렇지 않은 성도들과 비교했을 때 현저히 낮다. 아니 절대적으로 낮다.

여기 더 중요한 사실이 있다. 열매를 맺고, 그리스도를 영화롭게 하고, 하나님의 나라를 확장시키는 성도들의 사역은 결손을 지닌 채로 거듭난 형제 자매들의 초라한 사역과는 비교조차 할 수 없을 정도로 탁월하다.

1990년에 내가 쓴 책 『우리는 얼마나 구원되었는가?』(*How Saved Are We?*)에서 나는 다음과 같은 도전의 말을 서술했다.

"지금은 심각하게 영혼 구원을 도모할 때다. 희생도 없고 세상과 구별된 삶도 없으며 죄를 미워하는 마음도 없다면, 우리가 경험한 회심과 중생은 도대체 무엇이란 말인가? 새 피조물이 되었다는 증거는 어디에 있단 말인가? 이는 우리가 받은 구원의 경험에 무언가 문제가 있다는 이야기다! 열매가 나쁘다는 것은 뿌리가 좋지 못하다는 뜻이다. 우리의 복음은 두 가지 결함을 지니고 있다. 그래서 우리가 전한 복음을 들은 사람들이 이중적 결함을 지니게 되었다. 첫째, 우리는 옛 생활과 습관을 반드시 끝내야만 한다는 사실을 제대로 전하지 못했다. 둘째, 그리스도 안에서 영위하게 되는 새로운 삶을 제대로 보여주지 못했다."[3]

이 도전의 말은 1991년 발간된 또 다른 나의 책 『도대체 하나님의 능력에 무슨 일이 생긴 것인가?』(What Happened to the Power of God?)에도 이어졌다.

"우리는 복음에 대해 아는 것이 거의 없다. 물론 우리는 친구들과 동료들에게 우리의 간증을 전한다. 그들에게 죄 고백의 기도를 시킨다. 그들을 제자훈련반으로 인도한다. 하지만 참된 회심, 온전한 삶의 변화, 진정한 구원은 목격하지 못한다."

"우리의 설교에 적시타가 없기에, 자신의 상태를 바라보도록 죄인들의 눈을 열어주지 못했기에, 살아계신 하나님의 현존을 보여주지 못했기에, 우리는 인본적인 기술에 의존하여 전도해야 했고 복음의 메시지에 물을 섞어 옅은 농도로 전달할 수밖에 없었다."

"우리는 사람들을 향해 이렇게 말하곤 했다. '당신은 아무것도 할 필요가 없습니다. 단지 이 짤막한 영접 기도를 따라 하면 됩니다. 당신의 마음에 복음이 전달되는 느낌이 있든 없든 상관없습니다. 당신의 삶이 변하든, 변하지 않든 별로 상관없습니다. 당신이 진심으로 죄를 회개했든 안 했든 당신은 이미 영접한 겁니다. 참 쉽죠?'"[4]

좋은 소식이 있으니, 지난 십 년간 여러 다른 목회자가 피상적인 구원의 메시지를 거부하고 다시금 능력의 복음을 전하기로 선택했다는 것이다—이곳 미국에서도 말이다! 그 결과 수많은 죄인이 '극단적'으로 회심할 수 있었다(지금까지 거의 사 년간 계속되어온 브론스빌 부흥—플로리다 펜사콜라에 소재한 브론스빌 하나님의 성회에서 일어난 부흥—의 기간 동안 매일 참된 회심자들이 나타났다는 사실은 참으로 놀라운 일이 아닐 수 없다. 그뿐만 아니라 이러한 현상이 세계 도처에서 일어나고 있다). 이제 우리는 메시아의 죽음과 부활 가운데 나타난 영광스러운 능력의 실체를 회복하기 시작했다. 하나님께 영광과 찬양을 올려드린다! 예수를 죽은 자 가운데서 일으키셨던 바로 그 성령께서 우리가 회심하는 순간 우리를 죽음에서 일으켜주신다. 실제로 우리는 죽음에서 생명으로 이동된다.

고린도 교인들을 향한 바울의 말을 상고하라.

> 불의한 자가 하나님의 나라를 유업으로 받지 못할 줄을 알지 못하느냐 미혹을 받지 말라 음란하는 자나 우상 숭배하는 자나 간음하는 자나 탐색하는 자나 남색하는 자나 도적이나 탐람하는 자나 술 취하는 자나 후욕하는 자나 토색하는 자들은 하나님의 나라를 유업으로 받지 못하리라 너희 중에 이와 같은 자들이 있더니 주 예수 그리스도의 이름과 우리 하나님의 성령 안에서 씻음과 거룩함과 의롭다 하심을 얻었느니라(고전 6:9-11)

위 구절에서 바울은 이렇게 선포했다. "고린도 교인들이여, 여러분은 한때 온갖 종류의 죄와 욕정의 노예였습니다. 그런데 지금은 성령의 능력으로 예수의 이름 안에서 1. 씻겨졌고(washed), 2. 깨끗케 되었고(거룩, sanctified), 3. 의롭게 되었습니다(justified)."

바울이 '씻김, 깨끗케 함, 의롭게 함'의 과정을 신학적으로 올바른 순서에 입각해서 제시하지 않았다는 사실은 참으로 흥미롭다. 누군가는 바울이 '칭의, 혹은 의롭게 됨'(justified)의 과정을 가장 먼저 제시해야 했다고 말할지도 모른다. 하지만 바울은 올바른 순서를 제시하는 대신 고린도 교인들이 거듭났을 때 일어난 일들을 포괄적으로 밝혔다.

만일 내가 나를 창조하신 하나님을 향해 고의로 반항하며 살아간다면, '무죄'의 선고를 받는다고 할지라도 그것은 아무 소용이 없게 된다. 만일 내가 죄인의 삶을 지속한다면-위에 인용된 바울의 말 중 '불의한 자'(wicked)의 삶-나는 하나님의 나라를 유업으로 받지 못한다. 하나님 앞에서 의롭게 된다는 것은 주님과 함께 법적으로 올바른 편에 서고 하나님 앞에서 올바른 삶을 선택하여 살아간다는 뜻이다. 이것이 복음의 능력이다! 고린도 교회에 성령의 능력이 지속되었다는 증거는 바울이 고린도 교인들을 꾸짖었을 때, 그들이 곧바로 회개하고 하나님의 거룩하심을 추구했다는 사실에 있다(고후 7:8-11 참조).

삼백여 년 전, 존 번연(John Bunyan)은 탁월한 통찰력이 담긴, 독특한 시 한 편을 남겼는데 여기에는 자신의 영적 여정에 관한 내용이 들어있다. 이 시가 전하는 메시지는 오늘날에도 강력한 영향력을 발할 것이다. 만일 영적인 눈으로 보았을 때(당신이 어떤 위치에 있든 상관없이) 스스로가 '결함 있는' 복음의 결실로서의 자신을 보게 된다면 이 시는 당신에게 좋은 소식을 전달해줄 것이다. 아직은 변화를 입을 시간, 다시금 새롭게 시작할 시간이다-뛸 준비가 되어있다면 말이다! 잃어버린 영혼을 향해 복음을 선포하고자 하는 사람이 있다면, 이 시는 예수님 안에서의 새로운 시작이 얼마나 중요한지를 알려줄 것이다.

여기 존 번연의 시를 소개한다.

복되도다.
내가 이 여정을 시작한 날이여!
또한 복되도다.
나를 이 여정의 길로 인도했던 사람이여!

사실이라! 오래전부터 나는 영원히 살 수 있으리라 생각했노라.
하지만 지금, 나는 내일로 미루지 않고
할 수 있는 최선을 다하노라.
시작 않는 것보다
늦게라도 시작하는 것이 낫기 때문이라.

우리의 눈물이 기쁨으로
두려움이 믿음으로
화하는 것을
우리가 보게 되었으니
우리의 시작은 (누군가의 말처럼)
우리의 끝이 어떠할지를 보여주는구나.[5]

▌주 석

1. J. Edwin Orr, *My All, His All* (Wheaton, IL: International Awakening Press, 1989), 7-8.

2. Michael L. Brown, *It's Time to Rock the Boat: A Call to God's People to Rise Up and Preach a Confrontational Gospel* (Shippenburg, PA: Destiny Image, 1993), 40에서 인용.

3. Michael L. Brown, *How Saved Are We?* (Shippenburg, PA: Destiny Image 출판, 1990), 2, 15.

4. Michael L. Brown, *What Happened to the Power of God?* (Shippenburg, PA: Destiny Image, 1991), 3, 42-43.

5. Lewis A. Drummond, *Spurgeon: Prince of Preachers* (Grand Rapids: Kregel, 1992), 6에서 인용.

랜디 클락은 미주리 세인트루이스의 빈야드 크리스천 펠로우십 (Vineyard Christian Fellowship) 교회의 담임목사다. 랜디 클락이 인도하는 전 세계적 대각성(Global Awakening) 사역은 전 세계의 도시마다 리더들을 일으키는 일을 목표로 하고 있다. 랜디 클락의 사역팀은 미국, 캐나다, 영국, 러시아, 호주, 그리고 남미 지역에서 능력 전도, 치유, 축사를 위한 사역 기술을 이만 오천 명 이상의 리더와 평신도에게 가르치고 있다. 랜디 클락은 누가복음 4장 18절에 의거, 사람들이 구원받고, 치유받고, 마귀의 압제로부터 해방되고, 하나님께 도움을 얻는 것을 목도하기 원한다. "환자를 위해 기도할 수 있도록 사람들을 가르치고 싶습니다. 탈진한 사역자들이 다시금 하나님을 향한 열정으로 불타오르고 전보다 훨씬 더 강력한 기름 부음 가운데 사역하는 것을 보고 싶습니다." 지금 이 시대에도 교회가 예수님의 능력 사역을 지속해 나가는 것, 이것이 랜디 클락의 간망이다.

5

능력 전도를 통해 잃어버린 영혼들에게 나아가다
Power Evangelism to Reach the Lost

랜디 클락
by Randy Clark

#1921년 미주리 주, 세인트루이스

 수천 명의 사람이 강당 밖에 운집한 채 발을 동동 구르고 있었다. 경찰 관계자들은 날마다 이 교대로 근무하며 운집한 사람들이 밀려 넘어지거나 밟히거나 다치는 것을 막기 위해 노력했다. 전날 입장하지 못했던 사람들은 다음 날 새벽 다섯시가 되기도 전에 이미 출입문 앞으로 몰려들었다. 아홉시가 되자, 거리 전체는 사람들로 가득했다. 낮 열두시 십오분! 경찰은 강당의 문을 열었다. 오 분도 안 되어 강당은 만원이었다. 발 디딜 틈조차 없었다. 경찰 추산으로 사천에서 오천 명가량이 입장하지 못해 발걸음을 돌려야만 했다(그 강당의 수용 인원은 삼천 명이었다). 그러나 그 누구도 돌아가려 하지 않았다. 그들은 예배가 진행되는 내내 건물 밖에 서있었다. 하나님께서 그토록 강하게 역사하시는 장소에 손을 대는 것만으로도 복이라는 생각에서인지 그들은 강당 외벽의 모퉁이나 돌출 부위를 향해 손을 뻗으려고 했다. 이러한 양상은 두 주 동안이나 계속되었다. 둘째 주의 집회 일정이 다 끝나갈 무렵, 사역 특별 위원회는 물라 템플(Moolah Temple) 강당이 더 이상은 효용적이지 못하다고 생각하여 집회 장소 이전을 위해 천오백 달러를 모금하였다. 위원회는 만 이천 석 규모의 세인트루이스 콜리세움(Coliseum) 강당을 임대하기로 결정했다. 거기에는 만 이천 개의 좌석은 물론 사천 명 정도가 서있을 여분의 공간도 있었다. 집회 일정의 마지막 주, 곧 셋째 주 내내 콜리세움 강당에서 집회를 할 수 있었다. 오늘날도 마찬가지겠지만 음악 콘서트나 다양한 행사를 기획해본 사람이라면 그 정도 규모의 장소에 사람들을 가득 채우는 것이 얼마나 어려운 일인지 잘 알 것이다. 단 하룻밤 행사일지라도 이 정도 규모의 인원(유료 관객이든 무료 초청 관객이든)을 동원하는 것은 참으로 어려운 일이다. 유명한 가수의 콘서트나, 몇몇 정치 인사의 선거유세 정도만이 이 정도 인원을 동원할 수 있을 것이다. 그것도 여러 기관을 통한 사전 홍보가 제대로 이뤄졌을 때의 일이다. 록큰롤이 유행하기 전에는 매리 가든(Mary Garden-영국 출신의 소프라노 성악가)의 공연이나 해리 후디니(Harry Houdini-유명한 마술사) 같은 마술사의 공연 정도만 세인트루이스 콜리세움에서 상연될 수 있었다. 하지만 이 두 사람도 몇 주간의 사전 홍보 없이 그곳에서 공연을 펼치는 위험을 감수하지는 않았다.

하지만 에이미 셈플 맥퍼슨(Aimee Semple McPherson)은 장소 변경을 공고한 뒤, 단 삼십육 시간(하루 반나절) 만에 집회 장소를 물라 템플에서 세인트루이스 콜리세움으로 옮겼다. 놀랍게도 광고한 바로 다음 날, 그곳은 사람들로 가득 찼다. 그 주 내내, 에이미는 하루 세 차례씩, 매회 만 육천 명 이상의 사람에게 하나님의 말씀을 전했다. 여전히 입장하지 못한 사람들이 부지

기수였다. 또 다시 그들의 안전을 위해 강당의 출입문을 지키는 경찰 병력을 동원해야 했다.[1]

위에 묘사된 에이미 셈플 맥퍼슨의 그 유명한 집회는 1921년 4월의 마지막 주에 열렸다. 무엇이 사람들을 그곳으로 인도했는가? 바로 능력 전도다!

#1954년 아르헨티나, 부에노스아이레스

이만 오천 명을 수용할 수 있는 애틀랜틱 스타디움(Atlantic Stadium)을 대관했다. 비록 초반에 모인 사람들의 수는 적었지만 하나님께서는 이미 그의 강한 손을 펼치기 시작하셨다. 하나님께서 사람들을 치유하기 시작하신 것이다. 이 소식은 빠른 속도로 퍼졌다. 얼마 지나지 않아 '기적의 사역자'를 보기 위해 수많은 사람이 모여들었다. 의전들은 서로 교대하면서 하루 열두 시간씩 봉사해야 했다. 집회가 시작되기 몇 시간 전이었지만 야외석마저도 사람들로 가득했다. 입장은 못했지만 집으로 돌아가지 않은 채 스타디움 밖에 서라도 집회에 참여하려는 사람들이 많았기 때문에 야외 스피커가 설치되었다. 스타디움의 관중석은 물론 이미 통로와 계단까지 사람들로 즐비했다. 집회에 참여하고 싶은 사람들은 심지어 안전을 위해 세워둔 담장을 넘어 운동장 한가운데로 달려가기까지 했다. 운동장 역시 사람들로 가득했다. 게다가 스타디움 출입문을 뜯어내고 경기장 안으로 들어가려는 사람들도 있었다.

넘쳐나는 사람들로 인해 훨씬 더 큰 규모의 장소가 필요했다. 결국 아르헨티나에서 가장 큰 후라칸 스타디움(Huracan Stadium)을 대관하기에 이르렀다. 그곳은 십팔만 명을 수용할 수 있는 웅장한 규모였다. 그 스타디움은 단 한 번도 만석(滿席)이 된 적이 없었다. 어떠한 스포츠 경기도, 어떠한 정치인들의 전당대회도 그곳을 가득 채우지 못했다. 그런데 보잘것없이 작고 이름 없는 복음 전도자가 감히 그 장소를 대관한 것이었다. [천사가] 말하기를 "하나님께서 보내실 축복의 파도가 밀려오면 복음을 듣기 원하는 사람들로 그 광대한 장소가 가득 채워질 것이다"라고 했다. 심지어 권세자들도 그가 전하는 메시지를 듣게 될 것이라고 했다. 그리고 그 말은 현실이 되었다.

놀라운 치유의 역사가 일어났다. 일일이 말하기에는 너무 많다. 돌처럼 딱딱한 냉소와 비관주의는 소망으로 바뀌었다. 교만하고 딱딱한 아르헨티나 사람들이었건만 집회 이후 오순절파 성도들처럼 감정적인 사람으로 변화되었다. 다리를 절던 사람이 걷기 시작했다. 온몸이 마비되었던 사람이 몸을 움직였다. 맹인들의 눈이 열렸고, 들것에 실려온 사람들이 걸어 나갔다. 환자를 싣고 왔던 앰뷸런스는 빈 차로 돌아가야 했다. 하나님께서 아르헨티나를 만지시자 그곳에 생명과 건강이 강물처럼 흘렀다. 부에노스아이레스의 한 영문판 신문은 이 집회 기간 중, 한 차례의 집회를 대서특필하면서 그곳에 대략 이십만 명의 사람이 운집했다고 보도했다. 스타디움의 출입문이 열리길 기다리며 이른 아침부터 운집한 사람도 수백 명에 달했다고 전해진다. [2]

이것은 1954년 미국의 복음 전도자 토미 힉스(Tommy Hicks)의 이야기다. 또 다시 사람들을 주님께로 이끌었던 것은 다름 아닌 능력 전도였다.

아이러니하게도 처음 이 집회를 기획했던 목회자들은 천오백 명 정도를 수용할 만한 장소라면 충분할 것으로 생각했다고 한다. 지유의 숙

복이 쏟아지기 전, 오랫동안 아르헨티나 사람들은 개신교 신자들의 복음에 반기를 들어왔다. 백 년이 넘는 선교사들의 피땀 어린 노력 이후에야 비로소 개신교 교회에 의한 아주 작은 돌파구가 마련된 것이다.[3]

20세기, 맥퍼슨과 힉스 이외에도 능력 전도를 성공적으로 이행했던 치유 사역자들은 수도 없이 많다. 맥퍼슨과 힉스는 단지 그중의 일부일 뿐이다. 1977년, 라인하트 본케(Reinhard Bonnke)는 아프리카 순회 전도의 마지막 날 저녁 집회 때 사만 명의 사람을 예배의 처소로 불러들였다. 무엇이 그 많은 사람을 예수님께로 인도했는가? 지금도 이 사역자를 통해 예수님의 치유 사역이 진행되고 있다. 이후, 본케는 나이지리아의 이바단(Ibadan)에서 더 많은 사람과 함께 예배를 드렸다. 언론에 보도된 추산치는 오십만 명이었다. 하지만 본케가 이끄는 사역팀은 좀 더 신중한 태도를 취했던지 참가자가 대략 이십오만 명이었다고 보고했다.

1984년, 카를로스 아나콘디아는 아르헨티나의 마 델 플라타(Mar del Plata) 지역에서 개최한 집회에서 팔만 삼천 명의 결신자를 얻었다. 이들은 모두 그가 전한 복음의 메시지를 듣고 그리스도를 따르겠다고 결심했다. 사실 그해 초, 아나콘디아는 동일한 장소에서 집회를 열어 오만 명의 결신자를 얻기도 했다. 이듬해 그가 개최한 두 차례의 복음 집회에서 각각 육만 이백 명, 오만 칠천 명이 그리스도를 영접했다. 무엇이 그 많은 사람을 그리스도께로 인도했는가? 아나콘디아가 주최한 전도 집회의 가장 큰 특징은 결신자들에게서 나타나는 축사 현상이었다. 결신한 사람들이 자신의 이름을 적어 의전에게 전달하면, 아나콘디아는 그들을 위해 기도하면서 그들 안에 있는 마귀와 대적하기 시작했다. 이에 마귀들은 자신의 정체를 드러냈고(사람들 안에 숨어있던 마귀들이 발악하는 현상이 나타난 것-역자 주) 의전들은 축사 사역을 위해 따로 마련해둔 천막으로 그들을 데리고 갔다. 아나콘디아의 집회에는 축사는 물론 치유, 성령의 임재로 넘어지는 현상, 치아가 금이나 백금으로 변화되는 현상도 일어났다.[4] 하나님께서는 이 놀라운 현상들을 통해 언론의 이목을 집중시키셨고 방송 미디어는 곧 아나콘디아의 전도 여행에 주목했다. 그중 참석 인원이 십만 명을 넘는 집회도 더러 있었다.[5]

1921년의 에이미 셈플 맥퍼슨이었든지, 1954년의 토미 힉스였든지, 1977년의 라인하트 본케였든지 아니면 1987년의 카를로스 아나콘디아였든지, 이들 모두에게서 한 가지 동일한 사실이 발견된다-사람들은 예수님의 치유 능력이 나타났을 때 예수님께로 나아갔다. 신유를 믿고 믿은 그대로 사역하는 사람들의 선교 사역이 성공을 거두는 주된 이유가 바로 그것이다. 이 사실을 한 학자가 다음과 같이 기술했다.

"대부분의 교단에서 시행되고 있는 선교 프로그램들이 열매도 적게 거두고 부진을 면치 못하는 것과 달리 이들 독립적 선교 사역의 '대폭발'은 전 세계적인 오순절주의의 급성장으로 이어졌다. 기적을 기반으로 시행한 복음 전도의 성공은 '하나님이 부흥의 주역'이라는 사실을 다시 한 번 확인시켜주는 기회였다."[6]

물론 더 많은 사람의 이야기, 또 위대한 복음 사역의 결과들을 기록할 수도 있다. 최근의 교회사 가운데 이러한 일들이 많이 목격되기 때문이다. 하지만 가장 흥미로운 능력 전도 사건은 아직 일어나지 않았다. 나는 가장 위대한 치유의 역사가 가까운 미래에 일어날 것이라고 믿는다.

위대한 하나님의 사람들은 마지막 날에 큰 부흥이 일어날 것이라고 예견한다. 소망하건대 나는 그 부흥의 한 부분이고 싶다. 당신도 이 부흥에 참여하기를 바란다.

다른 형태, 동일한 목표…Different Forms, One Goal

대부분의 교회가 복음 전도를 우선순위로 삼고 있다. 하지만 각각의 교회가 이해하고 있는 복음 전도의 양상은 사뭇 다르게 보인다. 물론 그들은 모두 동일한 목표-예수 그리스도를 알지 못하는 사람에게 복음을 전하는 것-를 가지고 있다. 지난 몇 년간 성령께서는 잃어버린 영혼들에게 복음을 전할 수 있는 다양한 방법을 알려주셨고(영감) 또 효과를 볼 수 있도록 도와주셨다(기름 부음). '기도 전도'(prayer evangelism)[7]부터 '섬김 전도'(servant evangelism)[8], 그리고 전 세계적으로 성공을 거두고 있는 '알파 코스'(Alpha)[9] 프로그램에 이르기까지 전도의 방법은 참으로 다양하다.

역사적으로 볼 때, '현장 전도'(presence evangelism)와 '발표식 전도'(presentation evangelism)는 가장 자주 사용되었던 전도 방법이다. 현장 전도는 교회가 세상과 지역사회에 빛과 소금의 역할을 감당해야 한다는 점을 강조한다. 그러므로 현장 전도는 구제 사역, 즉 고아나 환자로 대변되는 상처 입은 사람들에게 하나님의 사랑을 전달하는 방법이다. 반면에 '발표식 전도'는 그리스도의 주(主) 되심을 입으로 설명하며 복음을 제시하고 예수님을 영접할 것을 요청하는 방법이다. 이 형태의 복음 전도 방법은 이성과 논리에 기초를 두고 있다. 왜 우리가 믿음을 가져야 하는지에 대한 여러 가지 이유를 강력한 변증론(apologetic)에 입각하여 설명하는 것이다. 이 두 가지 방법 모두 복음 전파에 있어서 꽤 성공적이었다.

1980년대 초반, 고(故) 존 윔버(John Wimber)는 주류 복음주의 진영에 '능력 전도'(Power Evangelism)[10]라는 용어를 소개한 바 있다. 이 용어의 광범위한 정의에 따르면 능력 전도란 초자연적인 하나님의 능력을 활용하여 복음을 전할 기회를 얻는 것인데, 여기서 말하는 초자연적 능력에는 기적, 표적, 영적 전쟁, 성령의 은사들이 포함된다. 놀라운 예언의 통찰력 및 신유와 축사 사역을 강조하는 능력 전도는 복음을 거부하고 반대하는 사람들의 마음을 무너뜨리고 진리의 메시지를 불어넣기 위해 이처럼 초자연적인 현상들을 활용하는 것이다. 물론 성령의 '거룩한 방문'이 있는 동안, 죄인이라는 사실에 대한 깊은 자각, 자신의 죄에 대한 깊은 분노와 슬픔, 그리고 회개와 참회의 역사도 함께 일어난다. 성령의 책망은 너무도 강력하기에 사람들은 주저앉아 울기도 하고 하나님과 분리된 자신의 모습을 비통해하며 통곡하곤 한다. 마찬가지로 미국의 제1, 2차 대각성(Great Awakenings)의 때, 케인 리지 부흥(Cane Ridge Revival)의 때, 또한 교회사에 언급된 수많은 부흥의 때에 성령의 초자연적인 능력의 임재와 함께 거듭나지 않은 사람들이 바닥에 쓰러져 몸을 뒤틀거나 깊은 죄책감에 오열했다는 기록은 쉽게 찾아볼 수 있다.

최근 수많은 크리스천은 '전략적 차원의 영적 전쟁'이라는, 능력 전도의 또 다른 형태에 관심을 기울이고 있다. 영적 전쟁의 실질적 시행을 위한 다양한 접근 방법이 존재하겠지만 전략적 차원의 영적 전쟁은 천상의 승리를 이 땅으로 끌어올 필요가 있다는 사실에 입각하여 춤, 찬양, 선포 기도, 동일시하는 회개 기도(다른 사람의 죄가 바로 나의 죄임을 인정하고 고백하는 회개), 중보 기도를 통해 하나님의 능력을 받아 영적 싸움을 시행한다는 점에서 독특하다. 이 방법은 하나님께서 기도의 용사들에게 적에 대한 정보 및 어떻게 기도하며 싸워야 하는지를 다양한 통로로 알려주신다는 전제가 있어야 가능하다. 그리고 이 방법은 하나님의 축복을 간구하는 기도일 뿐만 아니라 사탄을 묶는 기도이기도 하다. 이 땅에서 불신자들이 복음을 듣고 마음을 열어 예수님을 영접하는지 아니면 복음을 거절하는지는 천상에서 일어나는 능력 대결에 의해 결정된다는 사실이 전제된다.[11]

여기서 주목해야 할 사실이 있다. 사탄이 사용하는 여러 가지 전략 가운데 하나는 교회가 부분적인 진리에 대해서 의견 충돌을 일으켜 서로 갈라서도록 조장하는 것이다. 위에 소개된 방법들 중 어떤 것이 옳고 어떤 것이 그른지 말할 수 없다. 사실 위에 소개된 방법 모두가 유효한 능력 전도의 방법이다. 그러므로 포스트모던 사회의 불신자들을 구원하기 위한 능력 전도의 효과 및 잠재력을 논의함에 있어서, 내가 취한 방법과 다르다고 다른 이의 방법을 거절하거나 무시하면 안 된다. 이 모든 방법을 수용하고 시행할 때 교회는 가장 큰 추수를 거두게 될 것이다.

초대교회의 능력 전도... Power Evangelism in the Early Church

신약에 나오는 가장 놀라운 복음 전도의 사건은 바로 에베소에서의 부흥이다(행 19장 참조). 누가는 하나님의 역사를 다음과 같이 기록했다.

> 이같이 두 해 동안을 하매 아시아에 사는 자는 유대인이나 헬라인이나 다 주의 말씀을 듣더라 하나님이 바울의 손으로 희한한 능을 행하게 하시니 심지어 사람들이 바울의 몸에서 손수건이나 앞치마를 가져다가 병든 사람에게 얹으면 그 병이 떠나고 악귀도 나가더라(행 19:10-12)

이처럼 수많은 사람이 크리스천이 되자 그 지방에서 아데미(Artemis) 신의 우상을 만들어 장사를 했던 한 은세공업자가 경제적 타격을 받게 되었다. 은세공업자 데메드리오(Demetrius)가 했던 말을 살펴보라. "이 바울이 에베소뿐 아니라 거의 아시아 전부를 통하여 허다한 사람을 권유하여 말하되…"(행 19:26) 교회 성장학 학자들은 에베소에서의 부흥이 바울 사역의 최대 성공이었다고 말한다. 디모데가 감독으로 있을 무렵에는 에베소 교회의 교인이 오만 명에 달할 정도였다. 흥미롭게도 에베소는 바울의 사역 기간 중 '능력 전도' 형태의 역사가 가장 많이 일어났던 곳이기도 하다. 물론 능력 사역과 더불어 바울은 입으로 복음을 전하는 일에도 힘썼다.

> 바울이 회당에 들어가 석 달 동안을 담대히 하나님 나라에 대하여 강론하며 권면하되 어떤 사람들은 마음이 굳어 순종치 않고 무리 앞에서 이 도를 비방하거늘 바울이 그들을 떠나 제자들을 따로 세우고 두란노 서원에서 날마다 강론하여 이같이 두 해 동안을 하매 아시아에 사는 자는

유대인이나 헬라인이나 다 주의 말씀을 듣더라(행 19:8-10)

　에베소는 능력 전도의 성공 사례다. 복음을 전파하기 위한 여러 가지 방법과 함께 능력 전도를 사용하여 큰 성공을 거두었던 모범이다. 이제 당신은 다음과 같은 질문을 던질 것이다. 초대교회의 크리스천들은 정치적 권력도 없고 게다가 수 세기 동안 불법 종교를 신봉하는 이단 단체로 여겨졌는데, 어떻게 이들이 로마의 기존 종교를 폐하고 기독교를 국교(國敎)로 만들 수 있었는가? 예일 대학교의 역사학 교수 램지 맥뮬런(Ramsay MacMullen) 박사는 저서 『A.D. 100-400 로마 제국을 기독교화하다』(Christianizing the Roman Empire A.D. 100-400)[12]에서 이 질문을 다루었다. 그의 연구 결과, 초대교회의 성공은 위대한 설교 때문도 아니고 위대한 변증가들의 신앙 수호 때문도 아니었다. 그것은 바로 능력 전도 때문이었다.

　자기들이 섬기던 거짓 신들보다 기독교의 신이 훨씬 더 강한 능력을 발휘했기에 로마 사람들은 크리스천이 되기로 선택했던 것이다. 크리스천들을 통해 나타난 하나님의 치유 능력, 그리고 무엇보다 귀신을 쫓아내는 축사 사역의 기록이 이 사실을 뒷받침해준다(지금 이 시대에도 축사 사역은 일어난다. 심지어 타 종교에서도 이러한 사역을 시행하고 있다. 축사 사역에 있어서 기독교와 타 종교와의 차이점은, 크리스천 사역자들은 축사 사역을 갈망하는 사람들로부터 '즉시' 귀신을 쫓아낼 수 있다는 것이다). 결국 능력 전도가 불신자들의 마음을 열어주고, 이후 복음이 제시될 때 그들이 쉽게 받아들일 수 있도록 도와준다는 것이다. 놀라운 점은 이 사실이 신학자나 교회사가에 의해서가 아니라 예일 대학의 역사학 교수에 의해 밝혀졌다는 것이다.

교회의 전도 사역 역사 가운데 능력 전도의 역할을 전부 기술하기에는 지면이 모자란다. 하지만 기독교의 역사는 능력 전도 방법이 복음을 전하는 여러 다른 방법과 병행되었음을 기록하고 있다.

미국의 기독교 역사에서 복음의 전파를 위해 성령의 역사가 동반되었다는 사실은 제1차 대각성 운동(1735-1742)[13] 관련 기록을 통해 확인할 수 있다. 물론 제2차 대각성 운동에서도, 특히 케인 리지 부흥(1801)[14]이라고 불리는 가장 유명한 집회에서도 이러한 성령의 능력이 발현되었다. 두 차례의 대각성 운동 때에 사람들이 뒤로 넘어지고, 몸을 떨고, 절규하고, 소리 지르고, 입신에 들어가는 현상, 또는 귀신이 떠나는 등, 성령의 능력이 발현될 때 동반되는 현상들이 나타났다. 이러한 하나님의 능력은 감리교 순회 목사들[15]의 집회나 찰스 피니(Charles Gradison Finney)와 같은 위대한 부흥 운동가들의 사역에서도 동일하게 나타났다.

1901년 1월로 연원을 거슬러 올라가는 오순절파 부흥(Pentacostal Revival)에서도 성령 안에서 사람들이 뒤로 넘어지고, 바닥을 구르고, 울부짖고, 소리치고, 춤추고, 웃고, 방언으로 말하는 현상이 나타났다. 이 오순절파 부흥 운동은 1906년 로스앤젤레스 아주사(Azusa) 거리에서 일어난 부흥을 통해 절정에 이르렀다. 지금은 '아주사 부흥'이라고 알려진 이 운동은 처음에는 '로스앤젤레스의 축복'(Los Angeles Blessing)[16]이라고 불렸다. 성령을 갈망하는 사람들은 하나님의 임재를 좀 더 체험하기 위해 미국 전역으로부터 이 거리로 몰려들었다. 이후 아주사 거리를 떠나 자신들의 처소로 되돌아가서 그들은 오순절파 부흥을 나라 곳곳에 전파하였다.

오순절주의를 재고(再考)하다...Rethinking Pentecostalism

나는 오순절파 사역자는 아니다. 하지만 아직도 교회 안에는 오순절주의를 향한 편견이 크다는 사실을 깨닫게 되었을 때, 마음이 너무도 아팠다. 신학대학원에서 전도학 과목을 배웠을 때에도 마찬가지였다. 북미 교회사에 나타난 모든 부흥 운동에 관하여 연구했지만 단 두 가지 부흥 운동은 연구 대상에서 제외되었다. 오순절주의 부흥 운동, 그리고 늦은 비 부흥 운동(이 역시 오순절주의에 기반을 둔 부흥 운동이었다). 금세기에 들어 가장 성공적인 복음 전파의 열매를 보였던 교회 운동이 등한시된다는 것, 심지어 복음주의적 신학교의 전도학 수업 내내 거론조차 되지 않았다는 사실은 참으로 부끄러울 따름이다. 오순절주의에 대한 편견을 버리지 못하여 하나님께서 이 운동을 얼마나 강력하게 사용하셨는지를 깨닫지 못한다면 결코 바람직한 일이라고 말할 수 없다.

초창기의 오순절 계열은 가난했다. 건물, 제도, 자금력, 프로그램도 없었다. 하지만 그들은 그 어떤 교파보다 훨씬 더 많은 사람에게 복음을 전했다. 왜 그런가? 오순절주의자들이 성령의 능력을 붙들었기 때문이다. 또한 그들은 오늘날 예언, 방언, 통역, 치유, 기적과 같은 성령의 사역이 회복되리라고 믿었다. 게다가 영혼의 구원만을 '구원'으로 보지 않았다. 그들이 믿은 '구원'에는 마귀의 영향력으로부터 자유케 되는 것(축사), 그리고 육체적 질병과 상한 감정으로부터의 치유가 포함되었다. 그들이 전한 복음의 메시지에 엄청난 영적 능력이 동반되었던 이유가 여기에 있다고 하겠다.

호주 출신의 교회 연구가 마크 허친슨(Mark Hutchinson)은 「크리스천 투데이」(Christian Today) 최근호에서 다음과 같이 기술했다. "오순절주의는 복음주의 계열 교파 가운데 가장 규모가 크고 또 가장 역동적인 운동이다. 지난 삼십 년간 오순절 교파의 폭발적인 교세 확장(교인 수 증가, 지역적 확장)이 있었다. 이는 제삼세계-정확히 말하자면 전 세계 삼분의 이-의 종교적 판도를 뒤바꾸어놓았다."[17] 또 다른 연구가 데이비드 버렛(David Barrett)에 의하면, 오순절주의와 은사주의 계열의 크리스천들 가운데 삼분의 이 정도가 아프리카, 아시아, 남아메리카에 집중되어있다고 한다.[18] 그는 이 두 그룹의 교인 수가 매년 천구백만 명씩 증가하고 있다고 보고했다.[19]

최근에 읽은 책 중 가장 깊은 감명을 받았고 또한 저자의 진실성을 맛볼 수 있었던 책은 랄프 마틴(Ralph Martin)이 쓴 『시대말의 가톨릭교회: 성령께서 하시는 말씀은?』(The Catholic Church at the End of an Age: What is the Spirit Saying?)이었다.[20] 그의 설명에 의하면 1982년에 이미 오순절파 교회(여기에 전통 교단 내에 포함되는 은사주의 교회는 포함되지 않는다)가 개신교 교파 가운데 가장 큰 그룹을 형성했다고 한다. 그 규모는 침례교, 성공회, 장로교, 감리교를 훨씬 선회하는 정도다. 기독교 전체를 통틀어 오순절파보다 더 큰 규모는 로마 가톨릭교회가 유일하다.[21] 그로부터 십 년 후인 1992년에 이르렀을 때 오순절파와 은사주의 계열은 이미 폭발적인 성장을 이루어 사억 일천만 명을 넘는 규모가 되어있었다. 이는 전 세계 기독교 인구의 사분의 일에 해당하는 규모다.

마틴은 "이렇게 조사해본 결과 나는 조금은 위험한 발언을 할 수밖에 없다. 오순절파 운동은 지난 이십오 년 동안 극적인 성장을 이루었다. 인류 역사상 비정치적이고 비군사적인 집단 가운데 이처럼 급격하게 성장한 경우는 찾아볼 수 없다"[22]라고 지적했다. 로마 가톨릭 신자였던 그는 다음과 같은 조사 결과를 발표하기도 했다. "여기에 우리가 집중해야 할 메시지가 있다. 이 메시지를 아주 간결하게 표현하자면 '예수님께서 복음을 선포하시되 성령의 능력 가운데 명확하게 담대히 선포하셨을 때, 훨씬 더 많은 사람이 믿음을 갖게 되었고 교회도 더 크게 성장할 수 있었다' 이다."[23]

그 책의 회개에 관련된 장 말미에 마틴은 다음과 같은 질문을 던졌다.

"지금 성령께서는 가톨릭교회를 향해 무엇을 말씀하시겠는가? 아마도 그 오래전 오순절 날, 베드로를 통해 전파된 '낡은 그러나 새로운' 메시지를 동일하게 던지실 것이다. 회개하라. 그리고 믿으라. 그러면 너희도 성령을 선물로 받게 될 것이다(행 2:38). 우리의 생각이나 말, 행동으로 하나님의 능력을 제한하고 작게 규정지었던 죄악들을 회개하자. 예수님이 앉으셔야 할 왕좌에 예수님을 모시지 않고 중요하지 않은 것들을 앉혔던 모든 죄악을 회개하자. 그리스도의 자리에 교회를 올려놓았던 '교회 중심 사상'(ecclesio-centrism)을 회개하자. 성령을 근심하게 했던 모든 죄악을 회개하자. 우리의 교만 혹은 두려움 때문에 성령의 역사를 거부하고 훼방했던 모든 죄악을 회개하자."[24]

나는 이처럼 회개의 정신이 가득 담긴 책을 읽어본 적이 없다. 다른 교파에도 이처럼 명확하게 선포하는 선지자들이 있기를 소망한다. 랄프 마틴과 같은 생각을 지닌 사람들이 로마 가톨릭교회 안에 많다면, 가톨릭교회는 대부흥을 경험하게 될 것이다. 또한 앞으로 일어날 대추수의 때에 위대한 일꾼으로 크게 쓰임 받을 것이다.

마틴은 "교회는 신부다. 신부는 신랑의 능력과 생명을 받아 살아감으로써 신랑이 살아있다는 사실을 온 세상에 알려야 한다"라고 역설한다. "오늘날 교회가 안고 있는 위험은 교회가 신부라기보다 과부처럼 보인다는 사실에 있다. 여느 인간 조직이 가질 수 있는 힘 외에는 아무런 자원도 가지지 못한 외로운 과부 같다. 만일 주께서 우리에게 부어주신 것-성령-앞에 무릎을 꿇는다면, 온 세상은 교회를 바라볼 때마다 교회가 살아계신 주님의 거룩한 신부라는 사실을 깨닫게 될 것이다."[25]

랄프 마틴의 선지자적 목소리는 로마 가톨릭교회뿐만 아니라 전체 기독교를 향해서도 동일하게 울리고 있다. 그는 대추수의 때가 임박했다고 주장한다. 지금 우리는 시간적 여유가 없다. 과거에 행해왔던 방법 그대로를 답습해서는 안 된다. 교회의 각 지체인 우리는 모두 겸손하게 우리의 과오를 회개해야 한다. 그리고 성령께서 주시는 모든 은사와 그분이 행하시는 모든 사역을 수용해야 할 것이다.

하비 콕스(Harvey Cox)는 랄프 마틴과 전혀 다른 방법으로 오순절주의를 평가했다. 그는 하버드 대학의 종교학 교수이자 1960년대 베스트셀러인 『세속도시』(The Secular City)를 포함하여 총 십여 권의 책을 집필한 지지이기도 하다. 사실 그가 『세속도시』에서 언급했던 일들은 일어나지 않았다. 그의 예견과 달리 이 세상의 문화는 세속적으로 변화되지 않았고 오히려 더 영적으로 변화되었다—물론 기독교적인 영성은 아니지만 말이다. 이처럼 포스트모던주의는 세속적 세계관의 종식을 알렸다.

포스트모던 시대의 세계관은 지난 오백 년간 출현했던 그 어떤 세계관보다 1세기의 세계관을 닮아있다. 이 사실은 콕스가 집필한 새 책, 『하늘에서 내린 불: 오순절 영성의 상승과 21세기 종교의 새로운 구도』(Fire From Heaven: The Rise of Pentecostal Spirituality and the Reshaping of Religion in the Twenty-first Century)에서 여러 가지 증거를 통해 뒷받침되고 있다. 책의 출간 자체가 저자 자신이 그동안 잘못 생각해왔음을 인정하는 고백이기 때문에, 그 점 하나만으로도 이 책은 충분히 흥미롭다. 하지만 이 책은 그 이상의 의미를 지니고 있다. 기독교가 도시를 점령하지 못하고 오히려 대형화되는 도시들의 세속화를 부추긴다는 논지가 담긴 책이『세속도시』였다면, 이러한 도시의 구조 안에서 오순절주의 교회와 은사주의 교회가 부흥하는 이유를 연구해놓은 책이 바로『하늘에서 내린 불』이다. 『세속도시』를 통해 저자는 도시의 급변하는 환경 가운데 제도화된 교회는 곧 소멸할 것이라는 주장을 폈다. 그는 규모가 크고 전통이 오랜 주류 교회들의 소멸을 지켜봐왔다. 이러한 관찰을 통해 그는 교회가 세상의 도시들 안에서 영향력을 잃어버릴 것이라고 결론지었다. 그러나 콕스의 문제점은 하나님께서 오순절주의와 은사주의 교회들을 일으키신 사실을 관찰하지 못한 데에 있다. 이 교회들의 약함을 통해 하나님의 강하심이 드러난다는 사실도 그는 깨닫지 못했다.

하지만 오순절주의, 은사주의 교회들이 급부상하는 모습을 주의 깊게 그리고 정직하게 관찰한 뒤 콕스는 다음과 같이 진술하기에 이르렀다.

"아주사 거리의 부흥과 그 이후에 일어난 전 세계적 부흥을 통해 나타난 표적과 기사에는 방언을 말하는 것 외에도 수많은 종류의 기이한 사건이 포함되었다. 사람들은 성령 안에서 춤추고, 뛰고, 웃었다. 치유를 얻고, 입신(入神)을 체험하고, 이 땅보다 더 높은 차원의 영역으로 이동되는 느낌을 받았다. 과거를 회상해보면 서구 역사 속에서 '부흥'의 때는, 천국을 바라보며 고통을 참아내는 흑인 영성의 고동치는 에너지가 인종 장벽을 넘어 가난한 백인들의 영성과 융합되는 시점이었다. 그동안 서구 사회가 인식과 감정, 이성과 상징, 의식과 무의식 사이에 조심스레 쌓아왔던 장벽들이 무너지는 순간이었다. 이러한 상황 속에서 여러 인종이 한데 모이는 사건(부흥)은 '평등주의 강령(equal opportunity program)의 초본(初本)', 그 이상의 중요한 상징성을 갖게 되었다. 부흥은 인류의 내외부적 분열의 종식 및 새로운 세계의 시작을 시사해주었다. 또한 부흥은 21세기의 놀랍고 위대한 사건들의 전조였다. 한 세기 안에 시들어버릴 것이라며 수많은 사람이 예상했던 바로 그 기독교의 예기치 않은 부활이었다."[26]

표적, 이적, 그리고 전 세계적 교회 성장...
Signs, Wonders, and Church Growth Around the World

아프리카 지역에는 오순절계 성향을 띠는 오천 개 이상의 독립 교단이 있다. 이 모든 교단은 지난 백 년 동안 탄생한 신생 교단이다. 이들

사하라 사막 남부 지역의 기독교는 이슬람보다 훨씬 빠른 성장세를 보이고 있고 로마 가톨릭에 비하면 거의 두 배, 개신교 내 비(非)오순절파 교단과 비교하면 거의 세 배나 빠른 성장 속도를 보이고 있다. 이들 오순절 계열 소속의 교인들은 아프리카 남부 전체 인구의 40%를 차지한다. 게다가 짐바브웨의 전체 기독교인의 50%가 오순절파 교단 소속이다. 하비 콕스는 "이 성장 속도라면 2000년까지 이들 오순절파 교회들은 로마 가톨릭보다 더 많은 성도, 그리고 모든 개신교 교단 소속 성도를 다 합친 것보다 더 많은 성도 수를 자랑하게 될 것이다"[27]라고 기술했다.

물론 이 교회들이 성공을 거두게 된 이유를 간단하게 설명할 수는 없다. 하지만 수많은 사람을 이들 교회 안으로 인도한 한 가지 사역은 '치유'다. 콕스의 조사 결과에 의하면 오순절 계열의 토착 교회는 '영성'과 '치유 사역'이라는 아프리카 특유의 신앙이 활성화될 수 있는 무대를 제공했다. 일반적으로 이러한 교회를 찾는 구도자들은 치유 때문에 방문한다. 보통은 현대 의학이나 전통 의술로도 치유가 안 되는 질병을 고치기 위해 교회를 찾는 것이다.[28]

"우리는 사람들의 실질적인 필요를 채워주려고 부단히 노력했다. 그 결과 능력 전도를 실시하기에 이른 것이다." 나이지리아 라고스 바가다(Gbagada)에 국제 본부를 두고 있는 Deeper Life Bible 교회의 윌리엄 F. 쿠무이(William F. Kumuyi) 목사의 말이다(이 교회에는 성인 성도만 팔만 오천 명 이상이 출석하고 있다).[29]

삶과 행동의 강력한 거룩성을 중시하는 Deeper Life Bible 교회는 불신자들과의 접촉을 위해 기적 사역을 펼친다. 수천 명이 참석하는 목요일 저녁 집회는 기적 사역을 위한 기도 모임으로 진행된다. "사역 시간이 시작됨과 동시에 집회는 절정에 이른다. 이 시간에 하나님께서는 기적을 통해 사람들의 필요를 채워주신다. 이에 더 많은 사람이 하나님 앞으로 나아간다. 이것이 우리 교회 사역의 전형이다. 이 사역 가운데 교인들의 마음에는 '하나님의 깊은 것'에 대한 관심이 자리하게 되었다. 또한 이 사역을 통해 우리 교회는 지역사회로부터 좋은 평판도 얻게 되었다. 기적 사역은 특히 아프리카의 상황에 적합하다. 이 지역은 축사, 치유, 물질적 공급이 갈급하기 때문이다."[30]

피터 와그너(C. Peter Wagner) 박사는 이들의 집회에 참석한 뒤 다음과 같이 보고했다.

"사천오백여 개에 달하는 Deeper Life Ministry 소속 교회(지교회)에서 공통적으로 시행되는 프로그램은 '목요 저녁 기적 집회'다. 변경 지역에 자리한 어느 한 교회에서 실시된 목요 저녁 집회 중, 그 교회의 목사가 특별한 감동을 받고는 다음과 같이 말했다. '가족 중에 아픈 사람이 있는 분들은 지금 손수건을 꺼내십시오.' 이후 그는 하나님의 치유의 축복이 그 손수건 위에 임하기를 기도했다. '집으로 돌아가거든 그 손수건을 아픈 가족에게 얹고 예수의 이름으로 치유를 위해 기도하십시오.' 이 집회에는 이웃한 무슬림 마을의 대표가 참석하고 있었다(그는 처음으로 기독교 집회에 참석했고 그 교회의 목사는 이 사실을 몰랐다). 이 이슬람 신자에게는 아픈 가족이 없었지만 그는 손수건을 높이 치켜들고 복을 받았다. 그가 마을로 돌아왔을 때 아홉 살 난 여자 아이가 숨을 거두었다. 이 아이를 장사지내기 전 장례 행사에 참여하기 위해 그는 아이의 집을 찾아갔다. 그런데 그 집에 머물던 중, 갑자기 손수건이 떠올랐다. 그는 주머니에서 그것을 꺼내어 아이의 시신 위에 올려놓고는 목사가 시킨 대로 예수의 이름으로 치유될 것을 기도해보았다. 순간 하나님께서는 아주 특별한 기적을 베푸셨다. 아이가 다시 살아났다! 그는 이 광경을 목격한 마을의 어른들과 함께 비상 회의를 열었다. 그리고는 마을의 주민들에게 선포했다. '수년간 우리는 모하메드를 섬겨왔습니다. 하지만 지금 이 순간부터 우리 마을은 예수의 마을이 될 것입니다.' 두말할 것 없이 이 마을에도 Deeper Life Bible 교회가 세워졌다."[31]

몇 년 전, 아이보리코스트(지금은 코트디부아르로 개칭함 –역자 주)의 아비장(Abidjan)에서 사역하고 있는 디온 로버트(Dion Robert) 목사를 내가 시무하고 있는 세인트루이스의 교회로 초청한 적이 있다. 당시는 1990년대 초반이었고 그가 시무하던 교회의 성도는 이만 명 이상이었는데 계속해서 급격한 성장세를 보이고 있었다. 그의 사역은 기적과 표적, 치유와 축사 사역으로 유명했고 그의 교회는 불어권에서 가장 규모가 큰 교회 중 하나였다. 또한 그 교회는 셀 그룹 구성원에게 기적을 기대하도록 가르치고 권면하는 건강한 셀 중심 교회였다. 설교 중 로버트 목사는 십대들로 구성된 그 교회의 한 셀 그룹을 소개했는데, 청소년들이 어떤 죽은 사람을 위해 기도하자 그가 다시 살아났다는 이야기였다. 현재 그 교회는 십만 명 이상의 출석 교인을 자랑하고 있다.

성령의 강력한 사역을 붙든 교회들의 극적인 성장 스토리는 아프리카 대륙에만 국한된 것이 아니다. 영국, 캐나다, 호주와 같은 나라에서도 이러한 예를 찾아볼 수 있는데, 주류 개신교와 가톨릭교회들이 꾸준한 감소세를 보이는 반면 성령으로 충만한 교회들은 성장세를 보였다.[32] 런던에 있는 매튜 애쉬몰로(Matthew Ashimolowo)의 Kingsway International Christian Center 교회[33]와 샌디 밀라(Sandy Millar)의 Holy Trinity Brompton 성공회 교회[34], 그리고 시드니에 소재한 존 아놋(John Arnott)의 Toronto Airport Christian Felloship 교회, 프랭크 휴스튼(Frank Houston)의 New Life 교회는 축사와 치유 같은 초자연적인 사역을 추구하면서 꾸준히 성장하고 있는 교회들이다.

아시아 전역에서도 가장 규모가 크고 가장 큰 영향력을 펼치는 교회들은 역시 오순절주의와 은사주의 계열의 교회들이다. 조용기 목사(지금은 은퇴하여 원로목사로 추대됨-역자 주)가 시무하는 대한민국 서울시의 여의도 순복음 교회는 팔십만 명 이상의 성도를 자랑하고 있다. 이 교회는 전 세계에서 가장 큰 교회로 알려져 있다. 싱가포르에는 로렌스 콩(Lawrence Khong) 목사가 담임하고 있는 Faith Community 침례교회가 두드러진다. 이 교회는 성령의 사역을 추구하는 셀 그룹 모임으로 유명하다. 이외에도 싱가포르의 The Church of Our Savior라는 성공회 교회도 주목할 만하다. 데릭 홍(Derek Hong) 목사가 시무하는 이 은사주의 교회에 수천 명의 성도가 소속되어있다.

국제 C.C.C의 빌 브라이트(Bill Bright) 박사[35]와 피터 와그너 박사[36]는 성령께서 중동 지역의 무슬림들을 예수 그리스도께로 인도하시기 위해 꿈과 환상을 사용하신다는 사실을 보고한 바 있다. 이러한 사실을 아는 사람은 그들 말고도 수없이 많다. 복음 전도자 루이스 팔라우(Luis

Palau)가 「크리스천 투데이」를 통해 "아랍인들 중 내가 만난 기독교 개종자들 모두는 꿈이나 환상을 통해 변화 산에서와 같은 흰옷의 예수님을 만나보았다고 이야기했다. 예수님께서는 그들에게 자신이 세상의 구세주라고 말씀하셨다고 한다. 교회 건물이 하나도 없는 나라의 어떤 여성은-그녀의 아버지는 그 나라의 최고 지도자다-꿈에서 예수님을 만난 뒤 기독교로 개종했다. 심지어 기독교로 개종한 후 오 년간 성경책은 만져보지도 못했는데 말이다"라고 서술했다.

팔라우는 계속해서 말을 이어갔다. "학사 이상의 학력을 소지하고 또 선망하는 직업을 가진 중동 지역의 기독교인들 대부분은 하나님께서 이러한 방식으로 역사하실 것을 기대한다. 그들은 하나님의 초자연적 개입을 믿는다. 그렇다. 하나님이 진정한 하나님이시라면, 초자연적인 역사를 이루실 것이다. 그 어떤 장벽도 하나님의 구원 계획을 막을 수는 없다."[37]

개인적으로 나는 남미 지역에서 능력 전도의 영향력이 어떤지를 경험해보았다. 1997년, 두 주간 칠레, 아르헨티나, 우루과이를 순회하며 집회를 인도했다. 십사 일 동안 이천 명의 사람이 치유되고 수백 명의 사람이 구원을 얻고 수많은 사람이 귀신으로부터 자유함을 얻게 되었다. 이러한 사건들은 놀랄 만한 경험이었다.

칠레에 머무는 동안 나는 산티아고의 Templo Centro Metropolitano 교회를 방문했다. 이 교회의 담임목사는 전직 경찰이었던 페르난도 차파로스(Fernando Chaparros)였다. 개척된 지 채 몇 년 안 된 교회였지만 만 명의 성도가 출석하는 교회, 또 칠레에서 두 번째로 큰 규모의 교회였다. 두말할 것 없이 이 교회도 성령의 능력을 통한 치유와 축사를 강조하고 있다.

우루과이에 머무는 동안 몬테비데오 지역의 호르헤 마르케즈(Jorge Marquez) 목사가 우리를 대접했다. 지난 오백 년 동안 개신교 교회의 성장을 전혀 경험하지 못했던 이 나라에서, 놀랍게도 마르케즈 목사가 시무하는 교회만큼은 삼천 성도를 넘어서는 규모를 자랑했다. 역사가 오래지 않은 교회였지만 크게 성장한 교회였기에 성장 비결이 궁금해졌다. 나는 마르케즈 목사에게 어떻게 교회를 개척했는지 또 어떤 이유로 큰 성장을 이룰 수 있었는지 물어보았다. 그는 "이 교회는 축사 사역(마귀의 견고한 진으로부터의 자유)과 치유 사역을 약속하는 광고를 통해 시작되었습니다"라고 대답했다. 지금은 여섯 명의 젊은 부목사가 그의 사역을 도우며 매주 스물여덟 차례의 설교를 분담하고 있다. 이들 모두는 한때 약물 중독자, 알코올 중독자였다. 마르케즈 목사가 이들을 처음 만났을 때, 이들 모두에게 축사 사역을 시행해야 했다.

북미 출신의 여느 순회 사역자들의 경험과 마찬가지로, 가장 놀라운 열매를 추수할 수 있었던 것은 아르헨티나에서였다.[38] 아르헨티나에 머무는 동안 나는 아르헨티나의 부흥을 이끌었던 주역들 중 한 사람인, '미래의 비전'(Vision of the Future)이라 불리는 지교회의 리더, 오마르 카브레라 1세(Omar Cabrera Sr.)를 만날 수 있었다. 그가 직접 시무하는 모교회에는 아르헨티나의 여러 도시로부터 온 팔만 명 이상의 성도(이백 개 이상의 교구)가 모이고 있었다. 그가 개척한 교회의 성도들은 내가 치유 사역을 시행했던 피사역자들 중 가장 '준비된' 성도들이었다. 수많은 지교회가 오마르의 치유 사역, 기적의 기름 부음 사역 위에 세워졌다는 사실 하나만으로도 이 점은 쉽게 이해된다. 게다가 성도들 모두 믿음으로 충만했고 또 지식의 말씀과 치유 사역 사이의 긴밀한 관계를 잘 이해하고 있었다.

코르도바(Cordoba) 시에 있는 '미래의 비전교회'에서 내게 설교해줄 것을 요청해왔다. 그 교회 건물은 마치 오래된 헛간처럼 낡아있었다. 집회 기간 중 어느 날 저녁 집회 때에는 약 팔백 명의 사람이 치유를 받았다는 간증을 전했다. 그중에는 당뇨 때문에 망막이 파괴되어 삼 년간 앞을 보지 못했던 여성의 치유 간증도 있었다. 전날 저녁 집회 때에는 귀가 들리지 않는 한 여성의 치유 간증이 있었다. 그녀는 기능을 멈춘 자신의 한쪽 뇌도 치유받았다고 간증했다. 그 교회의 목사는 만일 우리 사역팀이 좀 더 머물러준다면 회중의 수가 만 명을 넘을 것이라고 이야기했다. 하지만 나는 선약된 스케줄이 있었기 때문에 그곳을 떠나는 실수를 범하고 말았다. 회고하건대 거기에 좀 더 머물러야 했다.

아르헨티나를 순회하는 동안 나는 파블로 데이로스와 카를로스 음래이다 목사가 공동 담임하고 있는 부에노스아이레스 중앙침례교회(Central Baptist Church)를 방문했다(이 두 목회자는 이 책을 위해 기고한 사람들이다). 그들이 시무하는 교회가 사 년간 개척한 교회 및 파송한 선교사의 수는 아르헨티나의 기독교 전체가 지난 백 년 동안 개척한 교회와 파송한 선교사의 숫자보다 훨씬 더 많다. 왜 그런가? 이 교회가 치유, 축사, 성령의 현상들로 특징되는 성령의 임재를 열린 마음으로 받아들이고 또 갈망하기 때문이다. 부에노스아이레스에서 새로운 성령의 기름 부으심을 받아들인 것은 이 교회가 두 번째다. 이 교회는 아르헨티나에서 두 번째로 규모가 크며, 침례교 소속으로는 가장 오랜 전통을 지녔다.

데이로스 박사는 아르헨티나의 침례교회 중 약 70% 정도가 축사 사역과 치유 사역을 인정하고 시행한다고 말해주었다. 에두아르도 로렌조(Eduardo Lorenzo)의 아들이며 영향력 있는 침례교 지도자 빅터 로렌조(Victor Lorenzo)는 다음과 같이 말했다. "전에는 침례교가 성령의 은사를 반대해왔지만 이제는 받아들여야 할 것이다. 그렇지 않으면 성도들은 오순절 계열의 교회로 이동할 것이다."

이글레시아 지역의 "Rey de Reyes"(번역하면 '왕 중 왕' 교회) 교회는 여섯 명의 성도로 시작했다가 지금은 팔천 명 이상으로 성장한 교회다. 하나님께서 클라우디오 프레이존(Claudio Freidzon) 목사에게 치유와 능력 전도를 위한 거룩한 기름을 부으시자 교회가 급격하게 성장한 것이다. 나는 그가 시무하는 교회(하나님의 성회 소속)를 방문하여 설교를 전하기도 했다. 그 교회에는 하나님의 임재를 기대하는 분위기, 하나님이 성도들을 만지셔서 치유와 축사의 기적이 일어나기를, 또한 기쁨과 평안을 안겨주는 신선한 기름 부음이 임하기를 갈망하는 분위기로 가득했다.[39]

부에노스아이레스에 머무는 동안 나는 길레르모 프레인(Guillermo Prein) 목사의 New Life 교회를 방문했다. 보통 삼천 명 정도가 참석하는 이 교회는 부에노스아이레스에 소재한 한 공원(매우 위험한 장소)에서의 치유와 축사 집회를 통해 개척되었다. 지금은 일주일에 스물한 번의 집회를 열고 있다. 게다가 택시운전사들을 위해 새벽 세시에도 집회를 열 정도다. 이 교회는 예배 중 가장 많은 치유의 기적이 일어나는 교회로 유명하다. 특이하게도 그 치유 기적의 60% 이상은 열두 살 내지 그 이하의 어린이들이 기도했을 때 일어났다. New Life 교회에 머무는 동안 나는 그곳의 부교역자 중 한 명에게 물었다. "이 교회에서 어떤 일을 하십니까?" "저는 기적이 일어났다는 간증이 있을 때마다 그것이 진정한 기적인지 아닌지 검증하는 일을 합니다." 나는 다시 물었다. "그것 외에 다른 일은요?" 그가 재차 대답했다. "없습니다. 제 일은 기적을 검증하는 것입니다." 그는 자궁 절제 수술을 받은 어떤 여성이 어린이들의 기도를 통해 임신을 하고 아이를 낳았다는 '사건'을 조사했다. 조사 결과 사실로 판명되었다. 그녀는 '창조'의 기적을 받은 것이다.

과테말라의 헤럴드 카벨레로스(Harold Cabelleros) 목사는 팔천 명 이상이 출석하는 El Shaddai 교회를 담임하고 있다. 이 교회는 과테말라 전역에서 가장 빠르게 성장하는 교회 중 하나다. 회중들은 공예배에서 혹은 셀 그룹 예배에서 치유와 축사, 하나님의 능력이 나타나리라 믿고 성령의 사역을 받아들였다. 헤럴드 목사는 소수의 사역자들을 통해 이뤄진 전략적 차원의 영적 전쟁이 이 교회의 성장에 큰 몫을 담당했다고 믿는다.

최근에 브라질을 다녀왔는데, 다시 한 번 사람들의 삶을 변화시키는 성령의 강력한 능력을 목도하게 되었다. 상파울로와 벨루오리존치에 있는 어떤 사중복음 교회(Foursquare Church)에서 내게 집회를 인도해줄 것을 요청했다. 그 집회에 참석한 사역자들과 리더들은 내가 만났던 사역자들 중 하나님의 은혜를 가장 많이 갈급해하는 사람들이었다. 그곳에서 성령의 역사는 아주 강력하게 나타났다. 당시에 경험했던 치유의 기름 부음은 내 생애 전체를 통틀어 두 번째로 강력한 것이었다. 그 일이 있기 몇 해 전 아르헨티나의 코르도바에서 경험했던 치유의 역사만이 그때보다 더 강력했던 경우였다.

당시 브라질의 다른 지역에서는 하나님의 성회 교단이 빠르게 성장하고 있었다. 성도 수는 대략 천백만에서 천오백만 정도였다. 이는 금세기 초 브라질에 오순절의 메시지를 심었던 두 사역자의 노고가 만들어낸 열매다. 학자들은 오늘날 로마 가톨릭 미사에 참석하는 사람들보다 오순절 계열의 교회 예배에 참석하는 브라질 사람들의 수가 더 많다고 믿는다.

남미 전역에서 이와 비슷한 상황을 목격할 수 있다. 데이비드 스톨(David Stoll)은 자신의 책 『남미가 개신교로 변화되고 있는가?』(Is Latin America Turning Protestant?)에서 여러 가지 통계 자료를 동원하여 남미 여러 나라의 비(非)가톨릭 계열 기독교 신자의 증가율이 전체 인구의 성장률보다 대여섯 배나 높다는 사실을 입증했다. 브라질에서 일고 있는 이러한 수치 통계적 변화는 무엇을 말해주는가? 그것은 비가톨릭 계열(개신교)의 성도가 증가하고 있고 그 가운데 90%가 오순절 계열이라는 사실이다. 스톨은 증가세가 계속될 경우 2010년에는 비가톨릭 성도들(대부분 오순절 계열)이 주류를 이루는 남미 국가의 수가 다섯 내지 여섯 개가 될 것이라고 예견했다. 그리고 몇몇 국가의 경우에는 인구 대비 비가톨릭 성도의 비율이 30-40%에 육박할 것이라고 예견했다.[40]

내 생각에 콜롬비아는 서반구(Western Hemisphere) 가운데 부흥의 열매가 가장 크게 맺힐 나라일 것이다. 아르헨티나에서 부흥의 주역들과 만나는 동안 그들 중 한 명이 콜롬비아야말로 진정한 부흥을 경험하게 될 나라라고 말하는 것을 들었다. "물론 아직도 콜롬비아는 수많은 목회자를 죽이지만 말입니다."

아르헨티나에서의 사역을 마친 직후였다. 나는 콜롬비아의 보고타, 메딜린, 칼리 지역의 교회들로부터 집회를 인도해달라는 요청을 받았다. 콜롬비아로 향하기 전, 나보다 먼저 그 지역에서 집회를 인도했던 친구 한 명이 이렇게 경고했다. "만일 네가 복음의 메시지를 전달하면 복음을 믿겠다고 결심하는 사람이 아주 많을 거야. 그렇기 때문에 너는 '과연 그들이 복음을 제대로 이해하긴 했을까?' 하며 의심하게 될지도 몰라." 그의 말이 맞았다. 난생처음 예수님을 믿겠다고 결신한 사람이 사백오십사 명이나 되었다. 그뿐만 아니라 천칠백오십 명의 기존 신자는 퇴보하는 신앙으로부터 벗어날 것을 결심하며 다시금 헌신했다. 거의 천이백 명에 달하는 사람이 치유를 받았다. 또 삼백오십 명 정도가 축사 사역을 받겠다고 신청했다. 열흘간 총 열여섯 차례의 집회가 진행되었는데 축사 사역은 단 두 차례의 집회를 통해서만 진행했다. 그처럼 많은 사람이 복음에 응답했기 때문에 실제로 나는, '그들이 복음을 제대로 이해하긴 했을까? 오해하지는 않았을까?' 하고 염려했다. 그러나 그들은 제대로 이해했다. 하나님을 향한 배고픔이 깊었던 까닭이었다.

1999년 1월, 우리 사역팀은 콜롬비아의 보고타에 소재한 International Charismatic Mission 교회의 담임목사인 세자르 카스텔라노스 (Cesar Castellanos)를 만났다. 그는 육성으로 하나님의 음성을 들은 후 그리스도인이 되었고, 그 후 자신의 방에 임한 하나님의 능력을 체험한 사람이었다. 그의 교회는 치유를 경험하고 있었다. 새신자들은 주말마다 열리는 '임재의 주말' 프로그램에서 교회의 비전을 배우는 것은 물론 내적 치유와 축사 사역, 그리고 성령 세례를 경험하고 있었다. 그 교회 안에는 총 이만 칠천여 개의 셀 그룹이 형성되어있다. 그리고 지금은 출석 교인의 숫자를 일일이 세는 대신 셀 그룹의 숫자를 세기 때문에 총 몇 명의 성도가 이 교회에 소속되어있는지를 정확하게 알지 못한다고 한다. 하지만 한 그룹 당 평균 열 명의 성도가 소속되어있음을 감안하면 교인의 수를 어느 정도 추산해낼 수 있다. 최근에 카스텔라노스 목사와 그의 아내는 암살자들에게 총격을 당했다. 그들이 건강을 회복하느라 십일 개월의 휴식 기간을 보내는 동안, 그 교회는 한 젊은 목사의 사역을 통해 약 십만 명의 새신자를 얻게 되었다. 이 교회는 서반구에서 가장 빠르게 성장하는 교회다. 성도들은 기도, 춤, 찬양, 금식, 중보 기도를 통한 영적 전쟁을 믿고 시행하며 보고타의 대형 경기장에서 매주일 세 차례의 집회로 모임을 한다.

오래전부터 서유럽과 북미 지역은 '기독교의 나사렛'으로 통했다. 이곳은 회의론자들의 나라다. 게다가 이 사실을 자랑하기까지 하는 지역이다. 이 지역에서 집회를 열었던 전도자들로부터(그가 누구든 상관없이) 동일한 이야기를 듣게 되었는데 그것은 "이곳에서는 비서구 국가에서 목격되는 치유와 기적이 일어나지 않는다"라는 것이다. 이 보고가 더 이상 사실이 아닐 날이 도래하기를 바랄 뿐이다.

1965년부터 1989년 사이 미국과 캐나다의 주류 기독교 교단에서 연구한 결과, 다음과 같은 감소 성장률이 보고되었다. Disciples of Christ(그리스도의 제자) 교단 45% 감소, 장로교 32% 감소, Episcopal(감독제) 29% 감소, 연합교회 21% 감소, 연합 감리교 19% 감소, 복음주의 루터교 8% 감소했다. 반면 로마 가톨릭교회 23% 증가, 남침례교 38% 증가, 나사렛 교회 63% 증가, 제7일안식일예수재림교회 92% 증가, 하나님의 성회(오순절 계열) 121% 증가, 하나님의 교회(Church of God: 오순절 계열) 183% 증가했다.[41]

북미 교회 중 가장 빠른 속도의 성장을 보이는 것은 신(新) 은사주의를 따르는 수천 개의 교회였다. 사도적인 네트워킹 안에 소속된 이들 교회는 지난 이십 년간 큰 발전을 이루었다. 네트워크 안에 있는 교회들은 주로 치유와 축사 사역에 중점을 둔 능력 전도의 역동성을 붙들었다.[42]

수많은 연구 결과에 의하면, 열린 마음으로 능력 전도를 수용하고 이를 시행하는 대부분의 지역에서 교회 성장이 가장 빠르다는 사실을 알 수 있다. 세상이 점점 더 포스트모던의 양상을 띠게 될수록, 열린 마음으로 성령의 역사를 수용하는 교회들이 이 사회에 큰 영향력을 미치기에 적합하다고 생각한다. 발표식 복음 전도에 전적으로 의존했던 옛 시대의 변증 방법에, 복음의 내용을 설명해주는 성령의 능력 발현이 함께해야 할 것이다. 비록 현장 전도가 불신자들의 마음을 누그러뜨리는 역할을 하여 그들이 복음을 향해 쉽게 마음을 여는 것은 사실이지만, 더욱 효과적인 전도 방법이 되려면-특히나 10/40창(10/40 Window는 선교 단체들이 규정하는, 유럽, 아시아, 아프리카 지역의 북위 10도-40도 사이에 있는 지역을 의미한다-역자 주)에 거주하는 사람들에게-축사 사역과 치유 사역과 같은 사역이 병행되어야 할 것이다. 이를 위해 하나님의 강력한 임재를 초청하는 분위기, 성령의 능력이 발현되는 현상들을 두려워해서는 안 된다.

지금 이 마지막 때에 하나님께서는 인류 역사상 가장 강력한 부흥을 주시기 위해 성령을 통해 교회를 준비시키고 계신다. 나는 그렇게 믿는다. 어쩌면 이 부흥이 이미 지구촌 곳곳에서 일어나고 있을지도 모른다. 아직 복음을 들어보지 못한 사람들의 수가 과거 이 세상을 살다 떠나간 사람들의 숫자보다 훨씬 더 많다.

위대한 오순절파 복음 전도자였던 스미스 위글스워스(Smith Wigglesworth)는 임종 직전, 레스터 섬럴(Lester Sumrall)에게 다가올 부흥에 대해 말했다. 섬럴은 그때의 경험을 다음과 같이 기술했다.

"저는 지금 보고 있습니다!"
"위글스워스 선생님, 무엇이 보이신다는 말씀입니까?"
"부흥…전에 볼 수 없었던 부흥이 이 땅을 향해 다가오고 있습니다. 우리가 알지 못하는 수많은 무리가 구원받게 될 것입니다. 심지어 '정말 많은, 정말 많은 사람'이라는 말로도 표현하지 못할 만큼일 것입니다. 왜냐하면 예수 그리스도께로 나아가는 사람들의 수를 그 누구도 감히 셀 엄두를 내지 못할 것이니까요. 그래요. 보입니다! 죽은 사람들이 일어납니다. 관절염이 치유됩니다. 암 환자들이 고침을 받습니다. 하나님의 백성 앞에 어떠한 질병도 다가오지 못합니다. 이러한 일들이 이 세상 곳곳으로 퍼져 나갑니다. 하나님의 능력이 전 세계에 임합니다. 하나님의 기름 부음이 온 세상에 내립니다… 물론 지금의 나는 그것을 볼 수 없습니다. 그러나 당신은 보게 될 것입니다."[43]

만일 위글스워스의 말이 옳다면? 나는 그가 옳기를 기도한다. 나도 그것을 보게 되기를 소망한다.

주 석

1. Daniel Mark Epstein, *Sister Aimee: The Life of Aimee Semple McPherson* (New York: Harcourt Brace & Company, 1993), 212-214.

2. R. Edward Miller, *Cry for Me Argentina: Revival Begins in City Bell* (Essex, England: Sharon Publication Ltd., 1988), 42, 43, 45.

3. 이 치유 사역 집회는 아르헨티나의 분위기를 바꾸어놓았고 오마르 카브레라 1세나 카를로스 아나콘디아와 같은 치유 사역자들의 등단의 길을 열어주었다. 이것은 남미 신학과 아르헨티나 개신교 역사학의 저명한 학자, 파블로 데이로스 박사의 의견이다(개인적 인터뷰에서 발췌, 1998).

4. 아르헨티나에 체류하는 동안 나는 이런 말을 들었다. "사람들 앞에서 간증하려면 적어도 네 개의 치아에 변화(금으로 변하든가 치유되든가)가 있어야 한다. 한두 개 정도가 변화되는 역사는 너무나 많기 때문이다."

5. 아나콘디아의 사역에 대해 더 많은 것을 알기 원한다면 그의 저서 *Listen to Me, Satan: Exercising Authority Over the Devil in Jesus' Name* (Orlando FL: Creation House, 1998)을 읽으라.

6. David Harrell, Jr., *All Things Are Possible: The Healing and Charismatic Revivals in Modern America* (Bloomington, IN: Indiana University Press, 1975), 94.

7. 에드 실보소(Ed Silvoso)에 의해 유명해진 기도 전도(prayer evangelism)는 눅 10:3-9에 근간하고 있다. 이 구절에서 예수님은 네 가지 일을 하라고 명령하신다. 잃어버린 영혼에게 축복을 전하라(5절), 그들과 친교를 가지라(7절), 그들의 필요를 채워

주라(9절), 그들에게 복음을 전하라(9절). 실보소의 말에 따르면 기도 전도는 "이웃에게 하나님을 이야기하기 전, 하나님께 이웃을 이야기하는 전도 방법"이다. 기도 전도의 효과에 대하여 더 많은 것을 알기 원한다면 실보소의 책 *That None Should Perish: How to Reach Entire Cities for Christ Through Prayer Evangelism* (Ventura, CA: Regal, 1994)을 참고하기 바란다.

8. 섬김 전도(Servant Evangelism)는 친절한 행위로 사람들을 섬기는 것에서 출발하여 복음을 전할 환경을 조성하는 방법이다—이를테면 대가를 바라지 않고 자동차 세차를 해주거나 더운 날 시원한 음료를 대접하는 것이다. 섬김 전도에 대해 더 많은 것을 알기 원한다면 스티브 쇼그렌(Steve Sjogren)의 책 *A Refreshing New Approach to Sharing the Love of Jesus with Others* (Ann Arbor, MI: Vine Books, 1993)를 참고하라.

9. 런던의 Holy Trinity Brompton 성공회 교회의 교구 목사인 니키 검블(Nicky Gumbel)이 시작한 알파 코스(Alpha)는 비공식적인 모임 가운데 비신자들에게 기독 신앙을 전달하는 실질적인 방법이다. 모든 참가자는 어떤 질문이든 던질 수 있다 (또 그렇게 하도록 권유받는다). 알파 코스에서 다루는 실질적인 주제로는 "예수님은 누구이신가?", "그는 왜 죽어야 했는가?", "나는 어떻게 혹은 왜 기도해야 하는가?", "하나님은 우리를 어떻게 인도하시는가?", "하나님은 어떻게 치유하시는가?" 등이다. 참가자들은 주말 수양회 기간 동안 성령님에 대해 배운다. 북미에서 시행되는 알파 코스에 대해 더 많은 정보를 얻고자 한다면 New York, NY 10022, 109 East 50th Street으로 편지하거나 (212) 378-0292로 전화하기를 바란다.

10. 존 윔버와 케빈 스프링어(Kevin N. Springer)가 공동 집필한 책 *Power*

Evangelism (San Francisco: Harper, 1992). 이 주제를 심도 있게 다룬 여러 가지 문서 가운데 개리 S. 그리그(Gary S. Greig)와 스프링어가 편집한 *The Kingdom and the Power: Are Healing and Spiritual Gifts Used by Jesus and the Early Church Meant for the Church Today?* (Ventura, CA: Regal, 1993)와 제인 럼프(Jane Rumph)가 집필한 *Stories from the Front Lines: Power Evangelism in Today's World* (Grand Rapids: Chosen, 1996).

11. 더 많은 정보는, 「*Christianity Today*」(1998.1.12) 중 아트 무어(Art Moore)가 기고한 글 "Spiritual Mapping Gains Credibility Among Leaders"를 참고하기 바란다. 또한 피터 와그너 박사의 책 *Breaking Strongholds in Your City, Confronting the Powers, Engaging the Enemy*를 참고하기 바란다. 조지 오티스 2세(George Otis Jr.)의 *The Twilight Labyrinth: Why Does the Spiritual Darkness Linger Where It Does?* (Grand Rapids: Chosen, 1997)도 참고하기 바란다. 또한 그레고리 보이드(Gregory Boyd)가 집필한 *God at War: The Bible and Spiritual Conflict* (Downers Grove, IL: InterVarsity, 1997)는 영적 대적들과의 싸움에 대한 성경적 근거를 제시해준다. 이 주제에 대한 반대 입장을 확인하고자 한다면 클린튼 E. 아놀드(Clinton E. Arnold) 박사의 저서 *Three Crucial Questions about Spiritual Warfare* (Grand Rapids: Baker, 1997)를 참고하라.

12. Ramsay McMullen, *Christianizing the Roman Empire*(A.D. 100-400) (New Haven, CT: Yale University Press, 1984), 62.

13. 예를 들면, Jonathan Edwards, *Jonathan Edwards on Revival* (Carlisle, PA: Banner of Truth, 1965).

14. Paul K. Conkin, *Cane Ridge: America's Pentecost* (Madison, WI: University

of Wisconsin Press, 1989).

15. 예를 들면, John H. Wigger, *Taking Heaven by Storm: Methodism and the Rise of Popular Christianity in America* (New York: Oxford University Press, 1998)을 참고하라.

16. 1994년 내가 시무하는 교회에서 주최한 컨퍼런스 기간 동안 빈슨 사이넌(Vinson Synan)이 내게 이 이야기를 들려주었다.

17. Mark Hutchinson, 「*Christianity Today*」, "It's a Small Church After All" (1998.11.16), 47.

18. Mark Hutchinson, "It's a Small Church After All", 47.

19. David Barrett, 「*Christianity Today*」, "Pentecostals: World Growth at 19 Million a Year"(1998.11.16), 28.

20. Ralph Martin, *The Catholic Church at the End of an Age: What Is the Spirit Saying?* (San Francisco: Ignatius Press, 1994), 30.

21. Martin, *The Catholic Church*, 86.

22. Martin, *The Catholic Church*, 87.

23. Martin, *The Catholic Church*, 118.

24. Martin, *The Catholic Church*, 164.

25. Martin, *The Catholic Church*, 198-199.

26. Harvey Cox, *Fire From Heaven: The Rise of Pentecostal Spirituality and the Reshaping of Religion in the Twenty-First Century* (New York: Addison-Wesley Publishing Co., 1994), 99-100.

27. Cox, *Fire From Heaven*, 246.

28. Cox, *Fire From Heaven*, 247.
29. William f. Kumuyi, "Deeper Christian Life Ministry", *The New Apostolic Churches*, edited by C. Peter Wagner (Ventura, CA: Regal, 1998), 248.
30. Kumuyi, "Deeper Christian Life Ministry", *The New Apostolic Churches*, 253-254.
31. C. Peter Wagner, *Blazing the Way, Book 3, Acts 15-28* (Ventura, CA: Regal, 1995), 166.
32. 하비 콕스는 1985년부터 1990년까지 영국의 교회들을 조사한 결과, 침례교, 감리교, 장로교, 성공회, 로마 가톨릭에서는 교인수의 감소가 나타났다고 밝혔다. 오 년간 가톨릭과 성공회는 약 10%의 감소를 보였다. 그러나 동일한 기간 동안 독립교단(대부분 오순절파와 은사주의 교회로 구성)은 30% 증가했다(*Fire from Heaven*, 187).

    랄프 마틴은 1976년부터 1981년까지 호주 교회의 성장률 통계 자료를 첨부했는데 연합 교회 10% 감소, 성공회 5% 증가, 그리스도의 교회 8% 증가, 루터교 10% 증가, 로마 가톨릭 24% 증가, 침례교 24% 증가, 오순절 계열 385% 증가했다. 동일 기간 뉴질랜드의 통계 결과는 훨씬 더 심각했다. 감리교 19% 감소, 장로교 11% 감소, 성공회 9% 감소, 로마 가톨릭 2% 증가, 침례교 6% 증가, 연합 오순절 150% 증가했다(*The Catholic Church at the End of an Age*, 88-89).
33. 「*London Times*」(1998.8)에는 Kingsway International Christian Center와 매튜 애쉬몰로(Matthew Ashimolowo, 전에는 무슬림이었다가 기독교로 개종) 목사에 대한 기사가 실렸다. 오천오백 명 성도를 자랑하는 이 오순절주의 교회는 "지난 백 년간 영국이 보아왔던 중 가장 큰 독립 교회"라고 보도되었다(Clive Price,

「*Charisma*」, "London's Fastest Growing Church Has International Flavor"(1999.3) 기사에서 발췌).

34. 1994년에 Holy Trinity Brompton 성공회 교회에 들어가기 위해서 수많은 사람이 길가에 긴 대기 행렬을 만들었던 시기가 있었다. 당시 "토론토 축복"(Toronto Blessing)과 같은 부흥의 체험을 하고자 참으로 많은 인파가 몰려왔기 때문에 이 교회에서는 입장권을 배부할 수밖에 없었다.

35. 1995년 8월, C.C.C.에서 제작한 영화 "예수" 프로젝트에 관하여 빌 브라이트(Bill Bright) 박사가 보낸 편지글에서 확인한 사실이다. 중동 지역의 C.C.C. 사무실에는 무슬림들이 보낸 수천 통의 편지가 도착하는데 그들 중 대다수는 꿈에서 예수님을 만났다고 이야기했다. "예수님을 봤어요. 그분은 '내가 곧 길이요'라고 제게 말씀하셨어요."

    빌 브라이트 박사의 편지에는 "알제리에서 있었던 일입니다. 수많은 사람이 동일한 꿈을 꾸었는데, 그들은 서로 꿈 이야기를 나누다가 자신들이 동일한 꿈을 꾸었다는 사실을 알게 되었습니다. 꿈의 세부 내용도 똑같았습니다. 꿈속에서 예수님이 전하신 말씀도 동일했습니다. 결국 그들은 스스로 성경 공부 모임을 시작했고 예수님을 따르는 제자가 되었습니다!"라는 내용이 담겨있었다. 그는 한 무슬림 여성의 사례도 소개했는데, 그녀는 정치 활동 때문에 사 년간 복역한 것으로 알려졌다. "감옥에 있는 동안, 예수님이 그녀에게 나타나셨습니다. 주님은 그녀에게 구원과 복음에 대해 직접 가르쳐주셨습니다." 그녀는 현재 C.C.C의 간사로 활동하고 있다.

36. "AD 2000 & Beyond Movement"의 소식지인 「*Prayer Track News*」 (1995.10, p.3)에서, 풀러 신학대학원의 피터 와그너 박사는 무슬림 국가의 어떤

부유한 남자의 놀라운 이야기를 전하고 있다. 그는 자신의 병약한 딸을 한 기독 병원에 입원시켰다. "그 여자 아이는 사 년간 전신이 마비된 상태였습니다. 병원에서는 그 아이를 개인 병실로 이동시켰는데 그곳에는 십자가가 걸려있었습니다. 매우 신실한 이슬람교도인 아이의 아버지는 즉시 십자가를 떼어달라고 병원에 요청했습니다. 병원에서 일하는 기독교인 관계자들은 그 지역에서의 선교 사역 때문에 이미 무슬림들로부터 협박을 당하는 상태였기 때문에 그 남자의 요구를 존중하여 벽에서 십자가를 떼어냈습니다. 그날 저녁 기독교인 간호사가 자신만의 방법으로 조용히 그 여자 아이에게 예수님을 전했습니다. 그리스도께서 우리의 죄를 대신하여 십자가에 달려 돌아가셨기에 하나님께서는 우리의 죄를 용서하실 수 있고 또 우리의 질병도 치유하실 수 있다는 내용이었습니다.

여자 아이는 도저히 잠을 이룰 수가 없었습니다. 너무나 많은 의문점이 생겼기 때문입니다. '그가 나를 고쳐줄 수 있다고? 그분이 누구시기에? 그분은 어디에 계시지? 또 아빠는 왜 십자가에 대해 그렇게 화를 낸 것일까? 십자가의 신비가 무엇이기에… 또 왜 그 십자가를 그렇게도 두려워한 걸까?' 여자 아이의 두 뺨에 눈물이 흘러내렸습니다. 그렇게 그녀는 '이사'(예수의 발음)에 대해 더 많은 것을 알기 원했습니다. 그런데 그날 밤 고요한 적막 가운데 하얀 옷을 입은 한 남자의 형상이 그녀 앞에 나타났습니다. 그의 머리에는 빛나는 광채가 있었고, 그 빛이 방 전체를 환하게 비추었습니다. 그 남자가 말했습니다. '일어나라. 얘야, 십자가를 다시 벽에 걸어두어라.' 두려움과 떨리는 목소리로 아이는 대답했습니다. '전 걷지를 못해요.' 그러자 그 남자는 자신이 예수임을 밝히고 아이를 향해 다시 이야기했습니다. '나는 십자가에서 죽었고, 다시 살아난 예수란다. 얘야, 일어나 걸어라.' 아이는 자리에서 일어났습니다. 그리고 침대 밑을 더듬어 십자가를 꺼냈습니다. 벽을 향해 몇 걸음 나아가 십자가를 걸었습니다. 그리고는 예수님을 보려고 뒤를 돌아보았습니다. 예수님은 사라지고 없었습니다. 순간 아이는 자신에게 어떤 일이 일어났는지를 깨닫게 되었습니다. 아이는 소리치기 시작했습니다. '이사를 봤어! 이사가 나를 고쳐줬어! 걸을 수 있어. 난 이제 걸을 수 있어!' 그녀는 곧 아버지에게 연락했고, 급하게 병원으로 달려온 그녀의 아버지는 자신의 눈앞에 펼쳐진 광경을 보고 하염없이 눈물을 흘렸습니다. 그리고 이렇게 말했습니다. '나도 이사에 대해 더 많은 것을 알고 싶구나!'"

37. 「Christianity Today」(1998.11.16), 76.
38. 나는 피터 와그너와 파블로 데이로스가 공동 편집한 책, *The Rising Revival: Firsthand Accounts of the Incredible Argentine Revival-And How It Can Spread throughout the World* (Ventura, CA: Regal, 1998)를 강력하게 추천한다. 이 책에는 카를로스 아나콘디아, 파블로 보타리, 오마르 카브레라, 클라우디오 프라이존, 카를로스 음래이다, 에두아르도 로렌조 외 다른 많은 기고가의 글이 실려 있다.
39. Claudio Freidzon, *Holy Spirit, I Hunger For You* (Orlando, FA: Creation House, 1997)를 참조하라.
40. Cox, *Fire From Heaven*, 168.
41. Martin, *The Catholic Church*, 90. 어떤 (성령) 운동이 일어났을 때 사람들을 그곳으로 이끌어내는 능력의 지표로 나는 그 운동의 성장세를 주목해왔다. 그러나 이것은 정통 기독교 교단과 같은 그룹에는 적용되지 않는다는 것을 깨달았다. 이단 종파 역시 빠르게 성장할 수 있기 때문이다. 이 점을 확실히 하기 위해 상기 조사 결과에는 두 번째로 가장 빠른 성장을 보인 그룹이 총 133% 증가세를 나타

낸 '몰몬교'임이 명시되어있다.

42. 이 네트워크에 대해 더 많은 정보를 얻기 원한다면 C. Peter Wagner ed., *The New Apostolic Churches* (Ventura, CA: Regal, 1998)를 보라.

43. Ron McIntosh, *The Quest For Revival: Experiencing Great Revivals of the Past, Empowering You for God's Move Today!* (Tulsa, OK: Harrison House, 1994), 13-14.

"하나님을 찾는 가난한 사람들의 울부짖음에 응답하는 것, 가난한 사람을 찾으시는 하나님의 외침에 응답하는 것: 이것이 내 마음의 갈망이다." **크리스 휴어츠**(Chris Heuertz)의 말이다. 그는 극빈자들을 돕고 섬기는 일을 통해 예수님을 예배하는 단체, Word Made Flesh(그대로 번역하면 '말씀의 성육')의 디렉터로 사역하고 있다. Word Made Flesh는 개도국에 구호물품 조달, 각종 봉사 및 여성과 유아 보호 등의 사역을 감당하고 있다. 또한 육 개월 단위로 봉사자들을 모집하여 조직을 만드는 일도 하고 있다. 크리스 휴어츠는 가난한 사람들을 돌보는 일만 하는 것이 아니다. 가난한 사람들을 잊고 살아가는 교회를 일깨우는 일에도 헌신하고 있다. 그는 지금이야말로 교회가 잠에서 깨어 도움을 요청하는 사람들의 호소에 귀를 기울여야 할 때라고 생각한다.

1997년에 크리스 휴어츠는 Association of Evangelical Churches and Ministries(복음주의 교회와 사역 연합)에서 목사로 임명받았다. 그와 아내 필리나(Phileena)는 세계 곳곳을 돌아다니며 하나님께서 이 땅의 가난한 사람들을 통해 행하시는 일, 또 그들에게 행하시는 놀라운 일들에 대해 간증한다.

6

가난한 자를 위한 사역 속에서 거룩함을 발견하다
Discovering Holiness in Ministry Among the Poor

크리스 휴어츠
by Chris Heuertz

　인도에 있는 내 아파트는 '위대한 식민지'(Majestic Colony)로 알려진 마을, 먼지 나는 도로의 끝자락에 위치해있다. 어딘가로 가거나 무언가를 사려면, 나는 이 길을 백사십 미터 정도 걸어 내려가야 했다. 그 후에야 왼쪽으로 방향을 틀어 시장이나 상점으로 갈 수 있다.

　그 길었던 사역의 여정 중, 먼지가 흩날렸던 도로는 어느새 포장이 되었다. 하지만 여전히 그 지역은 극빈자들의 마을이었다. 도로의 양옆에는 허름한 집들, 판자촌, 슬럼가, 생존하기 위해 안간힘을 다하는 사람들의 거처들이 즐비했다. 쓰레기 더미와 비바람에 쓸려나간 오물들이 길 옆으로 한가득 쌓여있다. 그 지역은 황폐해 보인다. 더도 말고 전쟁 후의 길거리를 상상해보면 될 것이다.

　거리의 분위기는 상당히 어둡다. 기쁨의 기색이라곤 조금도 찾아볼 수 없다. 인도의 도심, 전형적 빈곤의 극한이 이곳에 자리하고 있다. 아무엇도 모른 채 즐겁게 노는 아이들마저 없다면, 그곳은 그저 우울한 마을일 뿐이다.

나에게 특별한 친구가 되어준, 어린 여자 아이가 그곳에 있었다. 그 아이가 먼저 나를 찾지 않았더라도 어쩌면 내가 먼저 그 아이를 찾았을지도 모른다. 아이의 이름은 프라바(Prabah)였다. 여덟 살배기였고 조그마한 단추처럼 아주 귀엽게 생겼다—크고 예쁜 갈색 눈, 긴 속눈썹, 곧고 긴 검은 머리칼, 볼록 튀어나온 광대뼈, 그리고 빠져버린 왼쪽 앞니…

프라바의 가족은 아름다웠다. 그녀는 다섯 자매 중 막내였다. 큰언니 수자타(Sujata)는 스무 살, 둘째 인두 마디(Indu Madi)는 열여덟, 라디카(Radicah)는 열여섯, 넷째 람야(Ramya)는 열한 살, 그리고 막내 프라바가 여덟 살이었다. 그들의 부모는 아주 열심히 일했다. 아버지는 공사 현장 인부였고 어머니는 작은 재스민 꽃들을 긴 실에 꿰어 팔았는데 그것은 인도 여성들이 머리를 장식할 때 사용하는 장신구였다.

그들의 집은 건초를 엮어 지붕을 얹은 오두막으로, 길이는 대략 이 미터 정도였다. 양옆으로는 황폐되어 못쓰는, 낡은 벽돌집 두 채가 서있다. 이곳이 바로 그들이 먹고, 자고, 요리하고, 숙제하고, 게임을 하며 그들의 신, 가네쉬(코끼리 머리를 하고 있는 '번영'의 신)에게 기도하는 곳이었다.

그들은 내게 일종의 가족이었다. 가끔씩 나는 그 집에 들러 아버지와 함께 차를 마시며 그의 부족한 영어 실력과 나의 처참한 타밀어 실력으로 의사소통하기 위해 애쓰곤 했다. 나는 그 집의 딸들과 jacks 게임을 하거나 그들이 가장 소중하게 여기는 열다섯 장의 가족사진을 보며 시간을 보냈다. 슬럼가 속 그들의 작은 집은 좌절감이 찾아올 때마다 피신할 수 있는 나의 은신처가 되어주었다.

내가 결코 잊지 못할 날이 있다. 그때는 매우 어두운 밤이었다. 그들의 집에는 전기가 들어오지 않았다. 전기가 들어온다 하더라도 조명 기기가 없었기 때문에 가로등 빛을 일종의 조명으로 삼아야 했다. 다만 두 개의 작은 양초가 더러운 벽과 진흙투성이의 바닥을 희미하게 비추고 있을 뿐이었다. 그들은 집 안에 있는 유일한 의자를 내게 권했다. 우리는 대화를 나누기 시작했다. 중간 중간 약간의 타밀어와 약간의 영어가 섞인 대화였지만 의사소통에는 아무런 문제가 없었다. 그 집의 딸들은 내게 저녁을 먹고 갈 것을 권했다.

내가 얼마나 많이 그 집 곁을 오갔고, 또 그들은 얼마나 많이 "사압팅 라?"(식사하셨어요?)라고 물었던가. 점심이든 저녁이든 식사 여부를 물을 때마다 그들은 실제로 내게 함께 식사할 것을 권했다. 하지만 나는 매번 사양했다. 그들과 함께 먹는 것이 싫어서가 아니다. 그들에겐 간신히 모든 식구가 겨우 먹을 만큼만의 음식이 있었기 때문이었다. 그러므로 나에게 음식을 나눠준다는 것은 누군가가 굶어야 한다는 것을 의미했다. 그러나 이번만큼은 사양할 수 없음을 느꼈다.

인두 마디와 라디카가 요리하기 시작했다. 내가 도울 수 있는 일은 거의 없었다. 그들은 한쪽 구석에 지핀 모닥불 위에 닳고 닳은 금속 조리기구를 얹어놓고 요리했다. 제일 먼저 큰 솥을 걸고 밥을 지었다. 그리고 카레를 만들기 시작했다. 내가 그곳에 있어서였는지 그들은 최상의 요리를 대접하고자 했다. 그래서 람야는 계란 몇 알을 사려고 가게로 뛰어갔다.

음식은 많지 않았지만 요리하는 데는 한 시간이나 걸렸다. 음식이 다 준비가 되었을 때 우리는 진흙투성이 바닥에 양반다리를 하고 앉았다. 음식은 인두 마디가 날라주었다. 각 사람은 몇 스푼 정도 되는 밥과 거기에 비벼먹을 수 있는 극소량의 계란 카레를 받았다. 그녀가 음식을 퍼주었을 때 내 가슴은 찢어지는 것만 같았다. 아이들에게 돌아가는 밥과 카레는 거의 없었다. 그런데도 그들은 나와 함께 음식을 나누며 행복해하는 것이었다. 우리는 함께 앉아 식사했다. 모두 발가벗은 발이었고, 수저도 없이 맨손으로 먹어야 했지만 행복했다. 만족스러웠다. 밥은 아무런 맛도 나지 않았다. 다만 카레가 묻어있기에 삼키기가 쉬웠다. 하지만 이것은 내 영혼에 만족을 가져다준, 돈으로는 환산할 수 없는 만찬이었다.

식사를 마친 뒤 우리 모두는 동그랗게 둘러앉았다. 낡고 닳은 트랜지스터라디오에서 감미로운 타밀 음악이 흘러나왔다. 모든 것이 완벽했다. 조금 더 시간이 흐르자 아이들의 눈에 졸음이 내려앉았다. 이제 이 어린 소녀들이 잠들 시간이 된 것이다. 나는 그들에게 작별을 고하고 '위대한 식민지'를 걸어 나와 집으로 발걸음을 옮겼다.

나는 작은 양초를 켜둔 채 침대에 누워 내 어린 친구들을 위해 조용히 기도했다—내가 아는 그 누구보다 더 열심히 일하지만, 훨씬 더 적게 먹는 친구들, 받은 것은 너무도 적지만 매우 많은 것을 베풀 줄 아는 친구들, 극심한 가난 속에서도 큰 기쁨을 누리는 친구들, 땅에 머리를 두고 잠들었을, 여전히 배고픔을 느낄 그 친구들을 위해서…

나는 이 이야기로 서두를 열었다. 내가 하고 싶은 이야기기 있기 때문이다. 하나님의 '위대한 식민지'에서 살고 있는 이 땅의 교회는, 하나님이 주시는 재정적 축복을 개인의 치부(致富) 방책으로 착각해왔다. 하나님이 주신 복은 천국 확장의 잠재력을 위해 우리에게 맡기신 자원인데도 말이다. 이러한 착각과 함께 사람들은 예수님의 사역 모범을 확인하지도 않고 따라 하지도 않는다. 아니 그러한 사역을 원하지 않게 되었다. 물론 삶에서 예수님의 거룩함을 적용하려는 노력도 없다.

거룩함의 본질을 올바르게 이해할 때 교회가 긍휼의 마음을 갖게 되는 것은 당연한 결과다. 천국의 공의를 베풀라는 주님의 부르심에 응답하는 것은 당연한 결과다.

거룩함이 우리의 삶에 배어날 때, 우리는 가난한 사람들과 유대를 갖게 될 것이다. 그들과 맺는 관계, 그들을 향한 우리의 올바른 인식이야말로 우리가 받은 구원과 성화의 역사가 참된 것인지를 검증해주는 시험대가 될 것이다.

테레사 수녀(Mother Teresa)와 나눴던 수많은 대화 중 그녀가 반복해서 언급했던 말이 생각난다. "가난한 사람들이 우리를 필요로 하는 것보다 우리가 그들을 훨씬 더 필요로 합니다." 그녀가 옳다. 하나님께서는 이 사회에 거룩함을 나타내시기 위해 때때로 가난한 사람들을 사용하신다. 가난한 사람들의 이야기를 통해 하나님께서는 우리를 겸손케 하신다. 연약한 사람들의 이야기를 통해 그리고 무식한 사람들, 천한 사람들, 모욕당하는 사람들을 통해 하나님께서는 우리를 가르치신다. 우리는 가난한 사람들로부터 배울 것이 많지만 우리의 교만이 그들로부터 배우는 것을 거부한다.

북미 교회의 믿음은 매우 독단적이다. 만일 교회가 만들어놓은 사회적 혹은 경제적 틀에 적합하지 않은 사람이 교회에 출석하고자 한다면, 그가 공동체로부터 크리스천으로 인정받고 용납받기까지는 참으로 힘든 시간을 겪어야만 할 것이다. 그리스도의 몸 된 지체로서 우리는 모두 새로운 방법으로 우리의 믿음을 펼쳐야 한다. 우리의 믿음은 이웃을 포용할 줄 아는 믿음이어야 한다. 그래서 이 사회의 가장자리에 있는 소외 계층이 교회와 사회 공동체로부터 환영을 받아야 한다. 그렇게 할 때 이웃을 향한 우리의 사랑과 포용 가운데 거룩함의 열매가 나타난다.

우리가 속해있는 교회의 성도 중 주일 아침 예배당 안으로 걸어 들어오는 창녀를 보고 눈을 흘기지 않을 사람이 몇이나 되겠는가? "왜 여기에 왔지?" 하며 의아해하지 않을 사람이 있겠는가? 마음으로 또는 생각으로 판단이나 비난을 퍼붓지 않을 교회가 있겠는가? 1세기 팔레스타인 지역의 창기들은 예수님 곁으로 나아가 함께 머물기를 갈망했다—하지만 오늘날 교회 밖의 사람들은 어째서 예수님의 제자들 곁에 다가가는 것조차 힘들어하는 것인가?

성경이 말하는 것...The Biblical Witness

예수님의 사역은 상류층, 교양인, 지식인이나 사회적으로 영향력 있는 인사들을 대상으로 하지 않았다. 예수님은 가난한 사람들에게 다가가셨다. 그들에게 사역하셨다. 아니 그분 스스로가 가난한 사람이었기에 가난한 사람들과 함께 머무셨다. 그의 사역은 어린이, 거지, 문둥병자, 마을에서 경멸당하던 우물가의 여인, 간음한 현장에서 붙잡힌 여성, 세금 징수원, 어부들, 죄인들, 변두리 사람들을 대상으로 했다. 예수님은 평범한 사람들에게 다가가셨고 그들과 함께 거하셨다.

그의 사역은 가난한 사람들을 향한 특별한 긍휼로 특징지어진다. 예수님께서 공생애를 시작하실 때 선포했던 말씀들의 처음 기록이 누가복음 4장 18-19절에 나온다. 예수님은 회당으로 들어가셨다. 이사야의 글이 기록된 두루마리를 펼치셨다. 그리고 성취된 예언의 말씀을 낭독하셨다.

> 주의 성령이 내게 임하셨으니 이는 가난한 자에게 복음을 전하게 하시려고 내게 기름을 부으시고 나를 보내사 포로 된 자에게 자유를 눈먼 자에게 다시 보게 함을 전파하며 눌린 자를 자유케 하고 주의 은혜의 해를 전파하게 하려 하심이라

예수님이 가난한 자들의 고통을 자신의 고통과 동일시하는 장면을 마태복음에서 찾아볼 수 있다. 마태복음 25장 42-43절은 우리에게 친숙한 구절이다.

> 내가 주릴 때에 너희가 먹을 것을 주지 아니하였고 목마를 때에 마시게 하지 아니하였고 나그네 되었을 때에 영접하지 아니하였고 벗었을 때에 옷 입히지 아니하였고 병들었을 때와 옥에 갇혔을 때에 돌아보지 아니하였느니라

가난한 사람들의 얼굴을 바라볼 때, 어린이들의 모습을 볼 때, 거리에서 구걸하는 거지들의 모습을 볼 때, 필요를 호소하는 사람들을 바라볼 때, 우리는 그리스도와 만나게 된다. 이것은 주님께서 자신을 섬길 수 있는 기회, 사랑할 수 있는 기회를 우리에게 제공해주시는 것과 같다. 주님은 '가난한 사람들'이라는 도구를 사용하심으로 우리가 주님을 사랑할 수 있고 주님으로부터 받은 사랑을 돌려드릴 수 있도록 하셨다.

종교인, 지식인, 심지어 부자들도 주님 앞에 나아갔다. 주님을 만났던 부자 청년을 기억하지 못할 사람이 어디 있겠는가? "가서 네 소유를 전부 팔아 가난한 자들에게 나누어주라. 그리고 와서 나를 따르라"(마 19:21, 막 10:21 참조).[1] 세례 요한이 제자들을 예수님께 보내어 그가 그리스도인지 확인하라고 했을 때, 예수님의 대답은 "가난한 자들에게 복음이 전파된다"였다(마 11:5). 누가복음에서 예수님은 축복(beatitude)의 말씀을 전하셨다. "너희 가난한 자들은 복이 있나니 천국이 너희의 것임이요"(눅 6:20).

복음서는 하나님께서 가난한 사람들을 향해 베푸시는 사랑과 긍휼이 무엇인지 확실하게 보여준다. 또한 처음부터 마지막까지 성경은 가난한 사람들에 대한 언급으로 가득하다.

신명기에 기록된 율법은 가난한 사람들을 향한 특별한 관심을 호소한다.[2] 시편에 기록된 작품들은 하나님을 묘사할 때, 스스로 보호할 수 없는 사람들의 보호자, 혹은 아비 없는 고아들의 아버지로 묘사한다.[3] 잠언의 지혜문학들은 가난한 사람들과 함께 나누는 사람을 가리켜 인자한 사람이라고 정의한다. 잠언의 몇몇 구절에서 가난한 사람들을 향한 하나님의 사랑을 찾을 수 있다.[4] 선지서들은 하나님을 향해 등을 돌린 나라, 가난한 사람들의 울부짖음에 귀를 막은 나라들을 향해 강력한 심판의 메시지를 던짐으로써 구약을 마무리한다.[5]

신약을 펼쳐 읽어보면 여전히 곤경에 처한 형제와 자매들에 대한 언급이 나온다. 특히 야고보서는 가난한 사람들에 대한 지침으로 가득하다. 여기에는 그들을 위하여 우리가 어떻게 행동해야 하는지를 가르쳐주는 교훈도 담겨있다. 야고보 사도는 하나님이 원하시는 삶이 무엇인지, 우리가 어떠한 부르심을 받았는지 알려주고 있다.

> 하나님 아버지 앞에서 정결하고 더러움이 없는 경건은 곧 고아와 과부를 그 환난 중에 돌아보고 또 자기를 지켜 세속에 물들지 아니하는 이것이니라(약 1:27)

가난은 무엇인가?...What Is Poverty?

성경은 가난한 사람들에 대한 언급으로 가득하다. 그렇다면 가난은 무엇인가? 또한 가난이라는 문제에 어떠한 이슈(issue)들이 연관되어있는가? 가난을 정의할 때 다음과 같은 개념을 포함시켜야 할 것이다(물론 이러한 개념들로 가난을 국한해서는 안 된다): 소외, 기회의 부족, 생존을 위한 자원 획득이 용의치 않음, 환경을 변화시킬 능력의 부재… 이처럼 가난을 유발하는 다양한 변수들이 사회와 문화 가운데 아무렇지 않게 용인된다면 모든 사회와 모든 문화권 안에 가난한 사람들이 존재한다고 말할 수 있다. 그렇다면 교회는 너무나 자주, 이 '가난'이라는 재앙에 크게 이바지 해온 셈이다. 교회가 가난한 사람들을 위해서 그리고 그들과 함께 효과적으로 사역하지 못하는 여섯 가지 이유가 있다.

1. 고립 Isolation

첫째, 교회는 가난한 사람들로부터 스스로를 '고립'시켜버렸다. 그동안 교회는 마치 방음장치가 완벽하게 설치된 유리 성전 안에서 예배를 드려왔던 것과 같다. 가난한 사람들의 통계 수치가 높아져가지만 교회는 그들의 울부짖음을 듣지 않기 위해 유리병 안에서 더 큰 소리로 노래를 부를 뿐이었다.

오늘날 하나님께서 가난한 사람들의 울부짖음을 사용하시어 교회가 방음 유리병 밖으로 나올 수 있도록 인도하신다고 나는 믿는다. 세상이 도움을 요구하며 울부짖을 때 하나님께서는 교회가 그들의 요청에 응답할 것을 훈계하신다. 그러나 너무나 자주, 교회는 스스로를 고립시켰다. 그들의 목소리를 듣지 않음으로 인해 그들의 고통을 가중시켜온 것이다.

가난한 사람들을 외면하고 그들로부터 스스로를 고립시키는 가운데 교회의 성도들은 자기의 공동체 안에서도 외면과 고립의 악습을 고스란히 이어갔다. 이에 교회 공동체는 더욱 심각한 분열과 '나뉨'을 경험하게 되었다. 그런데 교회 공동체의 분열은 '가난의 해결'이라는 측면에서 볼 때 더 큰 문제다. 왜냐하면 공동체의 분열로 인해 가난한 사람들에게 도움의 손길을 펼칠 교회 공동체의 숫자가 감소할 것이기 때문이다. 결국 연쇄적으로 또 다른 '소외'(marginalization)를 낳고 만다. 소외라는 가난의 요소를 증폭시키는 결과다.

둘째, 교회는 가난한 사람으로부터 스스로를 고립시킨 것은 물론 가난한 사람들을 소외시키고 고립시켜왔다. 인도에서는 교회 문을 나설 때마다 거지들의 긴 행렬을 볼 수 있다. 그들은 '자신이 있어야 할 장소'가 어디인지를 안다-교회 '안'이 아니라 교회 '밖'이다. 북미의 수백만 달러짜리, 번쩍이는 교회 빌딩 역시 이와 동일한 메시지를 전달하고 있지 않은가? '거지들은 들어올 수 없다!'

재정의 축복을 '하나님과의 올바른 관계'의 증거로 여기는 인기 높은 오해 역시 이 문제에 한몫을 담당했다. 이러한 오산 때문에 수많은 성도는 "가난은 하나님 앞에 올바로 서지 못한 결과다"라고 말하며 가난한 사람들을 정죄하곤 한다. 이 논리에 입각하면 가난한 사람이 구원받을 때 그들의 재정적 문제 역시 해결된다는 가정도 성립해야 할 것이다. 그러나 그렇지 않다. 하지만 이러한 논리를 기정사실로 받아들이는 성도들은 '가난'이라는 상태를 보고 사람들의 영적 문제에 대해 근거 없는 판단을 가하며 그들을 고립시켜버린다. 하나님과의 관계가 어긋날 때 가난이라는 결과가 나타난다는 그릇된 신념 때문에, 성도들은 가난한 사람들을 향해 긍휼의 마음을 갖기조차 어려운 실정이다. 게다가 이러한 신념을 가진 성도들은 가난한 사람들에게 하나님의 사랑과 자비가 내린다는 사실마저 부인하기에 이른다.

2. 조각난 공동체 Fractured Community

인도 남부의 수많은 마을을 방문했을 때, 나는 그들이 겪고 있는 현실 문제의 고통이 무엇인지 깨닫게 되었다. 힌두교도들이 인구의 대다수를 차지하는 마을에는 대략 백 명의 이슬람교도와 한 채의 이슬람 사원, 사십 명 정도의 크리스천과 다섯 개의 교회가 있다. 일반적으로 이러한 교회의 회중은 해당 지역 내 다양한 교단 출신의 성도들로 구성되는데, 문제는 그들 서로가 상대 교단 출신의 성도들을 관용하지 못한다는 것이다.

이렇게 기독교는 조각난 데 반해, 끈끈한 '형제애'로 이름난 이슬람 신도들은 그 지역에서 큰 영향력을 발휘하는 위치에 서있다. 가난한 사람들은 어떤 공동체라도 소속되기를 원한다. 왜냐하면 '서로 서로' 즉, 형제 자매 외에는 그들이 소유할 것이 아무것도 없기 때문이다. 그러므로 가난한 사람들은 수많은 형제 자매가 하나로 연합된 공동체를 원한다. 하지만 조각난 교회는 가난한 사람들의 필요를 채워주지 못한다. 실정이 이러한데, 어떻게 가난한 사람들이 교회 공동체 안으로 들어올 것을 기대할 수 있겠는가?

'고립'과 '조각난 공동체'라는 가난의 두 요소는 교회와 가난한 사람들 사이의 깨어진 관계를 설명해준다. 관계가 회복될 때까지—우리가 하나님과의 관계, 이웃과의 관계를 회복할 때까지—이 문제의 진전은 기대할 수 없다.

3. 이기심 Selfishness

너무도 많은 경우 교회는 참으로 인색한 모습을 보였다. 많이 만들고 적게 나누는 행동은 참으로 매혹적이다. 하지만 테레사 수녀는 이렇게 말했다. "만일 가난한 사람들이 굶어죽는다면 하나님께서 그들을 돌보시지 않아서가 아니라 당신과 내가 인색하게 굴었기 때문입니다."[6]

부자와 가난한 사람 사이의 간격이 점점 더 커진다. 이러한 세상에서 하나님께서 교회 위에 은혜로 부어주신 재정적 축복을 가난한 사람들과 '자원하는 심령으로' 나누는 것은 하나님의 뜻이다. 최근 U.N. 개발 프로그램(United Nations Development Program)의 보고에 의하면 전 세계 인구 중 가장 부유한 20%가 세계 전체 수익의 82.7%를 거둬간다고 한다. 반면 가장 가난한 20%는 오직 1.4%의 수익만을 소유할 뿐이다. 전 세계적으로 경제적인 부(富)가 증가하고는 있지만 분배라는 장치를 통해 제대로 여과되지 못하는 실정이다.[7]

점점 죽음으로 치닫고 있는 이 세상 속에서, 교회는 '영성'의 의미를 재정의해야 한다. 공의와 연관된 거룩의 의미를 다시 이해할 필요가 있다는 말이다. 영성의 재정의(再定義), 재고(再考)의 과정에서 물질 즉, 재정(財政)에 대한 재고의 노력이 반드시 포함되어야 할 것이다. 만일 교회가 보유하고 있는 자원을 계속 움켜쥐려고 한다면, 가난한 사람들은 계속해서 '빈손'으로 살아가야 할 것이다. 우리의 이기심은 가난한 사람들을 소외시키는 국제적 불균등의 양태를 더욱 악화시킬 뿐이다. 그러므로 우리는 이기심을 영구적 가난을 조장하는 부분적인 원인으로 규정해야 한다.

4. 온정주의(간섭) Paternalism

사역의 효율성을 가로막는 우리의 그릇된 사고방식 중 하나는 "가난한 사람은 스스로를 돕지 못한다"는 생각이다. 그동안 교회는 구제 사역의 일환으로 가난한 사람들 위에 올라서서 그들의 모든 것을 통제하는 프로그램과 프로젝트들을 수없이 개발하고 시행해왔다. 가난을 정의할 때 '환경을 변화시킬 능력의 부재'라는 요소가 있는데, 이는 '스스로를 도울 수 있는 능력(자구력)의 부재'를 의미하는 것이 아니다.

교회가 선교 사역을 할 때는 대부분 선교 대상이 되는 그룹이나 해당 지역에서 교회의 주도권을 행사하기 위한 도구로 '선교'를 사용한다. 안타까운 일이지만 지금도 제국주의적 사고방식을 지닌 선교사들, 타 문화에 대해 무지하거나 조심성이 없는 크리스천 사역자들이 선교 현장으로 파송되고 있다. 선교 역사에 있어서 여태까지 교회는 타 문화에 대해 '무감각', '부적합'이라는 특징을 보였다.

겸손을 기반으로 하지 않은 채 가난한 사람들에게 다가가 사역을 한다면 아무런 열매를 얻지 못할 것이다. 우리가 먼저 상한 심령을 가지고 마음이 상한 자들에게 다가가야 한다. 그래야 그들이 마음을 열고 우리를 받아줄 것이다. 그들에게 주는 만큼 그들로부터 배울 수 있다는 사실을 깨달을 때에야 비로소 우리에게서 그리스도와 같은 사역이 흘러나올 것이다.

교회는 가난한 사람들이 스스로 딛고 일어설 수 있도록 격려해주는 사역 방법을 채택해야 한다. 그렇지 않으면 그들이 성숙해가는 모습을 기대할 수 없다. 스스로를 도울 생각은 않고 다만 아무 생각 없이 도움만 추구하는 사람들만 얻게 될 것이다. 때때로 교회가 잘못된 정보에 기반을 둔, 적절하지 못한 프로그램과 프로젝트를 시행했기 때문에 이전의 가난이 지속될 뿐만 아니라 새롭게 창출되기도 했다.

인도의 월드비전(World Vision)에서 개발 업무를 담당하고 있는 제이쿠마르 크리스천(Jaykumar Christian)은 이렇게 말했다. "우리가 가난한 사람들에게 돈을 지원해주면 그들을 거지로 만드는 격입니다. 가난한 사람들을 위한 프로그램에 돈을 투자한다면 그들을 수혜자로 만드는 것입니다. 그러나 우리의 생명을 그들에게 투자한다면 그들은 생명을 수확하는 일꾼이 될 것입니다."

5. 잊힌 사명 Forgotten Mission

뷔프 그리그(Viv Grigg)는 그의 책 『가난한 사람들과의 동행』(Companion to the Poor)에서 "우리는 모두 가난한 사람들을 돌보라는 부르심을 받았다"라고 서술했다. "예수님의 가르침과 인격과 태도를 본받으려는 제자라면 이러한 사역의 부르심에 마땅히 순종해야 할 것이다. 예수님은 모든 사람을 향해 '모든 것을 버리고(눅 14:33), 가난한 사람에게 나눠주고, 단순하게 살라'라고 명령하셨다."[8]

여기서 핵심은 주님께서 가난한 사람들을 주목하셨을 뿐만 아니라 실제로 그들을 향해 나아가셨다는 것이다. 군대와 같은 수많은 귀신에게 사로잡힌 사람을 예수님이 치유하시는 대목에서, 마태는 "또 예수께서 건너편(으로) 가시매"(마 8:28)라고 기술했다. 예수님은 그저 배를 타고 가셨다. 그의 사역은 이처럼 단순했다. "가라, 제자를 만들라, 세례를 주고 가르치라"는 단순한 사명을 감당하는 것과 같다(마 28:18-20 참조).

교회는 스스로의 사명을 기억하고 있는가? 편리함과 안락을 추구하는 가운데 교회가 주님의 마지막 명령을 수정해놓은 것은 아닌가? 교회가 주님의 명령을 기억하지 못하면, 가난한 사람들은 따라야 할 모범을 잃게 되고, 섬길 받을 기회도 상실하게 된다. 이러면 교회 안에는 하나님 나라의 공동체도, 전반적인 발전도 없다. 가난한 사람은 필요한 것을 공급받지 못한 채 빈손으로 남게 된다. 교회의 불순종 때문에 말이다.

> 그런즉 저희가 믿지 아니하는 이를 어찌 부르리요 듣지도 못한 이를 어찌 믿으리요 전파하는 자가 없이 어찌 들으리요(롬 10:14)

6. 편애 Partiality

서구의 교회는 언제든 "우리는 잃어버린 영혼, 죽어가는 세상을 사랑했습니다"라고 고백할 준비가 되어있다. 그러나 그들이 말하는 사랑은 대부분 말잔치로 끝난다. 사실 교회는 '고통 중에 있는 세상을 향한 사랑'이 무엇인지 아직 깨닫지 못한 상태다. 론 사이더(Ron Sider)는 자신의 책, 『굶주림의 시대를 살아가는 부유한 크리스천』(Rich Christians in an Age of Hunger)에서 다음과 같이 지적했다. "성경은 단순한 자선보다는 공의를 말하고 있다. 우리는 이 사실을 주목해야 한다."[9]

켄터키 윌모어에 위치한 애즈버리 대학에서 졸업을 앞둔 때였다. 나는 가난한 사람들을 향한 사랑을 실천으로 옮기기 시작했다. 그러나 성령께서는 내가 생각했던 사랑의 개념을 정화시켜주셨다. 크리스마스 전날 저녁, 구내식당으로 들어가는데 "어린이를 위해 장난감을!"이라는 팻말이 눈에 띄었다. 크리스마스를 맞아 지역 내 가난한 사람, 도움이 필요한 사람들에게 선물을 기부하는 프로그램이었다. 나는 어린 남자 아이에게 선물할 요량으로 축구공을 떠올렸다. 그것이 내가 해야 할 일이라고 생각했다.

자리에 앉아있는 안내원에게 다가가 남자 아이들이 어떤 선물을 받고 싶어 하는지, 그 목록을 보여달라고 했다. 그러자 안내원은 "아이들에게 줄 선물은 전부 기부받았습니다. 그런데 아무도 그들의 부모에게는 선물을 주려고 하지 않는군요"라고 말했다. 나는 그 지역에 사는 한 남성의 소원 목록을 달라고 했다. 그는 세 자녀의 아버지였고 원하는 선물은 삼십이 사이즈의 바지 한 벌이었다. 단지 바지 한 벌인데, 그는 그것마저 구매할 여력이 없었던 것이다.

집으로 돌아와 소파에 앉은 채, 나는 아무 생각 없이 제이크루(J.Crew: 미국 의류업체, 유명브랜드-역자 주)의 카탈로그를 펼쳐보았다. 크리스마스 기간에 입을 새 바지 한 벌이 필요했기 때문이었다. 나는 사십사 달러짜리 카키색 치노 바지를 주문하려고 했다. 그때 갑자기 그 남자-가난한 사람-의 소원 목록이 생각났다. '그 남자도 바지 한 벌을 원했지.' 나는 그 남자에게 선물할 십사 달러짜리 평범한 바지를 사기 위해 친구에게 월마트(대형 할인 매점)까지 차로 데려다달라고 부탁을 했다.

바로 그 순간 성령께서 나를 책망하셨다. 가난한 사람에게 주는 것은 곧 예수님께 드리는 것과 같다는 말씀이 떠올랐다(잠 19:17 참조). 이 남자는 나로 하여금 예수님을 섬길 수 있는 기회를 제공한 것이다. 예수님께 크리스마스 선물로 바지 한 벌을 사드릴 수 있는 기회 말이다. 바로 그 기회 앞에 내가 서있었다. 그러나 예수님께 드릴 바지는 월마트에서

고르고, 나를 위해서는 세 배나 비싼 바지를 주문하려고 하는, 그러한 내 모습과 마주하게 되었다!

　내가 무슨 일을 저지르고 있는지를 깨달았을 때, 내 마음은 무너져 내렸다. 바로 그 자리에서, 나는 내 능력으로 구매할 수 있는 가장 좋은 바지를 사서 그 남자에게 선물하기로 결심했다. 친구들도 원한다면 약간의 돈을 보탤 수 있도록 기회의 문을 열어두었다. 하지만 친구들을 찾아가 이 이야기를 전했을 때 그들은 모두 같은 대답을 했다. "이봐, 동일한 사이즈의 바지가 몇 벌 있는데 요즘에는 입지 않거든… 그걸 줘도 될까?"

　이 사건을 통해 나는 우리가 가난한 사람들을 어떻게 대하는지를 깨닫게 되었다. 무엇을 주든 가난한 사람들은 아무렇지도 않게 생각할 것이라는 태도, 아무거나 줘도 다 받을 것이라는 태도…그래서 우리는 그들에게 '남은 것'을 준다.

　만일 주님께서 당신의 집 대문을 두드리시며 "애야, 내가 이 마을에 며칠 묵을 계획인데, 어디로 가야 값싼 여관을 찾을 수 있겠니?"라고 말씀하신다면 당신은 어떻게 하겠는가?

　나라면 그 즉시 주님께 내 침대를 내어드리며 내 방에서 주무실 것을 간청할 것이다.

　이제 예수님은 이렇게 물으실 것이다.

　"나는 지금 배가 고프단다. 어디를 가면 싸구려 빵 몇 조각과 맛없는 수프를 먹을 수 있겠니?"

　물론 나는 주님을 내 식탁에 앉히드리고 가장 맛있는 음식들로 기득한 잔칫상을 내올 것이다.

　이것이 내가 예수님을 대하는 태도다. 그렇다면 나는 가난한 사람들을 어떻게 대하는가? 내 눈에 보이는 형제-그의 가난 속에 담긴 그리스도의 고난을 보는가?

　율법을 가르치는 선생이 예수님을 찾아가 질문을 던졌다(눅 10:25-28). 법률 전문가인 그는 예수님께 어떻게 해야 영생을 얻을 수 있느냐고 물었다. 예수님은 그의 질문에 대답하시는 대신 그 남자를 시험하며 도리어 이렇게 질문하셨다. "율법은 뭐라고 말하느냐? 너는 그것에 대해 어떻게 생각하느냐?" 그는 대답했다. "네 마음을 다하며 목숨을 다하며 힘을 다하며 뜻을 다하여 주 너의 하나님을 사랑하고 또한 네 이웃을 네 몸과 같이 사랑하라 하였나이다." 예수님이 대답하셨다. "네 대답이 옳도다. 이를 행하라. 그러면 살리라"(눅 10:27-28 참조). 하나님을 향한 우리의 사랑은 이웃을 향한 사랑을 통해 드러날 것이다.

　길거리에서 구걸하는 어린이를 보며 자동적으로 그 아이를 위한 최상의 교육, 최상의 의복, 최고의 음식과 최고의 주택을 장만해주기를 원하는 마음이 드는가? 자신의 자녀에게는 최상의 것을 주고 싶지 않은가? 그렇다면 길에서 구걸하는 그 아이를, 마치 우리가 우리의 몸을 사랑하듯, 혹은 우리의 자녀를 사랑하듯 사랑할 수 있겠는가? 아니면 편애라는 방법을 통해 차별적인 사랑을 실천하겠는가? 어떻게 주님을 사랑한다고 말하면서 그분의 자녀들을 사랑하지 않을 수 있는가? 가난한 사람들은 '주님의 백성'(사 3:15 참조)이다. 하지만 우리는 그들을 어떻게 대하는가? 그들을 주님의 백성처럼 여기고 대접하는가?

교회가 자신을 사랑하는 것처럼 이웃을 사랑하는 법을 터득할 때까지 '사랑과 긍휼의 부족'이라는 상태에서 결코 헤어나지 못할 것이다. 계속해서 교회는 가난한 사람들의 필요를 외면할 것이다.

예수님은 가난한 자들에게 복음을 전하시려고 이 땅에 오셨다. 그러므로 그리스도의 몸 된 교회는 일부러라도 가난한 사람들을 향해 좋은 소식을 전해야만 한다. 제2차 로잔대회 결의문, '마닐라 매니페스토'(Manilla Manifesto)의 '복음과 사회적 의무'라는 항목에는 다음과 같은 내용이 기록되어있다.

"예수님은 하나님의 나라를 선포하셨을 뿐만 아니라 자비와 능력의 역사를 통해 천국의 임재를 실제로 보여주셨다. 오늘날 우리는 모두 이처럼 말과 행동의 조화를 이루도록 부름 받는다. 겸손의 정신으로 우리는 복음을 선포하고 가르쳐야 한다. 아울러 아픈 사람을 치유하며, 배고픈 사람을 먹이고, 갇힌 자를 돌보며, 불이익을 당하는 사람과 지체가 부자유한 사람들을 돕고, 억압받는 사람들을 구해주어야 한다. 물론 각자가 받은 영적 은사와 부르심, 또 각자가 처한 환경이 다르다는 사실을 인정해야 하지만, 우리는 모두 동일하게 복음과 선행이 분리될 수 없다는 사실을 확신해야 한다."[10]

프라바와 그녀의 가난을 기억하는가? 소외와 무관심이 부분적인 원인으로 작용했던 '가난' 말이다. 자원의 부족이 원인이 되었던 그 '가난' 말이다. 환경을 변화시킬 능력이 없어서 끌어안고 있는 바로 그 '가난' 말이다.

프라바로부터 스스로를 고립시킬 것인가? 계속 분열된 상태로 남아 프라바가 속하고 싶지 않은 공동체로 자리 매김할 것인가? 앞으로도 교회는 하나님이 부어주신 자원을 손에 꼭 쥔 채로 살아갈 것인가? 프라바의 생존을 위해 필요한 그 자원을 조금도 나눠주지 않을 것인가? 앞으로도 프라바에게 제국주의적 선교 프로그램을 제공하며 또 비현실적인 요구를 제시하여 그녀로 하여금 뛰쳐나가게 만들 것인가? 아니, 교회가 프라바에게 다가가기는 할 것인가? 이 불쌍한 어린 소녀가 씻지 못해 더럽고, 진흙 바닥에서 잠을 청하는 아이일지라도 교회가 이 아이를 끌어안고 사랑할 수 있겠는가?

교회는 답을 가지고 있다. 자신만의 '위대한 식민지'를 떠나 그리스도의 모범을 따를 수만 있다면, 직접 손을 내밀어 프라바와 같은 가난한 이들의 고통을 제해주고자 노력한다면, 교회는 그 답을 손에 쥐게 될 것이다.

주석

1. 이 구절들에 대한 탁월한 주해를 원한다면 Sondra Ely, *Wealth as Peril and Obligation: The New Testament on Possessions* (Grand Rapids: Eerdmans Publishing Company, 1995), Ch. 3, 39-56를 보라.
2. 신 14:28-29, 15:7-11, 16:11-14, 18, 24:14-15, 17-21 참조.
3. 시 10:14, 41:1, 68:5-6, 109:6-16, 132:15, 146:7 참조.
4. 잠 14:31, 19:17, 21:13, 22:9, 28:5, 29:7, 31:8-9 참조.
5. 사 1:17, 3:14-15, 11:1-5, 28:17, 58:5-10, 렘 2:34, 5:27-28, 7:5-7, 22:3, 16, 49:11, 겔 16:49, 호 2:19, 10:12 암 5:7, 10-15, 24, 8:4-6, 미 2:1-3, 3:1-3, 합 1:3-4, 슥 7:10 참조.
6. Mother Theresa, *No Greater Love*, eds. Beck Benenate, Joseph Durepos (Novato, CA: New World Library, 1992), 40-41.
7. Frances O'Gorman, *Charity and Change: From Bandaid to Beacon* (Victoria, Australia: World Library, 1992), 67.
8. Viv Grigg, *Companion to the Poor* (Monrovia, CA: MARG Publications, 1990), 80.
9. Ronald J. Sider, *Rich Christians in an Age of Hunger* (Dallas, TX: Word Publishing, 1990), 68.
10. Lausanne Committee for World Evangelism, *Manilla Manifesto* (Manilla, Philippines: July 1989), A, 4.

3부

구원에서 온전함으로
From Salvation to Wholeness

멕시코의 전직 부흥사, 선교사, 목사였던 **마크 니스완더**(Mark Nysewander)는 현재 미네소타 주 미니아폴리스에 소재한 베다니 선교교회(Bethany Missionary Church)에서 시무하고 있다. 그는 또한 켄터키 윌모어의 Threshold Ministries의 창시자이기도 하다. 그는 이 땅에서 예수 그리스도의 이름이 지극히 높임을 받아 그의 백성 된 성도들 모두 열정과 충성으로 하나님의 뜻을 선택하고, 그분의 성품을 닮아 가고 그분의 사역을 행하며, 주 예수의 능력과 성결함을 나타내게 되기를 소망한다. 이 목표를 위해 그는 당대의 사람들에게 다음 세대를 돌볼 것과 그들을 위해 헌신할 것을 촉구한다. 다음 세대가 '다가올' 대추수를 갈망할 수 있도록 말이다.

7

성령의 불, 성령 충만
Fire and Fullness in the Holy Spirit

마크 니스완더

by Mark Nysewander

우리 하나님이 임하사 잠잠치 아니하시니 그 앞에는 불이 삼키고 그 사방에는 광풍이 불리로다(시 50:3)

불과 성령-이 둘의 관계는 무엇인가? 간단하다. 성령 충만할 때 불과 같은 표적이 일어난다. 성령 충만할 때 당신은 그 불이 당신의 삶을 불사르는 것을 체험할 수 있다. 그런데 이러한 표적으로 나타나는 초자연적인 불은 물리적인 불의 특성과 비슷하다.

불과 같은 표적들...Fire-Like Signs

물리적인 불은 온기를 발한다. 불 곁에서 당신은 열기를 느낄 것이다. 성령의 세례(불)도 마찬가지다. 성령이 임하는 순간 역시 뜨거워진다. 성령 충만은 예수님의 임재를 불과 같이 경험할 수 있는 통로다. 물론 구원의 때 우리는 예수님의 임재를 경험할 수 있다. 하지만 성령 세례를 받으면 더욱 강한 임재를 체험하게 될 것이다.

인도의 선교사 스탠리 존스(E. Stanley Jones)는 성령 세례 가운데 경험했던, 불같은 주님의 임재를 이야기했는데 이 경험은 참으로 극적이었기 때문에 주님의 임재가 얼마나 강하고 뜨거웠는지를 확실히 설명해 준다. "갑자기…무언가 이상한 불꽃-깨끗케 하는 불꽃이 내 안에 가득 차오르는 것이 아닌가? 그 불은 내 몸 속 모든 세포 조직에 거룩한 불꽃을 밀어 넣었다. 파도 같은 불…" 그는 예수님과 누릴 수 있는 새로운 차원의 친밀함, 그 뜨거운 열기 속으로 들어간 것이다. 성령 충만할 때 주님과 당신의 관계는 뜨거워진다.

하지만 물리적인 불이 따뜻함만을 안겨주는 것은 아니다. 불은 열기와 함께 빛도 선사한다. 한 번 불을 켜보라. 열기와 더불어 빛을 얻게 될 것이다. 성령 세례도 이와 마찬가지다. 사도 바울은 성도들을 위해 이렇게 중보 기도했다(엡 1:18). "너희 마음의 눈을 밝히사…" 당신이 거듭나면 마음의 눈이 열릴 것이다. 하지만 성령으로 충만하게 되면 마음의 눈이 밝아진다. 달리 표현하자면, 하나님께서 빛을 비춰주시기에 더 밝게 볼 수 있는 것이다.

바울은 이 빛을 가리켜 '계시'라고 표현했다. 계시란 성령을 통하여 인간의 영에 직접 전달되는 하나님의 지식을 뜻한다. 성령으로 충만할 때, 당신은 초자연적 계시를 더욱 민감하게 감지할 수 있을 것이다. 마이클 하퍼(Michael Harper)는 성령 세례를 받은 후, 이 새로운 차원의 계시가 그의 설교에 변화를 가져다주었다고 언급한다. "머리가 맑아졌다. 설교하던 중, 무엇을 말해야 할지 주님으로부터 듣고 싶어서 말하기를 멈춘 적도 있다. 무척 흥미진진하다!" 성령의 충만과 함께 계시의 빛이 임한 결과다.

'불'로부터 온기와 빛이 나온다. 그런데 여기 불의 또 다른 특징이 있다. 바로 에너지다. 불은 힘(능력)을 창출해낸다. 성령 세례는 하나님의 뜻을 완수할 수 있도록, 하나님 나라의 사역을 수행할 수 있도록 당신의 삶에 능력을 전달해준다. 예수님께서는 "오직 성령이 너희에게 임하시면 너희가 권능을 받고 예루살렘과 온 유대와 사마리아와 땅 끝까지 이르러 내 증인이 되리라"(행 1:8)라고 말씀하셨다.

찰스 피니는 성령 세례의 경험 후, 자신의 삶에 능력이 임했다는 사실을 고백했다. "그 즉시 나는 내 자신이 높은 곳으로부터 오는 능력으로 옷 입게 되었음을 깨달을 수 있었다. 사람들을 향해 몇 마디 툭 내던졌을 뿐이지만 내게 임한 능력으로 말미암아 그 말들은 곧 사람들의 즉각적인 회심으로 이어졌다." 또한 성령의 능력은 하나님께서 이미 당신 안에 심어놓으신 은사들을 활성화시킬 것이다. 물론 당신이 받은 은사들은 찰스 피니가 받았던 은사와 다른 종류일 것이다. 하지만 동일한 성령께서 당신의 삶과 사역 가운데 위대한 능력을 불어넣으실 것이다.

당신의 삶을 통해 친밀함, 계시, 능력으로 나타나는 초자연적인 불이 바로 성령 세례의 증거다. 당신의 삶과 당신이 속한 교회를 한 번 바라보라. 이러한 불이 발견되는가? 어쩌면 소그마한 불씨조차 찾아볼 수 없을지도 모른다. 혹은 사는 동안 단 한 번도 큰 불을 경험하지 못했을 수도 있다. 그렇다면 무엇이 문제인가?

하나님의 거룩한 불을 경험하지 못하는 세 부류의 성도가 있다. 당신은 이러한 그룹에 속해있는가? 그렇다면 당신의 삶에 성령의 불이 활활 타오를 수 있는 필요조건들이 무엇인지 살펴보자.

불을 붙여라...Light the Fire

성령으로 충만해있지 않기 때문에 삶 속에서 불을 만나지 못하는 성도들이 있다. 기억하라. 불은 성령 세례의 증거다. 수많은 성도가 아직 성령의 충만함 속으로 들어가 본 적이 없기 때문에 불을 경험하지 못한다.

그들이 성령으로 충만하지 못하다면, 그 이유 중 하나는 아마도 '무지'일 것이다. 당신은 '성령 세례'라는 것이 있는지조차도 알지 못했을 수도 있다. 물론 당신은 자신이 거듭났다는 사실을 알고 있을 것이다. 죄를 용서받은 사실이나 죽으면 천국에 간다는 사실을 알 것이고 또 확신할 것이다. 그렇다면 구원받기 위해 예수 그리스도를 믿기로 결정한 모든 성도에게 하나님께서 성령의 주입(注入)을 허락하신다는 사실도 알고 있는가?

세례 요한은 예수님의 사역에 관해 두 가지 진리를 선포했다. 첫째, 그는 예수님을 바라보면서 "보라 세상 죄를 지고 가는 하나님의 어린양이로다!"라고 선포했다(요 1:29 참조). 예수 그리스도의 죽음과 부활을 통해 우리의 죄가 용서받을 수 있는 길이 열린 것이다. 둘째, 세례 요한은 예수님의 사역에 대하여 이렇게 말했다. "그는 불과 성령으로 너희에게 세례를 베풀 것이다!"(마 3:11 참조) 이것이 바로 세례 요한이 말했던 예수님의 두 가지 사역이다. 예수님은 당신이 성령으로 거듭날 수 있도록 이 땅에 오셨다. 또한 예수님은 당신 안에 성령을 충만히 부어주시기 위해 이 땅에 오셨다. 주님은 우리를 구원하기 원하신다. 그리고 구원을 해주신 후에는 우리 안에 성령으로 채워주기를 원하신다.

당신이 죄 용서를 얻기 위하여 예수님을 믿었다면, 당신의 죽은 영혼에 이미 성령께서 들어오신 것이다. 그리고 성령님은 예수 보혈의 공로를 당신의 삶에 적용하시며 생명을 불어넣으신다. 그러면 당신은 거듭나게 된다. 구원의 순간, 희락과 화평과 의를 체험하게 된다. 이것이 당신 안에서 역사하시는 성령님의 사역이다. 성령님은 당신의 '영혼'이라는 해변에 '구원'이라는 교량을 축조하신다.

그러나 성령님은 교량을 축조하는 것 이상의 일들을 행하기를 원하신다. 그렇다. 성령님은 전면적인 공격을 개시하기 원하신다! 그분은 자신의 임재와 능력으로 당신의 삶 속 모든 영역에 침투하기를 원하신다. 이처럼 삶의 모든 영역에 성령의 임재와 능력이 깃드는 것-이것이 바로 성령 충만의 의미다. 당신은 성령님을 향해 삶의 문을 열어야 한다. 성령께서 당신의 생각, 의지, 감정 속에 하나님의 뜻과 능력을 채우실 수 있도록 그분을 초청해야 한다.

삶을 성령으로 채워달라고, 의지를 드려 하나님께 간구한 적이 단 한 번도 없다면 거룩함과 능력의 침입을 간구하라. 누가복음 11장 13절에서 주님은 말씀하셨다. "너희가 악할지라도 좋은 것을 자식에게 줄 줄 알거든 하물며 너희 천부께서 구하는 자에게 성령을 주시지 않겠느냐?" 이 말씀에 힘입어 하나님께 간구하자. 성령으로 채워주시기를 기도하라. 자신의 의지를 드려 구원받기를 기도했듯이 믿음 안에서 성령 세례를 간구하라.

만일 성령님의 '침입'을 받아들일 준비가 되지 않았다면 적어도 이를 갈망할 수 있는 마음을 달라고 기도해야 할 것이다. 왜냐하면 성령 세례는 우리가 취사선택할 수 있는 사안이 아니기 때문이다. 성령 세례는 모든 성도를 향한 하나님의 계획이다. 예수님 스스로도 이것을 가리켜 '아버지의 약속'이라고 부르셨다(행 1:4). 지금은 성령으로 더욱더 충만하게 되기를 갈망할 때다.

불에 대한 두려움...The Fear of Fire

물론 하나님의 역사에 대해 무지하지 않은 성도들도 있다. 그들은 성령 세례를 들어보았을 것이다. 하지만 성령을 두려워하기 때문에 여전히 성령 충만한 삶을 추구하지 않는다. 성령으로 충만하지 못한 이유는 무지 때문이라기보다 두려움 때문이다. 어쩌면 당신의 삶에 불이 없는 것도 이러한 이유 때문일 수 있다. "스스로 성령 충만하다고 말하는 사람들을 몇몇 알고 있는데 그들은 모두 미친 것처럼 보이는 괴상한 행동들을 한단 말이야. 나도 저렇게 이상해질까 봐 두렵다고! 나는 제정신이고 싶어."

성령으로 충만한 성도들 중 어리석게 보이는 행동을 하는 사람이 있는 것은 사실이다. 그러나 그들의 행동에는 나름의 이유가 있다. 당신이 성령 충만을 받고자 성령님을 향해 삶의 문을 연다면 그것은 곧 초자연적인 세상으로 들어가는 것과 같다. 그러면 당신의 마음에는 성령께서 하시는 모든 말씀에 순종하려는 열정이 생긴다. 초자연계는 성령의 세상이다. 그러나 초자연계에 존재하는 모든 것이 성령의 소유인 것은 아니다. 그러므로 초자연적 세상을 향해 문을 열어둔 후, 정결하지 못한 영에게 속임을 당하는 일이나 또는 자기의 유익을 위해 초자연적인 일을 행하는 경우가 종종 발생하곤 하는 것이다.

성령 충만한 성도들은 새롭게 얻은 능력과 거룩한 삶을 올바로 살기 위해 하나님의 말씀인 성경을 연구해야 하며 성령 충만한 동료 성도들과 함께 교제해야 한다. 분별력이 필요하다. 성령 충만한 성도들 중 분별력 없이, 하나님의 말씀을 연구함 없이, 또 책임감 없이 살아가는 사람도 있다. 그들은 대적의 목소리나 육신의 꾐에 쉽게 속아 결국 멍청한 행동을 하기에 이른다. 몇 년 전, 어떤 교회에서 분별력 없는 성도 몇 명이 문제를 일으킨 적이 있었다. 이들을 우려하는 마음으로 지켜보던 다른 성도들이 담임목사를 찾아갔다. "목사님, 그들이 천국에 갈 수 있을까요?" 이 질문에 목사는 이렇게 대답했다. "천국을 지나칠 만큼 과도하게 달리지만 않는다면, 천국에 들어갈 겁니다!" 성령 세례를 받은 사람들 중 하나님의 뜻보다 앞서거나 불을 남용하는 사람들은 분별력이나 책임감이 없는 경우다.

사람들은 물리적인 불도 오용해서 자신의 집과 숲을, 혹은 자기 자신을 불태우기도 한다. 그런데 이처럼 불을 오용하는 일이 발생한다고 해서 불의 사용을 금지할 수 있는가? 그럴 수 없다. 불이 없다면 우리의 일상적인 삶 자체가 불가능하다.

사람들이 성령의 불을 오용하며 어리석은 행동을 할지라도 성령님을 두려워해서는 안 된다. 이 거룩한 불이 없다면 우리는 단 하루도 온전한 성도로서 살아갈 수 없다. 그렇다. 성령으로 충만한 삶을 사는 것은 위험한 일이다. 그러나 성령으로 충만하지 않은 채 살아가는 것은 더 위험하다. 당신에겐 하나님의 불이 필요하다!

성령님을 두려워했다면 회개하라. 예수 보혈의 공로를 당신 안에 전달해주신 바로 그분을 어떻게 두려워할 수 있는가? 하나님께서 당신의 삶을 성령으로 가득 채워주시기를 기도하라. 그리고 하나님의 말씀을 연구하라. 성령 충만한 동료 성도들과 교제하라. 오순절의 역사를 경험하는 최상의 방법은 '함께' 하는 것이다.

성령 충만을 간구하고, 성령 안에서 행할 수 있는 분별력을 갈망하라.

불을 의심하다...Doubting the Fire

왜 성령의 초자연적인 불을 경험하지 못하는가? 어떤 사람들은 무지와 두려움 때문에 성령 충만을 경험하지 못한다. 그런데 성령으로 충만한 성도들 중에도 순간순간 찾아드는 의심 때문에 불을 경험하지 못하는 사람들이 있다. 아마 당신은 성령으로 채워달라고 기도하여 성령 충만을 받았을 것이다. 또한 삶 가운데 성령께서 행하시는 심오한 표적들도 보았을 것이다. 그러나 성령의 강력한 불꽃은 아직 경험해보지 못했을 것이다. 성령 충만의 순간, '즉각적인' 혹은 '극적인' 표적이 나타나지 않았다는 이유로 당신은 하나님께서 성령을 통해 이루시겠다고 말씀하신 약속들이 정말로 일어날지 의심할 것이다.

디모데의 문제도 이와 같았다. 그는 성령으로 충만했다. 하지만 삶 가운데 하나님의 놀라운 불꽃이 일어날 것에 대해서는 의심했다. 바울과 함께 소아시아를 여행하던 중, 디모데는 바울에게서 초자연적인 불의 특징들이 나타나는 것을 경험했다. 또한 바울에게서 예수님과의 뜨거운 친밀감을 발견하였고, 성령의 명확한 계시와 사역을 통해 나타나는 능력을 두 눈으로 목격했다. 그런데 자신의 삶을 바라보았을 때, 그는 아무런 표적도 발견하지 못했다. 디모데는 바울의 삶에 나타났던 성령의 불꽃이 자신의 삶에도 나타날 것이라고는 믿지 않았다.

나는 '과연 내게도 성령의 역사가 나타날 것인가?' 하며 의심했던 순간들을 기억한다. 성령 세례를 추구했을 때, 나는 성령께서 내 안에 충만히 거하실 거라고 확신했다. 그리고 성령께서는 내 삶 가운데 두드러진 변화들을 일으키셨다. 나 자신은 성령께서 행하신 심오한 역사의 증거였다. 그러나 위대한 계시의 불꽃이 임하거나 내가 기대했던 능력이 나타나지는 않았다. 그래서 이렇게 결론 내렸다. "나는 성령 충만한 성도들 중 하수 급 정도겠구나." 하나님께서 약속을 이행하실 것을 기대하지 않은 채, 나는 의심의 구렁으로 기어들어갔다. 마음속에 의심이 자리했기 때문에 하나님께서 나를 통해 위대한 일을 하셨을 때에도 나는 그 즉시, "우연이겠지", "감정일 뿐이야", "이상한 일이네"라고 결론 내렸다. 결국 나에겐 더 이상 어떤 놀라운 일도 일어나지 않을 거라고 확신하기에 이르렀다. 그렇게 나는 성령으로 충만했지만 놀라운 표적이 일어나리라고는 믿지 않았다.

만일 당신의 상태도 이와 같다면, 디모데후서 1장 6-7절에 기록된 바울의 이야기를 들어보기 바란다. 서신에서 바울은 디모데에게 영적 소심함을 경고한다. 만일 당신이 원래 소심한 사람이라면 자기 자신을 확신할 수 없을 것이다. 마찬가지로 당신이 영적으로 소심한 사람이라면, 당신은 성령님을 확신할 수 없을 것이다. 바울은 디모데가 성령 충만하다는 사실을 이야기한다. 또한 여러 장로가 디모데에게 손을 얹고 기도했을 당시, 자신도 그 자리에 함께 있었다는 것을 그에게 상기시켜주었다. 이후 바울은 하나님의 불이 디모데 안에 거한다는 사실을 설명해주었다. 그리고 성령의 놀라운 역사가 삶 가운데 나타날 때까지 그 불꽃을 활활 타오르게 하라고 격려하였다.

여기, 당신에게 전할 말이 있다. 성령 충만하지만 아직 하나님의 불을 경험하지 못했다면, 당신 안에 있는 그 불꽃을 타오르게 하라. 그런데 어떻게 해야 이 불꽃을 태울 수 있는가?

불을 타오르게 하라...Fan the Flame

첫째, 믿음으로 그 불을 타오르게 하라(불을 향해 부채질을 하라). 성령께서 당신에게 약속하신 그 일들이 실제로 일어날 것을 믿어야 한다. 성령께서 불을 일으키신다는 사실을 믿지 않으면 절대로 성령의 불이 일어나는 것을 볼 수 없다. 성령님은 불을 일으키신다. 어쩌면 당신은 성령 세례가 믿음의 종착역이라고 생각할지도 모른다. 하지만 그렇지 않다. 사실 성령 세례는 시작일 뿐이다. 지금은 이전과 다른, 큰 믿음을 가져야 할 때다. 이전보다 더 강력한 주님의 임재, 주님의 능력, 계시의 위대한 일들이 나타날 것을 믿어야 한다.

위대한 오순절파 부흥사였던 스미스 위글스워스는 이렇게 지적했다. "성령으로 충만하지만 하나님께서 아무런 역사도 일으키시지 않을 것이라고 생각하는 사람과 사역하기보다는 비록 성령 충만하지는 못하지만 하나님께서 무언가를 행하실 것이라고 믿는 사람들과 사역하는 것이 훨씬 더 낫다고 생각합니다." 성령 충만은 믿음의 종착역이 아니다. 지금 당신은 무엇 때문에 하나님을 믿는가? 성령 안에서 믿음을 가지고 당신이 건너야 할 다음 단계의 경계선은 무엇인가? 먼저 믿음으로 불을 타오르게 하라.

둘째, 불이 타오를 만한 영역(장소)으로 자신을 밀어 넣으라. 예수 그리스도와 더욱 친밀한 관계를 누리기 원하는가? 공적인 예배 혹은 개인 예배 시간 동안 주님께 시간을 내드리라. 주님을 향한 당신의 사랑을 표현할 수 있는 새로운 방법, 혹은 새로운 영역을 찾으라. 이렇게 하면 당신의 마음에 영적인 열정의 불꽃이 타오르기 시작할 것이다.

하나님의 음성을 간구하라. 계시를 원한다면 그의 음성 듣기를 추구하라. 하나님의 말씀인 성경을 연구하라. 성령의 세밀한 속삭임이 들릴 때까지 금식하고 기도하라. 주님의 음성을 듣는 위치로 들어가라. 그러면 계시가 임할 것이다.

성령의 더 큰 능력을 갈망하는가? 그렇다면 하나님께서 자신의 능력을 나타내실 수밖에 없는 상황 속으로 들어가라. 그렇지 않으면 성령의 능력을 맛볼 수 없을 것이다. 하나님 나라를 위해 위험을 감수하라. 아픈 사람을 위해 기도하라. 원수의 권세를 대적하라. 복음을 선포하라. 예수님과의 친밀함을 얻을 수 있는 상황, 성령의 계시와 능력이 임하는 상황 속으로 들어갈 때 당신은 이전에 경험해보지 못한 강력함으로 하나님의 불꽃이 활활 타오르는 것을 보게 될 것이다. 하나님의 불이 나타내는 표적들을 갈망하라. 그렇게 불꽃을 타오르게 하라.

의심의 죄를 회개하고 믿음의 자리로 돌아가라. 성령의 충만함 가운데 그 불은 당신 안에 거할 것이다. 불꽃을 향해 부채질하라. 당신의 삶에 불꽃이 일어나는 것을 지켜보라.

타오르는 희생 제물...A Burning Sacrifice

성도들이 성령의 불을 경험하지 못하는 이유가 또 하나 있다. 어쩌면 당신은 하나님의 성령이 충만하게 임하는 것, 또 그 불의 표적들이 나타날 것을 위해 기도했을지도 모른다. 그런데 불은 본 적이 없다면, 왜 그런가? 성령의 일을 소멸했기 때문이다—불이 꺼진 것이다.

당신은 이렇게 생각할 것이다. "한 번 붙었던 불인데, 내가 왜 그것을 끈단 말인가? 어떻게 내가 하나님의 불을 끌 수 있지?" 하지만 당신은 성령께서 행하시는 일을 좋아하지 않기 때문에 그 불을 끌 수밖에 없었다. 그러므로 하나님께서 왜 우리의 삶 속에 성령을 부으시는지를 이해하는 것이 중요하다. 이것을 이해하지 못하면 당신은 성령께서 행하시는 일을 대적하게 될지도 모른다. 어떤 사람은 놀라운 현상들이 일어나기 때문에 성령 세례를 갈망한다. 그러나 이것은 하나님께서 우리에게 성령을 부어주시는 주된 이유가 아니다. 물론 성령 세례를 두르고 있는 '능력'의 포장지를 경험할 수도 있을 것이다. 그러나 극적인 현상의 체험이 성령 세례의 근본적인 목적은 아니다.

하나님께서 당신에게 성령을 부어주시는 이유는 무엇일까? 하나님은 당신이 제단 위의 불로 완전히 소멸되는 '번제 제물'이 되기를 원하신다. 하나님은 소멸하시는 불이다(히 12:29 참조). 하나님께서는 당신의 삶 가운데 그 어떤 것이든지 하나님으로부터 당신을 분리시키는 것이라면 반드시 불태우실 것이다. 하나님은 당신이 거룩게 되기를 원하신다.

몇 년 전 캘리포니아에서 열린 어떤 집회에 참석한 적이 있다. 존 윔버(지금은 작고함)가 예배를 인도하고 있었는데 그는 자기 사역팀원들을 불러 나를 위해 중보 기도하도록 요청했다. 그들은 모두 나의 사역 위에 성령의 기름 부음이 임하기를(impartation) 간구했다. 기도 중에 존 윔버는 하나님을 향해 이렇게 외쳤다. "불을 내려주옵소서. 지금!" 그 순간 내 앞과 뒤와 주변으로부터 거대한 화염이 내게로 다가오는 것만 같았다(나는 머릿속으로 그것을 보았다). 통제할 수 없는 놀라운 불꽃이 타오르는 광경이었다. 난생처음, 성령님께서 나를 사로잡는 환상을 보게 된 것이다. 그 이전에는 성령을 생각할 때마다 내 영혼의 지하실을 비추는 조그마한 손전등을 떠올리곤 했었다. 마치 성령을 깜빡거리는 희미한 불꽃으로 생각했던 것이다.

그러나 하나님의 성령은 엄청난 화염이었다. 그분은 자신이 원하시는 대로 모든 것을 소멸하시는 불이시다. 주님의 거룩함을 저지하는 것이 무엇이든, 그것이 당신의 삶에서 발견된다면 성령께서는 곧바로 불태워버리실 것이다.

불에 복종하라...Surrender to the Fire

그렇기 때문에 온전한 성별(聖別, 거룩한 구별)만이 성령 충만으로 들어가는 올바른 입구가 되는 것이다. 성별은 당신의 삶을 조종하거나 변화시킬 자유를 성령님께 내어드린다는 뜻이다. 마치 그분께 이런 말씀을 아뢰는 것과 같다. "내 안에 있는 모든 것을 당신의 뜻대로 변화시키시고 또 움직이십시오." 이처럼 스스로를 성별(聖別)하지 못한 채, 성령 충만한 삶을 시작한다면 얼마 안 있어 또 다른 어려운 결정을 내려야 할 때가 다가올 것이다. 꼭 지키고 싶고 보호하고 싶은 영역까지도 성령님이 불로 태우시도록 허락해드려야 하는가? 아니면 그의 행하시는 일들을 소멸시켜야 하는가? 성령님은 거룩한 불로 당신의 전 존재를 온전히 불살라 번제 재물로 삼기 원하신다. 그는 소멸하시는 불이다.

예전에 어떤 집회에 참석한 적이 있다. 그곳에서 동료 목사 한 명이 성령의 충만함을 얻고자 주님께 기도하고 있었다. 하나님께서 초자연적인 능력으로 임하셨고 강한 손으로 그의 삶을 만지셨다. 이 일이 있고 난 몇 달 뒤, 나는 그 친구를 다시 만나게 되었다. 그는 내게 이렇게 말했다.

"얼마 전 교단 지도자들과 동료 목사들과 만나서 이야기를 나누었지. 그런데 내가 성령 세례를 받은 사실이 알려질 경우 내 목회 사역이 끝장날 거래. 사람들이 나를 광신도처럼 생각할 거라더군." 그는 나를 물끄러미 바라보며 이 말을 남겼다. "그래서 말인데… 그 뒤로 난 성령 충만과 관련된 일들을 포기했다네."

그는 적어도 '정직'하긴 했다!(나는 성령의 불은 소멸시켜놓고 마치 하나님의 불을 갖고 있는 것처럼 행동하는 사람들을 알고 있다) 그러나 여기 그의 문제점이 있다. 그는 성령께서 충만하게 임하시기를 갈망하여 성령님을 초청했다. 그리고 주님은 그의 기도에 응답하셨다. 그러나 하나님의 불꽃이 그의 명성과 사역의 안정성마저 불태우게 될 것을 두려워한 나머지, 이 젊은 목사는 "그만! 여기까지!"라고 말했다. 삶 전체를 불사를 자유를 성령님께 내어드리지 못한 것이다.

성령으로 충만한 삶에는 대가가 따른다. 당신이 포기하기 힘든 삶의 영역에까지 거룩함의 불꽃이 닿기 때문이다. 그러나 다시 한 번, 하나님께서 불로 세례를 행하시는 이유를 주의 깊게 살펴보기 바란다. 역대하 7장은 솔로몬의 성전 봉헌식을 묘사하고 있다. 솔로몬이 봉헌 기도를 마친 직후, "불이 하늘에서부터 내려와서 그 번제물과 제물들을 사르고 여호와의 영광이 그 전에 가득하니…"(1절) 하나님의 불이 내려와 제단 위의 제물을 불살랐다. 이후 살아계신 하나님의 임재가 성전을 가득 메웠다.

하나님은 '영광의 세례'를 주시기 위해 먼저 '불 세례'를 행하신다. 하나님께서는 그분의 영광스러운 임재로 당신의 삶을 채우시기 위해 당신의 전 존재를 불태우신다. 그러므로 성령께서 당신의 전 존재를 불태우실 수 있도록 허락해드리라. "우리 하나님이 임하사 잠잠치 아니하시니 그 앞에는 불이 삼키고 그 사방에는 광풍이 불리로다"(시 50:3). 성령세례는 주님의 임재를 예비하는 불의 광풍이다. 성령 세례는 영광의 외부에 백열(white heat)을 일으키는 점화 불꽃이다.

그동안 불같은 성령의 사역을 저지해왔다면, 그의 행하심을 소멸한 죄를 회개하라. 그리고 그의 불사르는 화염을 환영하라. 그러면 살아계신 하나님의 영광을 맛보게 될 것이다.

어쩌면 당신은 당신의 삶을 향한 하나님의 계획에 전적으로 순종할 것인지를 두고 하나님과 실랑이를 벌이는 중일 수도 있다. 어쩌면 하나님께 양보할 수 없는 영역이 있을지도 모른다. 이럴 때 당신은 어떻게 해야 하는가? 유명한 침례교 목사 마이어(F. B. Meyer) 역시 인생의 한때, 과연 성령 충만을 위해 하나님께 온전히 순복해야 하는지를 두고 하나님과 씨름했었다. 성령의 불꽃 앞에 내어드리기 싫었던 영역이 있었던 것이다. 그러나 결국 마이어는 다음과 같은 간단한 기도를 드리기에 이르렀다. "주님, 저는 이 영역을 주님께 내어드리고 싶지 않습니다. 그러니 내 마음을 변화시켜주세요. 주님께 내어드리는 것을 갈망하도록 내 마음을 만져주세요." 이런 기도는 하나님이 즉시 응답하실 수 있는 기도였다! 하나님께서는 간구한 대로 마이어의 마음을 변화시키셨다. 그는 성령으로 충만케 되었다.

당신도 이렇게 기도할 필요가 있지 않은가? 이 기도는 하나님께서 반드시 응답하실 것이기 때문에 매우 위험한 기도다. 마음이 변하를 입게 되기 때문이다. 포기할 수 없는 영역마저 하나님께 내어드릴 마음이 생기기 때문이다. 그래서 위험한 기도다. 그러나 이렇게 기도할 필요가 있지 않은가? 성령의 불을 소멸하지 마라. 어떠한 대가를 치르더라도 하나님께서 당신의 삶을 주관하시도록 허락해드리라.

당신을 거룩케 하는 불의 폭풍…
The Firestorm That Makes You Holy

하나님은 약속하셨다. "내 신(영)을 너희 속에 두어 너희로 내 율례를 행하게 하리니 너희가 내 규례를 지켜 행하리라"(겔 36:27). 당신 안에 거하시는 하나님의 불은 당신의 의지를 변화시키고 당신의 마음에서 이기심으로 굽은 부분을 제거할 것이다. 육신의 이기적인 욕망에 반하는 선택을 해야 하는 어려운 순간에도 당신은 하나님의 뜻을 헤아려 실천하기 시작할 것이다.

어떻게 이 불의 폭풍이 당신을 변화시킬 수 있는가? 어떻게 당신으로 하여금 하나님의 뜻을 행하도록 만드는가? 하나님의 임재 가운데 나타나는 완벽한 화염 속에서, 성령님이 그분의 성품을 당신에게 주입(注入)하시기 때문이다. 그러면 당신은 열정적으로 그리고 꾸준히 하나님의 뜻을 선택하게 된다. 초대교회 교부들은 이 주입(注入)을 다음과 같이 묘사했는데 많은 사람이 그 내용을 알고 있을 것이다. "칼은 그 재질이 차갑고 단단한 강철이다. 그러나 그 칼을 불에 담그고 오랫동안 놓아두면 철의 성질이 변화된다. 이글거리고 뜨겁게 변화되는 것이 마치 불과 같다. 그러나 그 칼은 불이 아니다. 다만 불의 성질을 닮았을 뿐이다."

성령의 불 앞에 전적으로 순복하고 날마다 그의 역사 가운데 머문다면, 성령께서는 그분의 성품을 우리에게 주입시켜주실 것이다. 거룩함은 거룩하신 그분, 곧 성령님으로부터 흘러나온다. 물론 당신이 성령이 되는 것은 아니다. 하지만 그분의 거룩한 성품을 온전히 본받으며, 날마다 그분의 불같은 임재 앞에 노출될 것이다. 성령님은 당신의 독특한 개성과 성품 속에 예수 그리스도의 성품을 심어주신다.

성도로서 당신이 도달해야 할 거룩한 목적지는 '성령의 불 속'이다. 당신의 마음에 아직 성령의 불이 점화되지 않았다면 성령 세례를 갈망하라. 주의 임재, 계시, 능력의 새로운 차원을 날마다 믿고 체험하라. 어떠한 대가를 지불하게 될지라도, 당신의 삶을 불사르시는 하나님의 화염을 소멸하지 마라. 하나님의 길을 신뢰하라. 그의 길은 당신을 거룩케 하는 길이다.

카를로스 음래이다 박사는 파블로 데이로스 박사와 함께 아르헨티나 부에노스아이레스의 중앙침례교회를 공동 담임하고 있다. 그는 부에노스아이레스의 국제 침례 신학대학원(International Baptist Theological Seminary)에서 석사학위를, 아르헨티나 가톨릭 대학(Catholic University of Argentina)에서 박사학위를 수여했다. 음래이다 박사는 데이로스 박사와 함께 『불붙은 라틴아메리카』(Latinoamerica en Llamas)를 공동 집필하였다.

ic # 8

내적 치유를 통한 자유의 삶
Inner Healing to Live in Freedom

카를로스 음래이다
by Dr. Carlos Mraida

거룩함에는 두 가지 차원이 있다. '분리'라는 차원과 '성별'(헌신)이라는 차원이 그것이다. 우리는 깨끗케 되었다. 이 말은 악으로부터 분리되고 멀리 떨어진다는 뜻이다. 그런데 거룩함의 여정에서 우리는 악으로부터 분리될 뿐만 아니라 또한 옳은 일을 위해 성별(consecrated) 되고 헌신(dedicated) 된다. 거룩함에는 이처럼 분리와 성별(헌신)이라는 두 가지 차원이 있다. 분리와 성별이라는 이중성을 잊는 것은 참으로 위험한 일이다. '거룩함'을 '분리'의 과정으로만 이해한다면 성화(거룩)의 중요성이 퇴색되며, 크리스천으로서 하지 말아야 할 일들의 목록 정도로 성화의 의미를 제약하게 된다. 이러한 관점을 견지할 경우, 우리는 결국 '크리스천 게토'(ghetto, 고립 지구)를 형성하게 되고 말 것이다. 세상으로부터 고립된 교회는 세상을 변화시키기는커녕 세상에 아무런 영향을 미치지 못하는 평범한 공동체로 전락할 뿐이다. 이와 반대로 '거룩함'을 '성별

(헌신)의 과정으로만 이해한다면, 선행을 뒷받침해줄 만한 선한 성품이나 삶의 변화는 없이 다만 열심히 일하기를 도모하는 행동주의자들을 양산할 뿐이다. 이들은 '전하는 자의 삶이 곧 메시지'라는 사실을 잊고 있기 때문에 세상을 변화시키려고 아무리 노력하더라도 목표를 성취하지는 못한다. 성경적인 관점에 입각해서 보면, 이 두 가지 차원을 따로 떼어놓을 수 없다. 결코 양자택일할 수 없는 사안이기 때문이다. 분리와 헌신, 거룩함과 능력을 따로 떼어놓고 취사선택하는 것은 불가능하다. 거룩하신 하나님께서는 우리를 향하여 '온전한' 거룩을 세 번이나 요구하셨다 (계 4:8 참조).

'분리'와 '성별'(헌신)의 과정 모두에는 주님과의 만남이 전제된다-이 만남은 확실하고 강력한 만남이어야 한다. 하나님께서 강력한 은혜를 부어주시지 않으면, 하나님이 원하시는 바, '악으로부터의 극단적 분리'는 불가능하다. 또한 '성령의 권능'(두나미스)이 없다면 이 사회 속 죄악의 구조와 사람들의 삶을 변화시키려는 노력, 그리고 세상의 빛과 소금, 천국의 누룩이 되려는 모든 노력은 수포로 돌아갈 것이다.

이처럼 우리를 '분리'시키고 '성별'(헌신)시키는 성령의 능력은 우리가 회심할 때 우리 위에 쏟아지기 시작한다. 이후 주님과의 깊고 친밀한 만남을 지속할 때, 이 능력은 새로움을 입어 점점 커져간다. 이를 다른 말로 표현하자면, 성화는 '최초의 경험'과 지속적인 '성장 과정'으로 구분된다는 것이다. 그리고 다양한 능력의 체험을 통해 이 성장 과정은 가속화된다. 결론적으로 우리는 '분리'와 '성별'(헌신)이라는 삶의 두 차원과 직면한다. '최초의 경험'과 '성장 과정'이라는 시간의 두 차원과도

대면하게 된다.

위에서 살펴본 대로 삶과 시간의 이중적 역동 구조를 이해한다면, 내적 치유가 성화의 과정을 위한 필수 사항임을 깨닫게 될 것이다. 건강하지 못하면 거룩함 가운데 온전하게 살아갈 수 없다.

분리로서의 내적 치유와 거룩함...
Inner Healing and Holiness as Separation

내적 치유 없이는 악으로부터 온전히 분리될 수 없다. 왜 그런가? 죄는 우리 내면에 축적된 좌절감에서 크게 벗어나지 않기 때문이다–우리는 이러한 내면의 좌절감을 하나님의 뜻과 반대되는 방법으로 해소하고자 하는데 이것이 '죄' 다. 예를 들어보자. 아버지와 관계가 좋지 못한 여성이 있다. 그녀는 아버지로부터 사랑과 존중을 받을 것이라고 예상했지만 현실은 달랐다. 이로 인해 그녀의 마음에는 좌절감이 자리했다. 어떻게 해서든 이 내면의 좌절감을 해소하고자 그녀가 선택한 방법은 하나님이 뜻하신 것과 반대 방향이었다. 그녀는 여러 남성과의 성관계를 통해 자신이 사랑받을 자격이 있다는 사실과 존귀한 존재라는 사실을 확인하기로 결심한다. 아버지와의 어긋난 관계 때문에 좌절감을 얻었다. 그리고 하나님의 뜻과 반대되는 방법으로 그 좌절감을 해결하려고 했다. 또 다른 예를 들어보자. 극심한 가난 가운데 성장한 남성의 경우도 양상은 비슷하다. 아마도 그는 '빈곤' 의 구차함을 해결하고자 과도한 야망을 품거나 탐욕의 성품을 계발하였을지도 모른다. 가난이라는 좌절감을 하나님의 뜻과 반대되는 방법으로 해결하고자 했던 결과다. 폭력적이고 완강한 아버지 밑에서 자라난 성도들은 종종 권위자에 대해 나쁜 인상을 갖곤 한다. 그들은 권위자에게 순종할 수 없기 때문에 한 공동체에 머물지 못하고 이 교회 저 교회를 기웃거린다. 어린 시절 여동생이나 언니와 비교당하며 자란 하나님의 자녀들이 어쩌면 지금 자신이 속한 교회에서 분란을 조장하거나 끊임없이 분열을 일으키는 사람이 되어있을지도 모른다. 이 모든 상황은 무엇을 말해주는가? 해결되지 않은 채 내면에 쌓여있는 좌절감을 그릇된 방법으로 풀고자 하는 노력들이 바로 죄라는 사실이다.

이 모든 것-이를테면 음란, 절제하지 못하는 야망, 탐심, 권위에 대한 반항, 분열을 일으키는 태도 등-은 모두 죄다. 이 같은 상황에 직·간접적으로 직면하면 우리는 문제를 일으키는 사람에게 주의를 기울인다. 그리고 대부분의 경우 그들을 훈계함으로써 상황을 마무리하곤 한다. 때때로 성경 말씀을 찾아 상황에 적절한 내용을 읽어주기도 한다. 또한 동일한 죄에 반복해서 빠지지 않도록 약간의 상담 시간을 갖거나 그들이 달려가는 방향이 위험하다는 사실도 경고해둔다. 물론 그들을 위해 기도한다. 교회(공동체) 차원에서의 처벌도 다소 적용해본다. 이 모든 것을 행하는 이유는 그들에게 '거룩'의 요구 조건을 알리고 또 그들이 이 조건에 따라 살도록 돕기 위해서다. 그러나 이러한 노력의 결과는 어떠한가? 얼마 지나지 않아 그들에게서 동일한 문제가 반복될 것이다.

이런 종류의 목회적 접근법은 문제를 일으킨 당사자로 하여금 동일한 죄에 반복해서 걸려 넘어지도록 방치하는 조치와 같다. 일시적으로 좋은 결과가 나타났다고 하더라도 위와 같은 노력은 미봉책에 지나지 않는다. 왜 그런가? 당장에는 지적당한 죄를 끊더라도 그들의 내면에는 아직 해결되지 않은 좌절감이 남아있다. 그것을 달래기 위해 그들은 곧 또 다른 형태의 죄에 손을 댈 것이다. 그동안 우리는 문제-죄-를 다루었을 뿐 문제의 원인에는 손도 대보지 못한 것이 현실이다. 사람들의 마음속 상처는 건드려보지도 못한 채 우리는 그들에게 거룩한 삶을 요구해왔다. 치유받지 못한 사람에게 거룩함을 요구하는 것은 그 사람을 죄책감과 좌절감의 덫으로 밀어 넣는 것과 같다. 그러므로 거룩한 삶을 살기 위해 주님의 치유 능력을 맛보는 것이 참으로 중요하다. 하나님의 은혜 가운데 치유 능력을 만날 때에야 비로소 우리 내면의 기본적 필요와 갈망이 해결되기 때문이다. 다시는 죄의 습관에서 이 갈망을 채워야 할 필요성이 없어진다.

성화를 위한 필수 요소인 '죄 고백'은 우리가 하나님의 마음을 변화시키고 그가 우리를 용서해주실지 검토해보고 확인하는 절차가 아니다. 죄 고백은 우리의 마음이 변화를 입어 하나님의 용서가 절실하게 필요하다는 사실을 마음으로 통감하고 그분의 용서를 받아들이는 행위다. 그렇다면 죄 고백이 바로 치유라고 볼 수 있다.

성 어거스틴(St. Augustine)은 죄는 미워하되 죄인은 사랑하라고 역설했다. 거룩함은 '죄'를 미워하는 것이다. 그러나 내 안에 거하는 '죄인'을 사랑하는 행위 역시 거룩함이다. 나는 내 과거의 상처들을 치유하기에 충분할 만큼 내 자신을 사랑할 필요가 있다. 그렇게 할 때 나는 동일한 죄를 멈출 수 있고 스스로에게 상처 입히는 과오를 그만두게 된다. 기독교 역사에 나타난 위대한 하나님의 사람들은 스스로를 가리켜 '치유가 필요한 큰 죄인'이라고 고백했다. 당신은 자신의 삶이 얼마나 거룩한지 알기 원하는가? 그에 대한 증거를 원하는가? 내가 얼마나 거룩한지는 내가 얼마만큼 하나님을 필요로 하는지에 대한 자각에 달려있다. 선행을 한 후, '이제 하나님과 좀 더 가까워졌겠군'이라고 생각하는 나의 느낌과는 아무 상관이 없다. 하나님이 필요하다는 사실을 깨닫는 만큼 나는 거룩하다.

우리는 내적 치유를 가리켜 '하나님과의 영적 만남을 통해 과거의 상처를 고침 받는 것'이라고 부른다. 우리는 모두 살아가면서 고통을 겪는다. 어떤 사람은 감정적·육체적·물질적 필요의 만족을 얻지 못해서 고통을 경험한다. 또 어떤 사람은 사랑하는 이의 죽음, 사고, 큰 위험, 성폭행과 학대 등 끔찍한 일들을 겪으며 고통을 경험한다. 대인관계로부터 오는 상처들을 경험하는 사람도 있다. 우리는 모두 죄의 열매, 그릇된 결정이 가져다주는 결과를 맛보며 고통을 겪는다. 불만족, 사건·사고, 어그러진 대인관계, 죄-우리가 겪는 고통의 네 가지 주요한 원인이다.

만일 과거의 상처를 치유받지 못하면, 과거에 존재하던 고통의 원인들은 현재의 좌절로 이어질 것이다. 그리고 현재의 좌절을 유발하는 원인들은 장차 미래의 죄악으로 견인하는 역할을 할 것이다. 거룩함의 일차원(악으로부터의 분리)을 염두에 둔다면, 그 거룩함은 죄와 좌절의 원인들을 제거하는 행동이어야 할 것이다. 우리는 죄로부터 깨끗이 씻겨야 할 뿐만 아니라 죄의 근원으로부터도 씻겨야 한다.

내적 치유는 하나님의 사랑과 능력으로 아픈 사람들을 만나는 과정이다. 건강하고 온전한 사람은 하나님의 사랑을 받아들이고 자신을 용납하며 다른 사람도 인정해줄 수 있다. 물론 내적 치유를 받았다고 그 즉시 더욱 거룩한 상태로 성숙하게 되는 것은 아니다. 왜냐하면 성숙은 자원하는 갈망이 있어야 가능하기 때문이다. 내가 말하고자 하는 바는 내적 치유를 통해 우리의 삶을 방해하던 견고한 진, 우리를 충동적 죄의 소굴로 몰아넣었던 과거의 견고한 진이 허물어지고 우리가 자유케 된다는 것이다. 이것은 하나님의 뜻이다. 치유의 능력을 맛볼 때 성도들은 죄의 충동이 사라지는 것을 느낄 것이다. 과거에는 '아팠기 때문에' 자신도 어쩔 수 없이 죄의 충동에 넘어졌다. 그러나 치유받은 후에는 자유를 얻는다. 거룩함 가운데 살 것인지 아니면 죄 가운데 묻혀 살 것인지를 선택할 수 있게 된다는 뜻이다.

성별(헌신)로서의 내적 치유와 거룩...
Inner Healing and Holiness as Consecration

거룩함은 단지 악(惡)의 문제나 과거의 일에만 국한해서 적용할 수 있는 개념이 아니다. 거룩함은 선(善)과 미래의 일에도 영향을 미친다. 이러한 사실에 입각할 때 거룩함을 가리켜 성별(聖別)이라고도 말할 수 있을 것이다. 우리는 깨끗케 되었다–악으로부터 분리되었다. 그러나 동시에 선을 위해서도 헌신 되고 구별되었다. 만일 하나님께서 우리를 깨끗케 하신 목적이 '악으로부터의 엄격한 분리'에만 국한되었다면 우리는 일찍 천국에 갈 수밖에 없었을 것이다. 왜냐하면 악에서 분리되려면 세상으로부터 완벽하게 분리되어야 하고 또 하나님의 뜻에 반(反)하는 모든 것에서 떠나야 하기 때문이다. 현실적으로 볼 때, 이 땅에서는 이러한 일이 가능치 않다. 또한 하나님이 원하시는 바도 아니다. 하나님께서는 우리를 이 땅의 거룩한 나라로 삼으시려고 이 세상에 남겨두셨다. 우리가 이 땅에서 살아가는 이유는 우리를 어둠에서 이끌어 그분의 찬란한 빛 가운데로 인도하신 하나님을 찬송하기 위해서다(벧전 2:9 참조). 우리에겐 완수할 임무가 있다. 이 임무를 수행하기 위해 우리는 깨끗케 되었고 성별 되었다.

거룩한 삶을 살고픈 갈망이 있고 목숨을 바쳐 주님을 섬기고자 하는 사람들에게 내적 치유를 시행하지 않으면, 이들은 구습에 얽매여 자신의 사역을 온전히 감당하지 못하고 은사를 제대로 활용하지 못하게 될 것이다. 치유되지 않은 과거의 상처들은 거룩한 성별을 훼방하는 장벽이다. 우리가 하나님을 위해 온전히 헌신하지 못하도록 우리의 목덜미를 붙잡는다. 예를 들어, 온전한 헌신으로 많은 사람을 주님께 인도하려고 애쓰는 목사가 있다고 해보자. 하나님이 역사하시자 수많은 사람이 그의 교회로 모여들었다. 그러나 이 목사에게는 아직 치유되지 않은 상처가 있다. 보통 마음속에 있는 상처들이 겉으로 드러나기까지는 그리 오랜 시간이 걸리지 않는다. 얼마 지나지 않아 이 목사는 사람들을 향해 완고한 태도(쓴 뿌리)를 보이기 시작한다. 결국 회중들은 참지 못하고 교회를 떠난다. 큰 좌절감을 맛본 목사는 마음속에서 헌신의 열정이 사라지는 것을 느끼며 위기 속으로 들어가게 된다. 어린 시절 부모로부터 인정받아본 적도 없고 소중한 자녀로 대접받아본 적도 없던 복음 진도자가 있다고 하자. 성장한 후 그는 하나님으로부터 거룩한 기름 부음을 받아 기적과 표적을 일으키는 강력한 사역자가 되었다. 그런데 어느 날, 이러한 기름 부음의 통로가 막혔다는 느낌을 받는다. 사실 그는 최근의 한 집회 도중에 하나님께 영광을 돌리는 대신 사람들의 관심을 자신에게 집중시킴으로써 부모님으로부터 인정받고 싶었던 과거의 욕구를 충족하고자 했다. 하지만 그는 자신에게 이러한 욕구가 있었는지조차 깨닫지 못할 것이다. 또 다른 예를 들어보겠다. 영적 전쟁을 위해 헌신했던 한 중보 기도자가 있었는데 어느 날 갑자기 영적 전쟁을 그만두게 되었다. 겉으로 볼 때는 그녀의 결혼 생활을 무너뜨리는 마귀의 공격이 문제였다. 그러나 진짜 문제는 그녀의 내면에 아직 해결되지 못한 상처가 남아있었다는 것이다.

성별(헌신)로서의 거룩함을 위해서 우리에겐 '능력'이 필요하다. 능력이 있어야만 성령의 기름 부음으로 충만하게 된다. 성령의 기름 부음 안에서 사역을 위한 힘과 능력, 가난한 사람들에게 복음을 전파하는 힘과 능력, 마음 상한 사람들을 치유하고, 갇힌 자를 자유케 하고, 눈먼 자를 보게 하고, 주의 은혜의 해를 선포하는 힘과 능력을 받게 된다(눅 4:18-19 참조). 앞에서 말했듯이 이러한 일이 일어나기 위해서는 우리를 성령의 기름 부음으로 인도하는 '능력'의 경험이 선행되어야 한다. 능력과의 만남 이후, 우리는 "주께서 내게 기름 부으셨으므로 주의 영이 내게 임하셨다"라고 말할 수 있다. 이것을 경험하기 위해, 그리고 무엇보다도 이 놀라운 역사의 효과를 유지하기 위해, 치유는 필수다. 이 사실은 다음과 같이 기도하고 부르짖었던 어떤 남자의 일화에서도 확인할 수 있다.

그는 "주여, 성령으로 나를 채우소서. 당신의 성령으로 채워주소서. 채우소서"라고 기도했다. 그런데 이 기도를 듣게 된 그의 부인이 즉시 다음의 기도를 덧붙였다. "주님, 성령으로 제 남편을 채워주시기 전, 그의 마음속에 뚫려있는 구멍들을 메워주세요." 이 재미있는 이야기의 기저에는 우리가 성령 충만한 삶을 살기 위해 그리고 이 세상을 향한 복(복의 통로)이 되기 위해 삶 속의 구멍들을 반드시 메워야(혹은 상처를 치유받아야) 한다는 진리가 흐르고 있다.

경험으로서의 내적 치유와 거룩...
Inner Healing and Holiness as an Experience

우리의 삶에 시간에 따른 두 가지 차원이 존재하는 것처럼, 거룩함에도 역시 시간에 따른 두 가지 차원이 존재한다. 먼저 거룩함은 한 차례의 특별한 경험으로 다가온다. 그러나 그리스도와의 특별한 첫 만남 이후에는 '성장'이라는 새로운 국면으로 다가온다. 결국 이 말은 우리가 '이미 성화되었고', 또 '계속해서 성화된다'는 의미다. 사도 바울은 고린도 교회에 보내는 첫 번째 서신의 인사말을 빌려 '일회적 사건'으로서의 거룩함과 '과정'으로서의 거룩함 사이에 존재하는 갈등 구조를 설명했다. "고린도에 있는 하나님의 교회 곧 그리스도 예수 안에서 거룩하여지고(sanctified) 성도라 부르심을 입은(called to be holy) 자들에게…"(고전 1:2) 이 구절에서 바울이 말하는 바는 다음과 같다. "고린도 교회의 성도들은 그리스도와의 첫 번째 만남을 통해 그리스도 예수 안에서 이미 거룩케 되었다. 하지만 날마다 거룩함 속으로 들어갈 것을 계속해서 명받고 있다."

만일 우리가 거룩함의 두 가지 측면 중 어느 하나라도 잊는다면, 성령님이 하시는 일을 온전히 깨닫지 못할 것이다. '과정'으로서의 성화는 인정하지만 한 차례 특별한 '경험'(혹은 몇 차례의 경험)으로서의 성화를 인정하지 못한다면 우리는 '성화'를 거의 감지할 수 없을 정도의 인본적인 노력으로 인식하게 되는 위험을 안게 된다. 이 관점은 기적이나 초자연적인 역사가 나타나길 기대하는 마음의 설 자리를 잃게 한다. 최초의 특별한 경험이 없다면 과정 자체도 존재할 수 없다.

반면에 성령의 능력을 체험하는 '과정'을 무시한다면 우리의 성장은 더디거나 혹은 정지되고 말 것이다. 거룩함 가운데 우리를 흔드시고 움직이시는 하나님과의 지속적인 만남, 그 강력하고 견고한 일련의 체험들은 악과 분리되는 삶, 선을 위해 성별되는 성장 과정 속으로 우리를 밀어 넣는다. 더욱 거룩한 차원으로 우리를 인도하는 일련의 강력한 경험들 속에 내적 치유가 자리한다.

거룩함과 마찬가지로 내적 치유 역시 '특별한 경험'과 '지속되는 과정'으로 체험된다. 우리가 어떤 사람의 아픈 기억, 과거의 상처, 부정적인 감정의 치유를 위해 혹은 새로운 마음가짐을 위해 기도했을 때 그 즉시 치유가 일어나는 경우가 있다(마치 몸의 질병이 치유되는 것과 같다). 그러면 이 사람은 큰 기쁨과 자유를 맛보며 "내가 짊어지던 삶의 무게가 사라진 것 같아!"라고 외칠 것이다. 이처럼 하나님의 사랑을 선명하게 체험할 때 주님을 향한 헌신과 사랑은 다시금 타오를 것이다. 이를 경험한 사람들은 "나는 치유받았다!"라고 자신 있게 고백할 수 있다.

하지만 주님과 동행하며 성숙해지는 과정에서, 또 성령의 새로운 경험들을 맛보는 여정에서, 삶 가운데 숨어있던, 치유되어야 할 새로운 영역들과 마주하게 된다. 하나님의 빛이 마음속 상처들을 조명해주시는 것이다. 어떤 상처는 조명되는 순간 치유되기도 하지만 어떤 상처들은 오랫동안 지속되는 치유의 과정을 거쳐야만 한다. 그러므로 과거 한때 경험했던 치유만을 붙들며 '나는 완치되었어'라고 고집한다면, 치유를 요하는 여러 다른 영역은 좌절과 범죄의 견인차, 더 깊은 거룩함을 방해하는 장애물로 작동하기 시작할 것이다.

기억하라. '거룩함'에서와 마찬가지로 우리는 이미 치유받고 온전케 되었다. 하지만 날마다 치유받고 온전케 될 것도 명령받았다.

과정으로서의 내적 치유와 거룩함…
Inner Healing and Holiness as a Process

한 차례의 특별한 경험으로 성화(거룩함)를 정의하고 과정으로서의 성화에 대한 시각을 잃어버린다면 우리는 자만한 태도를 갖게 될 것이다. 최초의 경험은 입구와 같다. 그것은 날마다 하나님과 동행하는 삶, 특별한 능력 체험(회심의 경우에서처럼 반복되어 일어나는 경험)의 삶으로 인도하는 입구이지 최종 목적지가 아니다. 하지만 우리는 종종 이러한 사실을 잊곤 한다.

그리스도께로 나아갈 때 우리는 '있는 모습 그대로' 나아간다─그의 자비와 은혜가 절실하게 필요한 모습, 구원받기 위해서 스스로 할 수 있는 일이 아무것도 없음을 깨달은 모습 그대로 말이다. 이렇게 우리는 거듭난다. 그리고 성화의 과정을 밟는다. 그러나 하나님의 자녀가 된 후 우리는 종종 하나님이 고안해두신 방법에 수정을 가하려고 한다. 거룩함 가운데 성장하려는 목적으로 하나님께 다가가는 대신(즉, 하나님의 도움이 필요한 죄인으로서), 하나님의 도움 없이도 죄를 짓지 않을 만큼 거룩해지기 위해 스스로 노력하기 시작한다.

최초의 경험 이후 일련의 추가적인 능력 체험을 내포하는 '과정'으로서의 성화 대신 이처럼 독특한 일회성 사건으로서의 성화만을 바라본다면, '성도'라는 정체성에 대한 인식도 빈약해진다. 안타깝게도 수많은 '훌륭한' 성도들이 다음과 같이 말한다. "나는 내적 치유가 필요 없어요. 필요한 모든 것은 회심하는 순간(혹은 성령 세례의 때, 성화의 경험을 통해) 이미 하나님으로부터 받았기 때문이지요. 나는 이미 새 피조물이 되었잖아요. 옛것은 이미 다 지나갔다고요!"(have passed away) 슬픈 일이지만 이 확신은 두 가지 중대한 오류를 범했다. 첫째, 말은 그렇게 하지만 그들의 삶은 아직 옛것이 다 지나갔음을 보여주지 못한다. 둘째, 성경 자체가 그렇게 가르치고 있지 않다. 하나님의 말씀에는 "누구든지 그리스도 안에 있으면 그는 새로운 피조물이다. 옛것은 지나가고 있는 중이다(are passing away). 보라! 모든 것이 '새롭게 되어가고 있는 중이다'(being made new)"(고후 5:17 참조)라고 기록되어있다. 이 구절의 의미는 무엇인가? 특별한 사건으로 시작되는 어떤 '과정'이 존재한다는 사실을 밝히고 있다. 또한 이 '과정'은 하나님의 치유와 사랑을 맛보는 일련의 새로운 경험들, 능력의 체험들을 통해 점점 더 깊어져간다는 것을 알려준다.

변화라는 평행선 위에 놓여있는 내적 치유와 거룩함...
Inner Healing and Holiness as Parallel Transformations

　　내적 치유와 성화 과정의 출발점이 되는 강력한 영적 체험이 존재한다. 이 특별한 체험에서 출발하여, 성화(거룩함)가 시작되고 내적 치유의 과정이 시작되는데 이 둘 사이에 유사한 점들이 발견된다. 성화의 과정 중 이 최초의 특별한 경험은 성령께서 빛을 비추실 때 시작된다. 성령께서 우리의 삶 속 정화되어야 할 영역들을-행동, 마음속 동기, 관계, 생각 등-보여주신다. 내적 치유도 이와 마찬가지로 성령의 조명에서 출발한다. 과거에 속해있으나 현재까지 지속되는 구습의 죄, 즉 치유가 필요한 영역들이 성령의 빛에 드러날 때 내적 치유가 시작된다. 치유될 영역에는 기억(memories), 인상(images), 감정(feelings), 내적 명령(commands) 등이 포함된다.

　　성화의 과정 중, 성령의 조명 이후에는 절연(絶緣)의 단계로 들어간다. 이 과정에서 우리는 죄를 고백한다. 하나님의 뜻대로 행하지 못한 우리의 실패를 인정하며 회개한다. 그리고 죄와 절연한다. 내적 치유에서도 마찬가지다. 과거의 굴레가 더 이상 현재의 삶을 속박하지 못하도록 과거의 굴레와 절연한다. 성화와 내적 치유 과정에서 절연의 단계는 매우 중요하다. 왜냐하면 이 과정을 통해 마귀가 우리의 삶에 대한 합법적 권리를 잃게 되기 때문이다. 죄를 고백하면 마귀는 우리를 참소할 기반을 잃게 된다. 과거 습관의 굴레를 단호히 잘라낼 때 마귀는 우리의 성장과 건강을 해칠 만한 기반을 더 이상 찾아내지 못한다. 사탄은 전지(全知)

하지 못하기 때문에 우리의 생각을 읽을 수 없다. 그러므로 반드시 과거의 습관 및 죄와의 절연 사실을 육성(audible voice)으로 선포해야 한다. 원수이자 참소자인 사탄은 우리의 결정 사항을 통보받게 되고 우리의 삶에 대한 자신의 권리를 잃게 된다.

우리가 하나님께 용서와 치유를 요청할 때 성화와 내적 치유의 과정이 지속된다. 여기에 성령의 능력이 나타나 삶을 정결하게 씻겨주고, 더 깊은 거룩함의 차원으로 회복시키는 과정이 포함된다. 물론 거룩하신 하나님, 치유하시는 하나님과의 만남이 드라마틱할 수도 있고 그렇지 않을 수도 있다. 깜짝 놀랄 만한 사건일 수도 있고 그렇지 않을 수도 있다. 그러나 하나님과의 만남은 강력한 체험일 수밖에 없다. 삶을 변화시키는 경험이기에 강력하다.

이후 당면하게 될 과제는 거룩함과 건강함을 유지하는 것이다. 그렇게 할 때, 성령께서는 우리의 삶에서 정화되어야 할 새로운 영역들을 알려주신다. 더욱 거룩해지기 위해 치유받아야 할 부분들을 계속해서 알려주신다. 더욱 거룩해지는 것의 의미는 그리스도를 더욱 닮아가는 것이다. 이렇게 이 과정은 반복된다. 그러나 다람쥐 쳇바퀴 돌듯 제자리로 회귀하는 사이클은 아니다. 이것은 점진적인 성장의 과정이다.

당신의 삶 속 내적 치유와 거룩함...

Inner Healing and Holiness in Your Life

이 글을 읽는 것이 단순한 지식 전달로 끝나지 않기 위해, 나는 아래에 열거한 대로 당신 스스로가 내적 치유의 단계를 밟아가기를 권유한다. 그동안 나는 이 기도를 통해 전 세계 수천 명의 사람에게 내적 치유 사역을 해왔다. 그리고 하나님의 능력이 그들의 마음을 어루만지며 치유하시는 것을 목격했다. 하나님께서는 당신에게도 동일하게 행하실 것이다.

1. 성령께서 당신의 삶을 감찰하시기를 간구하라.
2. 아직도 당신의 삶에 영향을 미치는 상처가 무엇인지 계시해달라고 성령님께 간구하라.
3. 증오, 원한, 쓴 뿌리, 두려움 등의 부정적인 감정을 육성으로 절연하라. 당신의 마음을 아프게 하는 '이미지, 사람들의 요구, 말, 기억' 등과 절연하라.
4. 예수님의 이름으로 당신을 아프게 했던 사람들을 용서하고 축복하라.
5. 아직 고백하지 않은 죄가 있는지 성령께서 당신의 마음을 살피시고 드러내주시기를 간구하라.
6. 정직하게 당신의 죄를 고백하고 용서를 구하라. 회개하라.
7. 당신의 삶을 그리스도의 주권에 내어드리라.
8. 성령께서 당신의 마음을 치유해주시기를 믿음으로 구하고 치유를 받으라.
9. 성령의 치유하시는 손길을 믿음으로 구하고 받으라.
10. 내가 당신을 위해 기도한 이 기도문을 큰 소리로 읽으라.

"아버지, 이 시간 나는 예수님의 이름으로 내 형제/자매(자기의 이름을 넣고)의 삶을 모든 속박으로부터 풀어냅니다. 그리고 그(자기 이름)의 삶에 놓인 모든 멍에를 끊습니다. 그(자기 이름)에게 성령의 충만함을 불어넣어 주옵소서. 아멘."

이스라엘의 거룩한 자(사 43:3 참조), 여호와는 스스로를 가리켜 '여호와 라파' 곧 '치유하시는 여호와'라고 부르신 하나님이시다(출 15:26 참조). "내가 거룩하니 너희도 거룩하라"(벧전 1:16 참조)라고 도전하시는 바로 그 하나님께서 사랑의 마음으로 우리에게 물으신다. "치유받기를 원하느냐?"(요 5:6 참조) 당신의 대답이 "네, 주여. 내가 거룩하게 되기를, 내가 건강하게 되기를 원하나이다"이기를 바란다.

파블로 데이로스 박사는 아르헨티나 부에노스아이레스의 중앙 침례교회를 공동 담임하고 있다. 성도 수가 이천 명 정도 되는 이 교회는 아르헨티나의 침례교회 중 가장 오래되었다. 파블로 데이로스는 역사학, 교회사학에서 석사학위를, 그리고 미국 남서 침례 신학대학원(Southwestern Baptist Theological Seminary)에서 역사학 박사학위를 수여하였다. 그는 부에노스아이레스의 국제 침례 신학대학원(International Baptist Theological Seminary)에서 지난 이십오 년간 교회사를 가르쳤고, 프린스턴과 풀러 신학대학원을 포함, 세계 여러 나라의 수많은 대학과 대학원에서 초빙 교수를 지낸 바 있다. 또한 카를로스 음래이다 박사와 함께 『Latinoamerica en Llamas』를 공동 집필하기도 했다.

파블로 보타리는 부에노스아이레스에서 이발사로 일하다가 복음 전도자 카를로스 아나콘디아가 이끄는 축사 사역팀의 디렉터가 되었다. 지난 십이 년간 그는 부흥 집회 장소에 세워진 '축사 사역 천막'에서의 활동을 감독하였고 육만 회 이상의 축사 사역에 직접 가담하였다. 현재 부에노스아이레스의 중앙침례교회에서 목회 사역을 하고 있다. 지역 교회를 위해 축사 사역을 가르치는 그의 사역은 국제적으로 점점 더 커져가는 수요에 부응하고 있다.

9

어둠의 견고한 진으로부터의 자유(축사)
Deliverance From Dark Strongholds

파블로 데이로스, 파블로 보타리 공동 집필
by Dr. Pablo Deiros and Pablo Bottari

내가(파블로 데이로스 박사) 처음으로 내적 치유와 축사 사역을 경험했던 것은 마귀의 압제를 받던 열여덟 살의 한 여성이 부에노스아이레스 중앙침례교회 안에 있던 내 사무실을 거의 파괴하다시피 했던 때였다. 당시 나는 이러한 상황을 해결해줄 만한 사람을 찾을 수 없었다. 그래서 그런지 그 사건 이후로 우리 교회는 마귀의 압제로 고통당하는 사람들에게 어떻게 사역해야 하는지를 빨리 배우게 된 것 같다.

우리나라는 물론이고, 내가 방문했던 모든 나라에서 내적 치유와 축사 사역의 필요성이 급증하고 있다. 그러나 안타깝게도 교회는 수십 년간 이러한 사역을 무시해왔다.

아르헨티나의 복음 전도자 카를로스 아나콘디아는 노랗고 하얀 줄무늬가 그려진 백오십 피트 높이의 텐트를 갖고 있는데 그것은 축사 사역을 위한 용도로 사용된다. 이 텐트는 그가 인도하는 부흥 집회 중 몸을 떨거나, 넘어지거나, 소리 지르거나 혹은 여러 경로로 귀신의 역사를 보이는 사람들에게 사역하려고 특별히 준비된 것이다. 집회 중 아나콘디아가 사탄을 꾸짖기 시작하면 강한 볼트의 전기 같은 것이 사람들에게 들어간다. 성령님의 놀라운 역사다. 집회 기간 내내, 매일 밤마다 끊임없는 사람들의 행렬이(종종 수백 명씩) 축사 사역을 위한 텐트 안으로 향한다. 그리고 실제로 그 텐트 밖을 나서는 사람마다 엄청난 자유와 축사의 기쁨을 표현한다.

수년간 파블로 보타리는 아나콘디아의 축사 사역 텐트를 주관했다. 매번 이루어지는 아나콘디아의 집회마다 텐트 사역에서 수백 명의 새신자와 기존 신자들이 마귀의 압제로부터 자유케 되는 경험을 맛보았다. 성령님의 도우심으로 파블로 보타리는 자신만의 축사 사역 모델을 개발할 수 있었는데, 이는 조용히 또 친절하고 품위 있게 그리고 매우 효과적으로 사역할 수 있는 모델이다. 물론 목회적이며 또 가르치고 배우는 데 용이한 모델이기도 하다.

내 사무실에서 그 여성과 만난 이후, 나는 보타리의 사역과 그가 개발한 10단계 축사 모델에 대해 듣게 되었다. 지금 우리 교회는 그 모델을 가지고 축사 사역을 훈련하고 있다.

개인적으로 몇 가지 다른 축사 사역 방법들을 시험해본 적이 있다. 나는 여타의 모델들보다 보타리의 모델을 선호하는데, 목회적이며 또 '소란스럽지'(spectacular) 않기 때문이다. 게다가 그의 축사 모델은 겉으로 드러나는 증상만을 다루는 게 아니라 문제의 깊은 뿌리까지 다루므로 사역의 현장에서 자유, 기쁨, 평화가 피사역자의 얼굴에 깃드는 것을 볼 수 있다.

내적 치유와 축사 사역의 필요성이 매우 팽배해졌기 때문에 우리는 우리 교회 성도들 대부분에게 보타리의 모델을 가르쳤다. 이제 축사 사역은 교회 생활의 평범한 일부가 되었다.

몇 해 전, 우리 교회는 아나콘디아를 초청하여 전도 집회를 열었다. 그때 천삼백 명이 결신했고 칠백 명(결신자의 절반 이상)이 축사 사역을 경험했다. 이후 여러 다양한 기회를 통해 더 많은 사람이 축사 사역을 경험했다.

축사 사역은 새신자에게만 필요한 사역이 아니다. 이 사역은 목회자와 교회 내 리더들을 포함해서 오랫동안 예수님을 믿어온 사람들에게도 필요하다. 우리는 고국 아르헨티나에서는 물론 여러 다른 나라에서도 이러한 필요성을 감지했다. 최근까지 축사 사역의 분야에서 우리에게 도움을 줄 수 있는 사람은 아무도 없었다. 하지만 이 영역에서 도움을 필요로 하는 목회자들은 부지기수로 많았다. 그들은 자신의 사역이 난관에 봉착한 이유가 마귀의 방해 때문임을 잘 알고 있었다. 그러나 누구에게 도움을 청해야 할지, 혹 도움을 받을 수는 있을지 의문이었다. 내가 아는 어떤 나라의 한 지역에서는 약 75% 정도의 목회자 부부가 어린 시절의 끔찍했던 성폭행 경험으로 고통을 당하고 있었는데 이는 내적 치유와 축사 사역으로만 해결될 수 있는 문제였다.

지금 우리가 시행하는 사역 중 하나는 목회자와 리더들만을 위한 특별 진료소를 세운 것이다. '진료소'라고 부르는 이유는 그들이 자유를 누릴 수 있도록 치유하는 것이 목적이기 때문이다. 이 사역을 진행하기 위해 선택한 방법은 두 채의 조그마한 축사 사역 텐트를 세우는 것이었다. 한 채의 텐트는 목회자와 리더들이 훈련을 받은 대로 자신에게 혹은 서로에게 축사 사역을 시행하도록 하는 용도였고 다른 한 채는 집회 중 마귀의 역사가 드러난 사람들을 위한 용도였다. 첫 번째 텐트에서 스스로에게 축사 사역을 한 뒤 자유케 된 목회자와 리더들은 이제 두 번째 텐트로 들어가 실질적인 사역 훈련에 들어가게 된다. 해마다 우리는 이 진료소에서 새로운 것을 배우며, 또 진료소를 새롭게 변화시키고 있다.[1]

교회는 그리스도의 신부로서 정결해야 한다. 그런데 하나님께서는 교회를 정결케 하시는 이 사역을 양들에게 먼저 시행하지 않으신다. 하나님은 교회의 리더들부터 정결케 하신다. 치유받은 지도자, 자유케 된 지도자는 회중을 향해 자유, 축사, 평안, 건강을 전달할 것이다. 이러한 이유로 우리는 진료소를 세운다. 또한 이 이유로 수많은 목회자가 이 진료소를 찾는다. 굶주린 그들은 "나를 아프게 하고, 나를 옭아매고, 하나님이 원하시는 방법대로 교회를 섬기지 못하도록 방해하는 것들에 대해, 마침내 누군가가 관심을 가져주는군요!"라고 고백한다.

미국에 있는 성도들은 마귀의 영향력을 보려면 해외로 나가야 한다고 생각하는 경향이 있다. 그러나 실상은 그렇지 않다. 나는 북미의 선교단체 및 여러 교단과 연합하여 사역해왔는데 다른 어떤 곳에서보다 미국 내의 성도들에게 마귀의 영향력이 더 강하게 역사하는 것을 목격했다. 미국에서 마귀의 역사가 겉으로 드러나는 현상이 많이 목격되지 않는 이유는 마귀가 교회를 편하게 여기기 때문에, 또 교회가 마귀를 괴롭히지 않기 때문이다. 만일 우리가 마귀를 심각하게 여겨 그를 꾸짖고 그의 행악을 고발하기 시작한다면 교인들과 리더들 사이에서 마귀가 그 정체를 드러내는 것을 쉽게 목격할 수 있을 것이다. 북미 교회에는 전도와 제자 양육에 대한 가르침은 많지만 반면에 내적 치유와 축사 사역에 대한 가르침은 너무도 적다.

이 장의 후반부에는 동료 사역자이자 친구인 파블로 보타리가 마귀의 견고한 진으로부터 사람들을 자유케 하기 위해 개발한 놀라운 사역 모델이 기록되어있다.

축사 사역 모델...A Deliverance Ministry Model

나는(파블로 보타리) 축사 사역을 할 때마다, 혹시 깨어진 관계, 끔찍한 사건, 지속되는 질병, 습관적인 죄와 같은 '열린 문'을 통해 마귀가 들어온 것이 아닐까 하고 가정해본다. 만일 이 모든 '열린 문'을 '닫지' 않으면, 축사 사역은 어려워질 것이고, 때때로 우스운 결과가 나타날 것이며, 좋은 결과를 얻게 되더라도 일시적인 현상에 그칠 것이다. 반면 그 모든 열린 문을 닫는다면 실질적인 축사 사역이 쉽게 진행되고, 빨리 이뤄지며, 좋은 결과가 나타날 것이다. 또한 거의 영구적인 효과가 나타날 것이다(이 장에서 나는 축사 사역을 받는 사람을 지칭하는, '피사역자'[prayee:기도 받는 사람]라는 용어를 사용할 것이다. 주로 남성 대명사를 사용할 것인데 이는 남자 여자 모두를 대상으로 한다는 것을 알아주기 바란다).

이 모델은 참석자들에게서 몸이 떨리거나 넘어지거나 혹은 소리를 지르는 것과 같은 마귀의 현상이 나타나는 부흥 전도 집회에 적합하다. 물론 지역 교회나 개인적인 요청에도 사용될 수 있다(명백하게 "마귀의 현상이다"라고 단언할 수 없는, 이를테면 강박감에 사로잡힌 경우, 감정적 문제나 습관적 문제로부터 자유케 되기 원하는 사람이 도움을 요청할 때). 이 모델에는 내적 치유를 통해 자유를 얻기 원하는 성도들에게 사역할 때, 사역자들이 반드시 기억해야 할 몇 가지 원칙이 기록되어있다. 이와 동시에 단지 기계적인 방법처럼 이 모델을 시도하고자 하는 유혹을 뿌리쳐야 할 것이다.

축사 사역을 위한 원칙...Principles for Deliverance

- 사역자가 아닌, 하나님의 사랑이 축사 사역을 인도하게 해야 한다. 그리고 사역자는 단계마다 성령님께 의존해야 한다. 기억하라. 당신의 주된 임무는 귀신을 쫓는 것이 아니다. 당신이 해야 할 가장 중요한 임무는 주님이 사랑하시는 한 영혼을 붙드는 것이다. 그가 상처받는 것을 원치 않으시는 주님의 뜻에 따라 바로 그 한 영혼을 도와야 한다. 마귀의 압제 아래 신음하는 영혼을 불쌍히 여기고 사랑하시는 하나님의 마음이 이 사역의 기반이다. 사역자는 반드시 하나님의 마음으로 사역해야 한다. 마치 피사역자가 마귀인 것처럼 대하지 마라! 절대로!
- 거의 대부분의 경우, 피사역자는 상처 입은 사람이다. 이 모델을 시행하는 중이라도 피사역자의 상처와 아픔을 어루만지고 치유하기 위해 더 온화한 기도를 하기 원하거나 더 좋은 방법 혹은 특별한 모델을 알게 되었다면 여기에 제시된 10단계 모델을 언제든 지체 말고 중단하라. 그리고 사역하는 동안 당신이 채택한 방법을 수차례 반복

할 필요가 생길 수도 있음을 명심하기 바란다.
- 치유하고 자유케 하는 능력은 예수님의 이름에 있다. 그의 이름을 사용하라. '너무 많이 사용하는 것 아닌가?' 하고 주저하지 마라!

자유로 나아가는 열 가지 단계...Ten Steps to Freedom

1단계: 피사역자를 소중히!
Give the individual priority!

피사역자에게 친절하게 대하라. 강압적인 태도는 버리라. 물론 그리스도의 권세 아래로 마귀를 복종시킬 때에는 강직한 태도가 필요하다. 그러나 피사역자는 사랑받고 격려받고 용서받는다는 느낌을 받아야 한다. 피사역자는 아마도 오랜 세월 억압당했을지도 모른다. 그리고 득이 되기보다는 오히려 해가 되는 기도 사역을 받았을 수도 있다. 그러므로 그를 따뜻하게 격려해주고 그가 자유를 향해 나아가고 있음을 이야기하라!

2단계: 마귀가 정체를 드러내면 예수의 이름으로 굴복시키라.
If a spirit manifests, bring it under submission, in the name of Jesus.

정체를 드러낸 마귀를 향해 예수의 권세로 잠잠할 것을 명하라. 다음과 같이 간단히 말하라. "예수의 이름으로 네게 명하노니 너는 굴복하라!" 혹은 "예수의 이름으로 명하노니 너 마귀는 잠잠하라! 나는 지금 (브루스 혹은 헬렌 등 피사역자의 이름)과 이야기할 것이다." 마귀가 잠잠해질 때까지 이러한 명령을 반복하라. 이 과정에 오랜 시간이 걸리더라도 놀라지 마라. 오래 참으라. 피사역자에게 "내가 꾸짖는 것은 당신이 아니라 당신에게서 정체를 드러낸 마귀입니다"라고 이야기하는 것이 도움이 된다.

당신이 마귀를 잠잠케 하는 동안 다른 사역자에게 피사역자를 만지거나 그에게 말하거나 큰 소리로 기도하지 말 것을 당부하라. 마귀는 분열된 지휘 체계를 쉽게 감지하기 때문이다. 만일 다른 사람이 당신의 지휘(권위)에 태클을 걸면 마귀를 잠잠케 하기는 더 어려워진다.

3단계: 피사역자와 계속해서 의사소통하라.
Establish and maintain communication with the prayee.

축사와 내적 치유 사역에서 피사역자의 협조는 필수다. 당신이 그에게서 '열린 문들'을 찾아 닫을 수 있도록, 그가 당신을 도와야만 한다. 당신이 계속해서 피사역자와 대화를 나눌 수 있어야 한다는 뜻이다. 마귀가 정체를 드러내는 현상이 지속되는 동안에는 열린 문을 찾아 닫는 일을 할 수 없다.

사역이 진행되는 동안 피사역자와 의사소통하기 위해 당신은 마귀에게 추가적으로 복종하라는 명령을 내려야 할지도 모른다. 어쩌면 피사역자는 고개를 가누지도 못하고 당신을 쳐다보지도 못하고 혹은 똑바로 앉아있지 못할 수도 있다. 필요하다면 마귀에게 다시 한 번 복종할 것을 명령하라. 시간이 걸릴 수도 있다. 하지만 꼭 필요한 작업이다. 예수의 이름으로 명령할 때 외에는 마귀에게 아무런 이야기도 건네지 마라.

4단계: 무엇으로부터 자유하기를 원하는지 피사역자에게 물으라. 그리고 그가 정말 자유하기를 원하는지 확실히 해두라.

Ask the prayee what he wants to be freed from and try to make sure he really does want to get free.

하나님께서 강권적으로 개입하시지 않는 한, 피사역자가 진정으로 자유하기를 원치 않는 경우 그를 자유케 하기는 불가능할 것이다. 성공적인 축사 사역에는 자격 없이 받는 용서, 진정한 회개, 그릇된 행동과 태도와의 절연이 필요하다. 여기에 마귀의 입구 역할을 해왔던 삶의 모습들을 버리고 변화 받고자 하는 피사역자의 갈망이 더해져야 한다. 이러한 갈망 없이 축사 사역을 받는다면, '성공적인' 사역이었을지라도, 피사역자가 또다시 속박의 굴레 안에 갇히는 일이 발생할 것이다.

피사역자가 축사 사역을 받을 만한 상태가 아니라는 판단이 서더라도 결코 실망하지 마라. 단지 그를 위해 기도하고 축복해주라. 하지만 축사를 위해서는 기도하지 마라. 이후 그의 마음속에 자유를 향한 진정한 갈망이 일어날 때, 다시 한 번 찾아와 사역의 도움을 받도록 권면하라.

5단계: 피사역자가 예수님을 자신의 구세주로 또 주인으로 영접하였는지 확인하라.

Make sure that the prayee has accepted Jesus as his Savior and Lord.

자유 안에 거하려면 성령의 도움이 필요하다. 피사역자에게 이 사실을 설명하라. 만일 그가 예수님을 믿지 않는다면, 그를 그리스도께로 인도하라. 만일 그가 영접하기를 거부한다면 다만 그의 치유를 위해서 기도하라. 축사를 위해서는 기도하지 마라. 그리고 나중에라도 예수님을 구세주로 영접하도록 격려하라. 예수님을 영접한 후에 다시금 축사 사역과 치유 사역을 위해 방문할 것을 권면하라.

6단계부터는 오직 피사역자가 진정으로 자유케 되기를 갈망할 때, 그리고 그가 예수 그리스도를 삶의 주인으로 영접했을 때 진행하라.

6단계: 피사역자와 이야기를 나누며 그가 속박된 계기(이를테면 과거의 특별한 사건, 행동, 대인 관계 등)가 무엇인지를 찾아보라.

> Interview the prayee to discover the event or events, the conduct, or the relationship situations that have led to his bondage or bondages.

이야기를 나누는 목적은 '용서'가 필요한 영역이 무엇인지, '치유'가 적용되어야 할 영역이 어디인지, 또 '회개' 및 '사슬을 끊는 사역'이 필요한 영역이 어디인지를 알기 위해서다.

만일 피사역자가 어떤 특정한 속박으로부터 자유케 되기를 원한다면, 바로 그곳에서부터 시작하라. 딱히 시작할 만한 확연한 영역이 없다면, 그의 아버지나 어머니와의 관계부터 다루라. 이후 그가 맺었던 여러 다른 관계로 확장해나가거나 다른 영역으로 이전하라. 피사역자가 학대당했거나 상처 입은 영역들이 있는지 살펴보라. 또한 그 스스로 죄를 선택했던 영역이 무엇이었는지 살펴보라. 이야기가 깊어지면 깊어질수록 용서할 영역, 회개할 영역이 더욱 선명하게 드러날 것이다. 이때 더 나은 결과를 얻게 될 것이다.

'영역' 별로 구분하여 상담하는 것은 피사역자가 품고 있는 문제에 대해 더 자세하고 포괄적인 그림을 얻기에 편리한 방법이다. 사역자는 한 영역을 심층적으로 다룬 뒤, 다음 영역으로 진행해나가야 한다.

여기서 말하는 영역에는 다음의 항목들이 포함된다. 관계(부, 모, 그 외 여러 관계), 약물, 신비사교(邪敎), 혼외 성관계, 외상(trauma), 저주, 습관적인 죄, 교만, 탐욕, 남을 통제하려는 욕구와 같이 세세한 부분들… 관계 영역을 다룰 때 사역자는 피사역자가 받아왔던 학대에 집중해서 학대의 결과로 나타난 마음속 상처나 어그러진 성격, 태도가 무엇인지 살펴야 한다. 다른 영역에 대해서는 피사역자의 가담 여부를 살피되 이 영역들로 그를 유혹한 사람(즉, 그의 용서를 받아야 할 사람)이 있는지 확인해야 한다. 또한 피사역자가 다른 사람들에게 상처를 입힌 경우들도 살펴봐야 한다.

7단계: 마귀의 입장을 허용하며 열어놓았던 '문들'을 피사역자 스스로 '닫도록' 인도하라.
Lead the prayee in "closing" these "doors" to the admission of spirits.

이 경우 '인도한다'는 말은, 적어도 시작 부분에서는 피사역자로 하여금 당신이 하는 기도나 말을 따라 하게 한다는 뜻이다. 몇 번 반복한 후에는 그 스스로 이 단계를 밟을 수 있을 것이다.

'문을 닫는 행위'에는 서너 가지 단계가 포함되는데 상황에 따라 다르다. 그러나 아래에 적어둔 B, C, D 단계는 반드시 포함된다. 만일 피사역자의 '영역' 가운데 다른 사람이 관여한 사실이 드러났다면 A 단계도 포함해야 한다.

A 단계: 용서하라. Forgive.

피사역자는 자신에게 상처를 안겨준 사람, 혹은 잘못된 행동으로 유혹했던 사람을 확실하게 용서해야 한다. 피사역자는 성령께서 생각나게 하시는 대로 각각의 항목에 대해, 또 각각의 행위에 대해 그리고 자신의 마음을 아프게 했던 모든 말에 대해, 관련된 사람을 모두 용서해야 한다. 용서하는 기도를 마친 후 그는 하나님께 "그들을 변화시키는 노력을 하지 않겠습니다. 대신 하나님의 도우심으로 그들을 있는 모습 그대로 사랑하겠습니다"라고 기도해야 한다. 또한 하나님께서 그들을 모두 축복하실 것을 간구해야 한다. 풀어주는 것과 축복하는 것-이는 용서의 과정을 더욱 확실히 해준다.

때때로 피사역자가 너무 큰 상처를 입어서 상처 준 사람을 용서하지 못하는 경우도 있다. 그렇다면 피사역자에게 용서는 의지의 선택이지 화해의 감정을 느끼는 것이 아님을 설명해주라. 그리고 만일 피사역자가 그를 용서하지 않는다면 자신도 하나님에게 용서받지 못할 것임을 설명하라. 그래도 피사역자가 용서하지 못하겠다고 말하면, "제가 당신을 대신하여 기도해도 되겠습니까?"라고 정중히 물으라. 그가 긍정적으로 반응한다면 조용히 그러나 단호한 태도로 그의 마음속 '용서하지 못하게 하는 영'을 예수의 이름으로 묶고 떠날 것을 명령하라. 이후 용서할 의향이 있는지 다시 한 번 물으라. 어쩌면 그의 마음을 가로막았던 장벽이 무너졌을 수도 있다. 하지만 여전히 피사역자가 용서하지 않기를 원한다면, 부드럽고 자연스럽게 사역을 중단하라. 사역을 통해 마귀를 쫓아내더라도 용서하지 못한 마음이 남아있으면 그것은 마귀들을 도로 불러들이는 '열린 문'으로 작용할 것이기 때문이다.

    피사역자가 꼭꼭 숨겨둔 상처들을 꺼내야 하므로 상담하는 과정이나 문을 닫는 과정은 극도로 고통스러울 수 있다. 피사역자가 흐느끼거나 통곡하는 소리를 듣게 될 수도 있다. 그럴 때 온화한 태도로 그의 통곡을 멈추고 하나님께서 그의 상처와 상한 마음을 치유해주시기를 기도하라. 하지만 너무 급하게 이 기도를 해서는 안 된다. 당신의 기도 내용 중 어떤 부분에서 피사역자가 반응하는지(몸짓 등)를 확인해야 하기 때문에, 눈을 뜬 채로 기도하라.

    B 단계: 회개하고 용서를 구하라. Repent and ask forgiveness.

    피사역자는 하나님이 원하시지 않는 태도, 감정, 행동들을 품었던 죄를 회개해야 한다. 여기에는 용서하지 않는 마음, 분노, 원한, 근심, 교만, 거절감, 자기 연민, 우울증의 회개가 포함된다. 물론 피사역자의 어그러진 감정이나 태도는 충분히 이해할 만하다. 하지만 이러한 태도와 감정이 하나님께로부터 온 것이 아니라면 그것들은 분명 원수로부터 온 것이다. 그러므로 회개할 대상이다. 회개한 후 피사역자는 하나님의 용서를 구해야 한다. 여기에서도 마찬가지로 회개는 항목별로, 구체적으로 이루어져야 한다.

C 단계: 연관된 모든 죄, 혹은 마귀들을 예수님의 이름으로 끊으라.
Renounce all sins or spirits involved in the name of Jesus.

피사역자는 큰 소리로 또 분명하게 자신의 죄와 다른 사람의 죄가 자신에게 미친 영향을 끊는다는 표현을 해야 한다. 아래에 몇 가지 예를 적어둔다.

- 예수의 이름으로 나는 _____ 했을 때에 내게 임했던 '두려움'을 끊습니다.
- 예수의 이름으로 나는 (상대의 이름)와 성관계를 맺음으로 내 몸을 나누었던 죄와 그 영향력을 끊습니다. 그리고 이로 인해 내게 달려든 모든 부정한 음란의 영을 끊어냅니다. 예수의 이름으로 나는 포르노그래피, 성적 환상, 음란한 행위들을 끊습니다. 또한 여기에 연관된 모든 악한 영을 끊어냅니다.
- 예수의 이름으로 나는 내 자신을 (무당, 점쟁이, 최면술사)의 권위 아래 종속시켰던 죄악과 영향력을 끊습니다.
- 예수의 이름으로 나는 거절감, 외로움, 자기 연민, 우울증, 무기력감, 좌절감, 혼동 등을 절연히 끊습니다.

D 단계: 사역자는 속박의 멍에와 마귀의 권세를 끊어야 한다.
The minister should break the yoke of bondage and the power of any spirit.

피사역자와 눈을 맞춘 채 예수의 이름으로 기도하라. 피사역자가 이미 절연한 마귀의 능력과 멍에의 속박을 파쇄하는 기도를 하라. 다음과 같이 기도해도 된다.

"예수님의 이름으로 나는 두려움, 증오, 정결치 못한 성관계, 원한, 분노가 (피사역자의 이름)에게서 끊어질 것을 명하노라. 이제 이 모든 것이 쫓겨났으니 다시는 돌아오지 못할 것을 선포하노라."

피사역자가 모든 '문', 적어도 해당 영역에 관련된 모든 문을 닫기 전에는 어떠한 마귀도 쫓아내지 마라. 만일 문을 닫지 않으면 마귀를 축출하는 일은 훨씬 더 어려운 작업이 될 것이다. 축사를 통해 몇몇 마귀가 쫓겨날 때, 남아있는 마귀들이 발작할 것이기 때문이다.

8단계: 모든 문이 닫히면 부정한 마귀(마귀들)를 내쫓으라.
_{When all doors are closed, cast out the unclean spirit or spirits.}

단지 그들을 내쫓으라–항상 예수의 이름으로! 그들을 특정 장소로 보낼 필요는 없다. 만일 열려있던 문들이 제대로만 닫힌다면, 마귀는 단지 한두 마디의 명령에도 조용히 그리고 즉시 떠날 것이다. 그들이 떠나지 않는다면 이는 아직 닫히지 않은 문이 있다는 증거다. 그렇다면 상담 과정을 다시 시작하라! 열린 문을 찾아서 닫으라.

마귀가 떠날 때 피사역자에게서 몇몇 특정 현상(한숨, 기침, 하품, 급격한 경련 등)이 나타날 수도 있다. 어쨌든 마귀가 떠나면 그는 일반적으로 자유, 한결 가벼워진 느낌, 웃고 싶은 마음, 깊은 평안을 느끼게 될 것이다.

만일 당신이 6에서 8단계까지 다 시행했다면 성령께서 무리 중 한 사람(당신, 현장에 있는 중보 기도자, 피사역자, 혹은 친구나 배우자 및 부모 중)에게 추가적으로 쫓아내야 할 영들이 있는지 알려주실 것을 기도하라. 성령께서 누군가에게 무언가를 보여주셨는지 확인하기 위해 잠시 기다리라. 만일 성령께서 보여주셨다면, 조심스럽게 피사역자에게 물으라. "성령께서 밝혀주실 영역이 더 있습니까?" 물론 당신이 성령의 음성을 제대로 듣지 못할 가능성도 있음을 기억하라. 그러므로 피사역자를 너무 강력하게 추궁하는 태도나 참소하는 느낌을 전달하지 않도록 주의하라. 만일 성령께서 밝히 드러내시는 것이 있다면, 6-8단계의 과정으로 그것을 다루라.

9단계: 자유케 해주신 주님께 감사와 찬양의 기도를 올려드리도록 피사역자를 권면하라.

Lead the prayee in a prayer of praise and thanksgiving to Jesus for his deliverance.

다음과 같은 기도로 인도하라. "주님, 저를 자유케 해주셔서 감사합니다!"

10단계: 피사역자에게 성령 충만을 간구하도록 권면하라. 전에는 마귀에게 잠식당했던 모든 영역에 성령의 충만함이 임할 것을 간구하도록 인도하라.

> Have the prayee ask the Holy Spirit to fill him, to fill up every space formally occupied by an evil spirit.

9-10단계에서는 당신과 사역팀원들 모두 동일한 내용의 기도로 동참할 수 있다. 만일 피사역자가 주님께 감사하지 못하겠다고 말하면, 혹은 성령 충만을 구하지 않겠다고 하면-그가 이렇게 말할 때 혹, 마귀의 영향력이 감지된다면-이는 아직 닫아야 할 문이 더 있다는 뜻이며 쫓아내야 할 마귀가 남아있다는 뜻이다. 성령님께 도움을 요청하라. 그리고 6-7단계에서 제시한 대로 시행하라.

사역을 마치며...Concluding the Ministry

사역을 마무리하면서 기도해주지 않은 채로 피사역자를 돌려보내지 마라. 축복과 격려의 일반적인 기도가 전달되어야 하는 것은 마땅하다. 물론 그의 치유를 위한 기도-영과 마음과 육체의 치유, 관계의 치유를 위한 기도, 사역 중에 밝혀진 그의 감정적 필요를 채우기 위한 기도를 잊어서는 안 된다. 이미 피사역자의 치유를 위해 기도했다 하더라도 다시 한 번 기도하는 것이 좋다. 서두르지 마라. 성령께서 기도를 인도하시도록 허락해드리라.

마무리 기도 시간에는 사람들이 동참할 수 있다. 사역 시간에서와는 달리, 사역자 외의 다른 사람들이 기도에 동참하지 못할 이유는 없다. 이때 사람들은 피사역자와 이야기를 나눌 수도 있고 손을 어깨에 얹을 수도 있다.

그가 항상 자유로운 상태를 유지하도록 격려하는 것도 중요하다. 아래의 글은 당신이 피사역자에게 제안할 수 있는 사항들이다.

- 용서하는 삶의 태도를 견지하라. 신속하게 용서하라.
- 마음에 상처를 입었다면 주님께 즉시 치유해주실 것을 기도하라.
- 사역팀에 가담하라.
- 지역 교회의 셀 그룹에 가입하라.
- 습관을 변화시킬 만한 방법들을 모색하라.
- 자신을 공격하거나 괴롭히려는 마귀들에 대해 권세를 갖고 대적하라.
- 방언으로 기도하라.
- 날마다 말씀을 읽고 경건한 시간을 통해 하나님을 만나라.

빛 가운데 행하면서 당신 스스로 체득한 좋은 것들, 도움이 되는 것들을 피사역자에게 제안하라. 피사역자와 함께 위의 사항들에 대해 이야기하라(하지만 그에게 과중한 짐을 지우지는 마라!). 그가 어떤 상태에 있는지를 확인하며 그를 격려하는 차원에서 전화, 편지, 그리고 가능하다면 직접 방문을 통해 피사역자와의 만남을 지속하라.

주 석

1. 데이로스 박사, 음래이다 박사, 그리고 보타리 목사는 랜드 클락과 함께 다양한 집회와 진료소를 통해 동역해왔다. 향후 이들의 사역에 대해 문의하고 싶다면 Global Awakening의 사무실로 전화하기 바란다. (314) 416-9239.

4부

우리의 유업인 능력과 정결함을 회복하기
Redeeming the Heritage of Power and Purity

스티븐 A. 시맨즈(Stephen A. Seamands) 박사는 켄터키 윌모어에 소재한 애즈버리 신학대학원(Asbury Theological Seminary)에서 기독교 교의학을 가르치고 있다. 1983년에 교편을 잡았는데 그전에는 남부 뉴저지 지역의 몇몇 연합 감리교 교회에서 십일 년간 목회를 했다. '스티브'라고 불리길 좋아하는 그는 고전주의와 실용주의를 아름답게 조화시키는 사람으로 유명하다. 스티브는 학자의 마음으로 그리고 목자의 마음으로 신학과 교리 과목을 강의한다. 대학원생들을 가르치는 일 외에도 전국의 여러 지역 교회에서 세미나, 부흥회, 컨퍼런스 등을 개최하는 일에 앞장서고 있다. 그는 연합 감리교는 물론 전체 교회 안에 신학적이고 영적인 부흥과 회복이 일어날 것을 갈망하고 있다.

10

엄청난 결별: 어떻게 능력과 정결함이 분리될 수 있는가?
The Great Divorce: How Power and Purity Got Separated

스티븐 A. 시맨즈
by Dr. Stephen A. Seamands

20세기가 시작되고 처음 이십 년 동안 복음주의 계열 내, 두 그룹 사이에 큰 결별이 있었다-성결교(Holiness)와 오순절주의(Pentecostal). 이 사건의 여파는 지금까지 계속된다. 둘 사이에 공통점이 많다는 사실에 입각해보면 두 그룹의 분리는 전혀 필요치 않은 사건이었다. 이것은 마치 한 가정의 구성원들이 서로 싸우는 것과 같다. 한때는 너무 닮아 보여서 이 둘을 쌍둥이로 착각하기까지 했다. 일란성 쌍둥이가 아니라면 적어도 친형제 정도는 되어보였다. 그러나 안타깝게도 가족 구성원 사이의 싸움은 종종 가장 심한 싸움, 해결하기 어려운 싸움이 된다.

갈등의 불꽃을 점화시켜 결국 두 그룹의 결별로 이어지게 했던 문제의 발단은 1906년 아주사 부흥의 때 만연했던 '방언의 은사'였다. 그러나 갈등을 둘러싼 더 깊은 문제는 성령 세례의 본질에 대한 두 그룹 간의 입장 차이였다. 물론 양쪽 모두 성령 세례라는 영적 체험을 인정하고 또 강력하게 믿었다. 하지만 그 경험의 본질에 대해서는 의견이 일치되지 못했다. 이 영적 체험이 정결함에 대한 것인가, 아니면 능력에 관한 것인가?—즉 하나님과 사람 사이의 분열을 조장했던 마음의 죄를 정결케 씻기는 사건으로서의 성령 세례인가? 아니면 교회의 사역과 봉사를 위한 능력, 기름 부음으로서의 성령 세례인가?

각 그룹의 영적 계보를 생각해보면 이 책의 기고가들은 모두 두 그룹의 대표자들이라고 할 수 있다. 예를 들면, 나는 영적 뿌리를 오순절주의(Pentecostal)가 아닌 성결(Holiness) 진영 쪽에 두고 있다(내 조부, 외조부 모두 성결 진영에서 인도했던 천막 집회를 통해 회심했다. 그리고 현재 나는 성결 운동의 지도자 헨리 클레이 모리슨[Henry Clay Morrison]이 1923년에 세운 신학대학원에서 강의하고 있다). 두 그룹 출신의 기고가들이 서로 다른 입장을 지니고 있으므로, 성도들의 삶에서 나타나는 성령의 역사에 대해서 사뭇 다르게 설명하는 것을 볼 수 있다. 그러나 이 책의 모든 기고가는 성도의 삶에서 역사하시는 성령의 '더 깊은'—'이것 아니면 저것'(정결함이든지 아니면 능력이든지)이 아니라 '이것과 저것'(정결함과 능력 둘 다)이라는 입장—일에 대해서는 동의하고 있다. 그동안 교회는 '이것 아니면 저것' 이라는 양극단의 견해를 보여서 너무도 많이, 필요 없는 고통을 당해야 했다. 이러한 양상 때문에 우리의 교회 안에는 거룩하지만 능력이 없는 성도들, 혹은 기름 부음은 받았지만 도덕성이 결여된 성도들로 가득했던 것이다. 능력과 성결은 손에 손을 맞잡고 동행해야 한다. 요즘은 두 진영이 한데 어우러지는 각성의 물결이 일어났다는 기쁜 소식이 들리기도 한다. 능력과 성결의 결혼—정확히 말하자면 재결합—이 시작되고 있다!

예수님의 삶과 사역에서 나타난 능력과 정결함...

Power and Purity in the Life and Ministry of Jesus

성경 말씀을 보면 능력과 정결함이 서로 분리될 수 없는 연합체임을 알 수 있다. 여기에는 의심의 여지가 없다. 성결 진영과 오순절 진영 모두 극단으로 치우치지 않고 성경 말씀에 접근했더라면 결별만큼은 피할 수 있었을지도 모른다. 이제 양 진영 사이의 결별이 어떻게 시작되었는지를 살펴보기로 하자. 그러나 그전에, 능력과 정결함이 한데 어우러진 성경의 수많은 예 중 한 가지를 주목해보고자 한다. 그리스도의 공생애가 시작되는 시점의 기록(누가복음)을 통해 우리는 능력과 정결함의 연합을 확인할 수 있다.

예수님께서 세례받는 장면을 묘사할 때, 다른 세 복음서의 저자들과 마찬가지로 누가는 "하늘이 열리며 성령이 형체로 비둘기같이 그의 위에 강림하시는" 사건에 집중하였다(눅 3:21-22 참조). 물론 예수님의 생애에서 성령께서 역사하신 것이 이때가 처음은 아니었다. 그보다 훨씬 앞선 때, 천사가 마리아에게 나타나 "너는 처녀의 몸이지만 성령이 네게 임하시므로 네가 아들을 낳을 것이다"라고 말한 사건이 있었다(눅 1:35 참조). 이는 예수님께서 이 땅에 태어나실 때부터 성령님과 유대를 갖고 계시다는 것을 알려준다.

그런데 콜린 건튼(Colin Gunton)의 말을 빌자면, 세례를 받으시는 순간 예수님은 '성령님과의 새로운 차원의 관계' 속으로 들어가셨다.[1] 세례 장면에 묘사된 모든 것-하늘이 열리고, 비둘기 같은 형체가 내려오고, 하늘에서 음성이 들려오는 것－은 무언가 매우 중요한 일이 시작되었다는 증거다. 다른 세 명의 복음서 저자보다 누가는 예수님과 성령님의 관계에 집중하였다. 그러므로 누가의 기록에 따라 예수께서 세례받으신 이후에 겪게 되는 두 가지 사건에 관심을 기울이는 것이 중요하다. 누가는 앞으로 일어날 두 가지 사건을 가리켜, "예수께서 성령님과 새로운 차원의 관계를 맺었기 때문에 일어나는 결과"라고 명백히 말하고 있다.

첫째, 예수님은 '성령에 이끌리어' 광야로 나아가셨다(눅 4:1 후반 참조). 그곳에서 예수님은 사십 일간 사탄에게 시험받으셨다. 그러나 예수님은 '성령으로 충만'(눅 4:1 전반 참조)했기 때문에 사탄의 맹공격을 이기시고 승리하실 수 있었다. 마태복음에서처럼 누가복음 역시 세 가지 구체적인 사탄의 시험 내용을 기술하고 있다(마 4:1-11 참조). 각각의 유혹을 분석해보면(특히 돌을 떡으로 만들라는 유혹, 성전 꼭대기에서 뛰어내리라는 유혹) 이것이 사탄의 계략임을 분별해내는 것은 그리 어렵지 않다.

사탄의 시험을 받기 직전에 예수님은 하늘 아버지로부터 인정을 받았다. "너는 내 사랑하는 아들이라 내가 너를 기뻐하노라"(눅 3:22). 그러나 우리가 일반적으로 이해하고 있는 것과 달리 사탄은 예수님의 정체를 의심하는 대신 그가 하나님의 아들이라는 사실을 인정하고 또 그 사실을 기반으로 예수님을 시험하기 시작한다. "네가 하나님의 아들이어든…"(눅 4:3, 9) 바꾸어 말하면 사탄은 "하나님의 아들로서 당신은 특정한 권리와 특별한 권리를 갖고 있습니다. 그러니 그 권리들을 사용해보시지요" 하며 예수님을 유혹한 것이다. 사실 사탄은 예수님께서 하나님의 일을 행하시는 것을 방해하지 않았다. 대신 하나님의 일을 하되 하나님의 방법이 아닌 예수님 자신의 방법, 하나님의 뜻이 아닌 사람들이 원하는 뜻대로 행하시도록 유혹했던 것이다.[2] 하지만 성령의 능력으로 말미암아 예수님은 하나님의 뜻을 하나님의 방법대로 행할 것을 굳게 다짐하실 수 있었다.

이후 사탄은 마음의 정결함에 관한 시험으로 예수님을 공격하였다. 정결함이란 '섞이지 않은 상태', '분열되지 않은 상태'를 의미한다. 즉 하나로 이루어졌고 하나인 것이 바로 '정결한 상태'다. 소렌 키르케고르(Soren Kierkegaard)는 "마음의 정결함은 한 가지만을 소망하는 것이다"[3]라고 말했다. 마귀의 시험을 이기신 그리스도의 승리는 예수님께서 하나님의 뜻을 하나님의 방법대로 행하겠다는 다짐을 '전심'으로 품었다는 것, 또 이 '한 가지 목표'만을 그 마음에 품었다는 사실을 말해준다-예수님은 반만 원한 것도 아니고 두 마음을 품은 것도 아니었다. 그분은 마음이 정결하였다. 그분의 마음은 하나님의 뜻도 원하고 자신의 뜻도 원하는 두 갈래의 마음이 아니었다. 예수님은 오직 하나님의 뜻만을 원하셨다.

누가는 시험 이후 예수님의 사역을 본격적으로 기록하였다. 예수님은 갈릴리로 돌아오셨다. 그때 예수님은 "성령의 권능"으로 충만하여 여러 회당을 다니시며 가르치기 시작하셨다(눅 4:14-15 참조). 그리고 고향인 나사렛의 한 회당에서 이사야서 61장의 말씀을 펼쳐 읽으셨다. "주의 성령이 내게 임하셨으니 이는 가난한 자에게 복음을 전하게 하시려고 내게 기름을 부으시고 나를 보내사 포로 된 자에게 자유를 눈먼 자에게 다시 보게 함을 전파하며 눌린 자를 자유케 하고 주의 은혜의 해를 전파하게 하려 하심이라"(눅 4:18-19). 그리고 담대하게 선포하셨다. "이 글이 오늘 날 너희 귀에 응하였느니라"(눅 4:21 후반). 이후 예수님께서는 병든 자들을 치유하셨고 마귀에게 괴롭힘 당하는 사람들을 구원하여주셨다(눅 4:33-41). 이에 사람들은 "놀랐다"(눅 4:32). 전에 볼 수 없었던 '권세와 능력'이 그에게서 나타났기 때문이다(눅 4:36). 예수님에 관한 소문이 지역 전체에 퍼지기 시작했다(눅 4:14, 37 참조). 주의 성령이 임하셨기에 예수님은 하나님 아버지의 놀라운 일들을 이루실 수 있었다.

이 이야기를 통해 우리는 이렇게 결론을 내릴 수 있다. 누가는 예수님과 성령님의 새로운 관계가 지니는 두 가지 특징을 우리에게 설명해주고 있다. 첫째, 예수님은 정결한 마음으로 하나님 앞에 서셨다. 그는 하나님의 뜻을 하나님의 방법대로 행하셨다. 둘째, 예수님은 하나님의 놀라운 일들을 이루실 능력이 있으셨다.

이 두 가지 특징, 즉 정결함과 능력은 명확히 구별된다. 위에 언급된 두 가지 사건-시험을 이기신 사건, 능력을 행하시는 사건-을 기록할 때, 누가는 먼저 정결함에 초점을 맞추고 이후 능력에 초점을 맞추었다. 정결함은 '존재' 혹은 '인품'과 연관되어있다. 능력은 '행동' 혹은 '일'에 연관되어있다. 정결함은 내면의 동기와 연관이 있고 능력은 외적인 행동과 연관이 있다. 바울의 분류법을 빌리면 정결함은 '성령의 열매'가 드러난 상태(갈 5:22-23 참조)이고 능력은 '성령의 은사'가 드러난 상태(고전 12장 참조)다.

비록 이 두 가지 특징이 서로 구별되지만 이 둘은 또한 서로 분리될 수 없는 것이기도 하다. 능력이 없다면 정결함은 빛을 잃는다. 정결함이 없으면 능력은 왜곡된다. 그러므로 우리가 살펴본 누가복음의 일부 기록 중, 그분이 어떤 결론을 내리셨는지 확인하는 것이 중요하다.

예수님에게 능력과 권세가 있었으므로 사역하셨던 지역, 갈릴리는 그야말로 큰 소용돌이에 휩싸이게 되었다. 석양이 질 무렵, 가버나움의 한 마을에서 예수님께서는 사람들이 자신에게로 데려온 모든 병자와 귀신들린 자를 치유하여주셨다(눅 4:40-41 참조). 그러나 그 다음 날, 아침 일찍 예수님은 기도하시기 위해 홀로 한적한 곳을 향해 나아가셨다.[4)] 사람들은 예수님을 찾았다. 그들은 예수님께서 더 많은 사람을 치유해주시기를 바랐다. 또한 예수님께서 가버나움을 사역의 본거지로 삼아주시기를 원했다. 어쩌면 예수님과 같은 치유자가 있을 때 지역사회의 관광 산업이 얼마나 번창할 것인지 기대하며 흥분을 감추지 못했을 수도 있다. 그들은 이미 예수님의 능력에 기대어 이득을 취할 방법을 생각하고 있었던 것이다.

하지만 예수님의 마음은 정결했다. 그래서 그들의 계획은 무산되고 말았다. 예수님은 자신의 방법 혹은 사람들의 방법이 아닌 하나님의 방법대로 하나님의 일을 행하리라 재차 결심하며 기도하신 것이다. 예수님은 자신의 인기가 높아질수록 사명을 감당하기가 더욱 어려워진다는 사실을 깨달으셨다. 결국 사람들이 예수님을 찾았을 때 그들은 "예수님이 떠나시는 것을 막아섰다"(눅 4:42, 자기들에게서 떠나시지 못하게 만류하려 하매). 그러나 예수님은 단호하게 거절하셨다. "내가 다른 동네에서도 하나님 나라의 복음을 전하여야 하리니 나는 이 일로 보내심을 입었노라"(눅 4:43). 그는 가버나움을 떠나 계속 사역을 진행하셨다.

그러므로 이제 예수님과 성령의 새로운 관계 가운데 나타난 두 가지 특징이 서로 다르지만 분리될 수 없는 것임을 깨달을 수 있다. 예수님의 정결함은 자기에게 임한 능력을 어떻게 사용할지를 결정해준다. 사명을 감당하기 위해 반드시 능력이 필요하다. 예수님은 치유와 축사 사역을 통해 그 능력을 사용하셨다. 그러나 이러한 능력의 발현은 다른 사람들의 요구에 의해 쉽게 변질되거나 또는 이기적인 목적을 위해 사용될 가능성이 있으므로, 지속적인 능력의 사용을 위해 예수님은 계속해서 마음의 정결함에 초점을 맞추셔야 했다.

19세기 말의 정결함과 능력…
Purity and Power in the Nineteenth Century

예수님과 성령의 관계에서 시작하여 19세기 말 미국 복음주의 진영에 등장한 성령 세례, 특히 성결 운동 중에 나타났던 성령 세례의 이슈로 넘어가는 것은 큰 비약일 수도 있다. 하지만 여기서 이 문제를 다루는 이유는 19세기 말(특히 1870년 이후) 미국 복음주의 진영 내에 성령의 역할에 대한 관심이 증폭했기 때문이다. 게다가 이 기간에 일어났던 일들은 앞서 소개했던 20세기 초반(처음 이십 년간) 두 그룹 사이에 일어나게 될 '대분리'의 배경이 된다.

이 문제를 다룬 높은 수준의 학문적 연구는 많다.[5] 하지만 이 기간 동안 어떤 일이 일어났는지에 대해 살펴보는 최상의 방법은(특히 미국 복음주의 진영 전체를 대상으로 관찰 대상으로 할 때) 리오나 프랜시스 초이(Leona

Frances Choy)[6]가 편집한 『Powerlines』를 읽는 것이다. 이 책은 19세기 말에 활동했던 스물네 명의 위대한 복음 진영 지도자가 기록한 글들을 독특한 인터뷰 형식으로 재구성한 책인데, 그들 각자가 성령에 대해 어떻게 이해했고 또 성령에 관하여 무엇을 믿고 있는지를 알아볼 수 있다. 이 책에는 바운즈(E. M. Bounds), 마이어(F. B. Meyer), 허드슨 테일러 (Hudson Taylor), 앤드류 머레이(Andrew Murray), 새뮤얼 채드윅(Samuel Chadwick), 토레이(R. A. Torrey), 오스왈드 챔버스(Oswald Chambers), 심슨 (A. B. Simpson), 새뮤얼 로건 브렌글(Samuel Logan Brengle), 루스 팩슨(Ruth Paxson), 캠블 모건(G. Campbell Morgan), 드와이트 무디(Dwight L. Moody), 한나 화이트홀 스미스(Hannah Whitehall Smith)와 같은 영적 거장들의 글이 실려있다. 이들 중 상당수가 '대분리'의 시기를 살았지만 초이(Choy)는 '오순절파 교단이 설립된 20세기 초반' 이전에 이들이 쓴 글을 소재로 책을 엮어나갔다. 그러므로 '대분리' 이전, 사람들이 성령에 대해 가르치고 경험한 것을 명확하게 전달할 수 있었다.[7]

비록 『Powerlines』에 언급된 각각의 지도자들은 다양한 신학적 전통을 대변하였지만 그들은 모두 한 가지 중요한 사실에서만큼은 한데 의견을 모았다. 그것은 회심 사건 이후 더 깊은 차원의 성령 체험이 있어야 한다는 것이었다. 다시 한 번 건튼의 말을 빌자면 '성령과의 새로운 관계' 속으로 들어가는 성령 체험의 필요성을 말한 것이다.[8]

그러나 이들은 두 가지 주요한 영역에서 의견의 차이를 보였다. 첫째, 회심 후에 필요한 이 경험을 무엇이라고 불러야 하는지에 대해 의견을 달리했다. 드와이트 무디, 새뮤얼 채드윅 그리고 토레이는 이 경험을

'성령의 세례'(Baptism of the Holy Spirit)라고 불렀다. 반면 캠블 모건, 핸들리 물(Handley Moule), 루이스 스퍼리 쉐이퍼(Lewis Sperry Chafer) 등은 회심의 때에 경험하는 것을 '성령 안에서의 세례'(Baptism in the Spirit), 그리고 회심 후의 성령 체험을 가리켜 '성령 충만'(filled with the Spirit)이라고 부르길 선호했다.

둘째로, (더 중요한 사안인데) 이들은 이 체험의 본질에 대해 입장을 달리했다. 한쪽 극단에는 이 경험을 성화와 관련된 경험, 즉 '정결하게 씻김' 받는 경험이라고 정의 내린 새뮤얼 로건 브렌글, 오스왈드 챔버스[9] 등이 있다. 또 다른 극단에는 이것을 성화와는 별개의 경험, 즉 사역을 위한 능력 체험으로만 생각했던 드와이트 무디, 토레이, 그리고 고든(A. J. Gordon)[10]이 있다. 하지만 대다수는 양 극단 사이에 서있었다. 이들은 이 두 가지 현저히 다른 입장을 적절히 조합하였는데 어떤 사람은 마음의 정결함에 더 큰 강조점을 두었고 또 어떤 이들은 사역을 위한 능력에 더 큰 강조점을 부여했다.[11]

미국 복음주의 진영 내에 성령에 대한 관심이 증가했던 것은 성결운동에 참여한 사람들 때문이었다. 남북전쟁 이전, 성결교 옹호자들(대부분은 감리교도들이었다)은 감리교의 창시자 존 웨슬리(John Wesley)가 주장했던 '전적인 성화'(entire sanctification)의 경험을 새롭게 부각시키려고 노력했다. 웨슬리는 회심 이후 '은혜의 두 번째 공력'(second work of grace)을 통해 "사랑 안에서 온전해지고 정결한 마음으로 하나님을 섬길 수 있다"고 가르쳤다. 최초의 감리교 운동에 참여한 사람들 중 존 플레처(John Fletcher)처럼 이러한 경험을 가리켜 '성령 세례' 혹은 '성령 충만'이라고 말했던 사람들이 있다. 웨슬리도 이 용어의 사용을 반대하지 않았다. 어쨌든 그 당시 '전적인 성화'는 이 경험의 지배적인 특징으로 인식되었다. 이 경험에 어떠한 이름을 붙이든 상관없이 이 경험의 중심에는 '능력'이 아니라 '정결함'이 자리하고 있었다.

그러나 남북전쟁 이후 변화가 생겼다. 역사가 도널드 데이튼(Donald Dayton)이 이야기한 것처럼, 남북전쟁 이후 성결교 운동은 '전적인 성화'에 대한 오순절주의의 입장을 받아들이기 시작했다.[12] 일례로 제16차 '전국 성결 운동 촉진 천막 집회 연합회'(성결 운동에서 가장 중요한 조직, The National Camp Meeting Association for the Promotion of Holiness)의 보고서 제목이 "오늘날의 오순절"(The Modern Pentecost)이었다. 이 보고서에는 윌리엄 불(William Boole)의 설교 '성령 세례'가 게재되어있는데 그는 성령 세례를 "긍정적이고 구체적이며 의식적·즉각적인 경험"이라고 말했고 "초창기 감리교는 성령 세례 이외에 다른 어떤 교리도 가르치지 않았다"라고 주장했다.[13] 그때부터 세기 말엽에 이르기까지 오순절파에서 사용되었던 용어들이 성결 운동 쪽으로 흘러들어와 지배적으로 사용되었다. 게다가 성결 운동 내에 오순절주의식 예배, 오순절주의 논문, 오순절주의 교회, 오순절주의를 선전하는 잡지(내가 강의하고 있는 애즈버리 신학대학원을 창립한 헨리 클레이 모리슨은 몇 년간 「오순절 헤럴드」[The Pentecostal Herald]의 편집장으로 있었다), 그리고 오순절주의 교단('나사렛 교회' Nazarene Church는 원래 '나사렛인들의 오순절파 교회' The Pentecostal Church of the Nazarene라고 불렸다) 등이 나타나기 시작했다. 심지어는 "오순절주의 성결 도서"(Pentecostal Holiness Library)라고 불리는 일련의 서적들도 출판되기까지

했다. 이 모든 것은 우리가 '오순절주의 운동'으로 알고 있는 사건이 일어나기 십 년 전의 일들이다.

당시 사용되던 용어의 변화 역시 이 두 번째 경험에 대한 성결교 지도자들의 이해에 영향을 미치기 시작했다. 피비 파머(Phoebe Palmer)와 같은 초창기 성결교 지도자들은 '성령 세례'라는 용어를 웨슬리파가 주장했던 '정결함'과 '온전함'에만 결부시켜 생각했다. 그러므로 그 당시 성령 세례의 경험은 곧 정결함에 관한 것으로만 인식되었다. 능력을 정결함과 완전히 동등한 것으로 간주하였다. 예를 들면, 파머는 '성결이 곧 능력이다', '정결함과 능력은 동일하다'라는 입장을 고수했다.[14] 하지만 이후, 힐스(A. M. Hills)와 모리슨(H. C. Morrison)과 같은 성결교 지도자들은 이 경험을 정결함과 능력의 두 가지 관점에서 기술하였다. 나사렛 교단에서 배출한 최초의 조직신학자였던 힐스는 1897년에 한 권의 책을 펴냈는데 『성결과 능력』(Holiness and Power)이라는 제목 자체에 그의 생각이 잘 요약되어있다. 또한 모리슨은 『성령의 세례』(The Baptism with the Holy Ghost)라는 소책자를 펴냈는데 이를 통해 모리슨 역시 이 경험이 '성도들의 마음을 정결케 하며 동시에 사역을 위한 능력을 전해주는' 세례라고 이야기했다.[15] 그러므로 이 경험은 소극적인(정화) 차원과 적극적인(능력) 차원을 동시에 담고 있는 것이라고 할 수 있다. 물론 그 당시에는 주로 성결(정화)의 관점에서 이 경험을 바라보았지만 능력에 대한 강조점도 점점 증가하는 추세였다. 이것이 그 시대의 성결 운동에 대해 일반적으로 받아들이는 사실이다.

성결교와 오순절주의의 분리, 1906-1920...

The Holiness-Pentecostal Divorce, 1906-1920

19세기가 지나고 20세기가 되자, 부흥을 위해 기도하는 성결교인들이 증가하기 시작했다. 그리고 성결교 지도자들 가운데 '새로운 오순절'에 대한 필요가 크게 인식되기 시작했다. 예를 들면, 1901년, '전국 성결교 연합'(The National Holiness Association)의 지도자급 회원이었던 조지 휴즈(George Hughes)는 '전 세계를 뒤흔들 부흥', '땅의 기초까지 흔들 만한 부흥'을 촉구하고 나섰다. 하지만 '20세기의 서막'을 알리게 될 부흥은 '오순절주의'와 맥을 같이하게 될 부흥이었다.[17]

오 년 후의 일이다. 1906년 4월, 가난한 흑인 출신의 성결교 목사 윌리엄 시무어(William J. Seymour)의 인도하에 '새로운 오순절'과 같은 부흥이 일어났다. 캘리포니아 주 로스앤젤레스 시의 아주사 가(街) 312번지에 위치한, 오래되고 낡아빠진 한 감리교 교회 건물에서 이 부흥이 시작된 것이다. 하지만 이 부흥은 성결교단의 지도자들 대다수가 마음에 그렸던 모습은 아니었다. "교회의 역사가 보여주는 여러 가지 아이러니 가운데 하나는, 전 세대의 부흥을 일으켰던 지도자들이 그 부흥 운동의 결과로 일어난 새로운 부흥에 대해서 꽤나 적대적인 태도를 보인다는 것이다." 빈슨 사이넌은 자신이 관찰한 내용을 이렇게 표현했다.[18] 그 당시의 정황을 보건대, 빈슨 사이넌의 말은 대체적으로 옳았다.

윌리엄 시무어는 찰스 폭스 파햄(Charles Fox Parham)의 영향을 받았다. 파햄은 '글로소랄리아'(glossolalia) 즉, 방언이 성령 세례의 첫 증거라고 가르쳤다. 그는 캔자스의 토피카 근처에 성경 학교를 세웠는데 그곳의 학생들에게서 방언의 역사가 일어난 1900년 1월 1일 이후, 그러한 주장을 펼치기 시작했다. 이후로 몇 년 동안 파햄 목사는 미국 중서부 지역에서 부흥 운동을 일으킴과 동시에 방언이 성령 세례의 첫 번째 증거라는 교리를 전파하였다. 1905년, 파햄 목사는 자신의 사역 본거지를 텍사스의 휴스턴으로 옮겼다. 당시 시무어 목사를 포함하여 스물다섯 명가량 되는 제자가 몇 개월간 파햄 목사의 수업을 들었다. 그리고 시무어 목사는 하나님께서 자신을 로스앤젤레스로 인도하시는 느낌을 받았다.

아주사 거리의 부흥 집회는 곧 전국적인 관심을 얻게 되었다. 물론 관심의 대부분은 긍정적이지 못했지만 말이다. 1906년 4월 18일판 「로스앤젤레스 데일리 타임즈」(*Los Angeles Daily Times*)의 1면에는 다음과 같은 제목의 기사가 보도되었다.

#해괴망측한 방언의 바벨탑(Weird Babel of Tongues)

집회는 산 페드로 거리 근처, 아주사 가(街)에 소재한 낡은 헛간에서 시작되었다. 그 해괴망측한 교리에 헌신하는 사람들은 광신적인 의식을 행하며 말도 안 되는 이론들을 설파하였다. 이후 그들은 특별한 열정으로 광기 어린 흥분의 상태를 만끽하고 있었다. 주로 유색인종이 회중의 대다수를 차지했고 백인들도 드문드문 눈에 띄었다. 밤이 되면 몇 시간 동안 몸을 앞뒤로 흔들며 정신분열증 같은 증세로 기도하는 사람들의 울부짖는 소리 때문에 마을은 으스스한 장소로 전락해버렸다. 그들이 주장하는 바에 따르면 그들은 '방언의 은사'를 받았고 이 소란스러운 언어

(babel)를 이해한다고 했다.[19]

아마도 장관이 연출되었던 모양이다! 대부분 부흥의 초기가 그랬던 것처럼 이 부흥 역시 감정적인 요소, 열정적인 요소들로 시작되었다.

아주사 거리의 부흥은 이후 삼 년간 지속되었다. 이 부흥은 근대 오순절주의의 시발점으로 인식된다. 미국 전역에서 심지어 유럽에서조차 아주사 거리를 방문하려고 사람들이 몰려들었다. 현재 우리가 볼 수 있는 거의 모든 오순절 계열 그룹은 아주사 부흥의 직접적, 혹은 간접적 영향으로 탄생한 것이다.

하지만 성결교 운동의 지도자들 대다수는 아주사 거리의 부흥을 거부했다. 1906년 12월, 이 부흥이 시작된 뒤 겨우 팔 개월 정도가 지났을 무렵, 나사렛 교회의 창시자 피니어스 브레시(Phineas Bresee)는 향후 일어날 일들의 전조가 될 법한 사설 하나를 게재하였다(사실 그는 로스앤젤레스에서 살았던 적이 있었는데, 그가 머물던 곳이 이 부흥의 장소와 가까웠다). 그는 성령 세례에 대한 성결교단의 공식적 입장과 다른 주장들에 대해 주의할 것을 경고했다. 특히 방언을 '성령 세례의 증거'로 인식하는 경향에 주목하며, 아주사 부흥이 성도들로 하여금 '특별한 것' 혹은 '놀라운 일'을 갈망하도록 부추기는 경향이 있다고 말했다. 그는 "그러나 성령의 계시를 통해 마음에 그리스도를 모신 사람들은 절대로 이상한 불을 갈망하지 않는다", "성령께서 옛 방법대로 '정화'와 '내주하심'의 증거를 직접 성도들의 영혼에 전달해주실 때에만 안전하다고 할 수 있다"라고 결론 내렸다.[20] 브레시의 말을 분석했던 성결교단의 학자 멜빈 디어터(Melvin

Dieter)는 "브레시의 이 말은 향후 오순절 부흥에 대한 성결 진영 지도자들의 입장, 즉 '판단' 과 '역반응' 의 틀을 제공해주었다"[21]라고 언급했다.

이로부터 얼마 지나지 않아 알마 화이트(Alma White)및 갓비(W. B. Godbey)와 같은 성결교 지도자들은 거센 강도의 비판을 이어갔다. Pillar of Fire Church의 창시자인 화이트는 자신의 반(反)오순절주의 견해를 담은 책, 『마귀와 방언』(Demon and Tongues)에서 "방언은 사탄의 지껄임이다"라고 지적했다. 그리고 오순절파의 예배를 '사탄 숭배의 클라이맥스' 라고 표현했다. 아주사 거리를 방문한 뒤, 갓비는 그 부흥의 지도자들을 가리켜 '사탄의 설교자, 사기꾼, 강신술사, 마술사, 주술사, 온갖 동냥아치' 라며 비난했다.[22] 물론 이같이 극단적이고 파괴적인 반응은 곧 수그러들었다. 하지만 아주사 부흥 이후 이십 년 동안 완전히 사라진 것은 아니었다. 확실히 이러한 태도는 두 진영 사이의 적대감을 더욱 가속화시켰고 둘 사이의 간격을 더욱 넓혔다.

브레시는 성결교 지도자들이 오순절주의에 대해 반문을 제기했던 두 가지 사항을 자신의 사설에 소개했다(이후로 계속 성결교 지도자들은 이 두 가지 사항에 대해 오순절주의자들에게 반문했다). 첫째는 교리적인 것이다. 여느 복음주의자들과 마찬가지로 성결교 지도자들 역시 방언이 성령 세례의 최초 증거라는 오순절파의 주장에 반대를 표했다. 찰스 험멜(Charles Hummel)이 이야기한 그대로다. "이 교리는 분쟁의 핵심으로서 오순절주의와 그 외, 다른 기독교 교파 간의 분리를 낳았다."[23] 둘째는 체험에 관한 것이다. 성결교 지도자들은 오순절파가 방언과 같은 자극적이고 감정적인 체험을 성도들에게 장려함으로써 감정주의와 광신주의를 양산

한다고 생각했다. 이 과정에서 성령 세례가 가져다주는 정결함의 영역을 잃게 될까 봐 두려웠던 것이다.

구십 년이 지난 지금 당시의 '분리'를 다시 한 번 살펴보니, 이것은 분명 정당한 '염려'에서 비롯된 결과였다. 오늘날 오순절주의자들(그리고 은사주의자들은 더욱더) 중 대부분의 경우 방언이 성령 세례의 첫 번째 증거라고 주장하는 강도가 누그러진 것이 사실이다. 그리고 그들은 감정적이고 감각적으로 보이는 현상들의 경험과 여타 다른 체험들 간에 조화를 이루는 법을 배웠다.

또한 시간이 지남에 따라 사람들은 아주사 거리에서 시작된 심오한 하나님의 역사의 진정성을 인정하기에 이르렀다. 연구가 데이비드 버렛에 의하면 1980년에 이르자 오순절주의는 그 어떤 개신교파보다 훨씬 더 큰 교파로 성장했다. 현재 전 세계에서 가장 규모가 큰 다섯 개 교회는 모두 오순절주의에 뿌리를 두고 있다.

그러나 아주사 거리의 부흥과 오순절주의 운동을 전적으로 부인하면서, 성결교회는 역사상 가장 위대한 부흥 운동을 거절하게 되었고 거기에 참여하거나 기여할 수 있는 기회도 상실해버렸다. 계속해서 오순절주의(이후에는 은사주의)와 거리를 두려는 노력을 하면서, 성결교회는 '능력'이라는 성령 충만의 영역을 무시하게 되었다. 단지 마음을 씻고 정결하게 하는 '정결함'으로써의 성령 충만만을 붙든 것이다.

하지만 분리로 인해 고통을 당한 것은 오순절주의도 마찬가지였다. 사실 오순절주의 운동의 초창기 리더들은 성결 운동에 적극적으로 가담했던 사람들이었다. 성결 운동의 영향을 받았기에 그들은 회심에 이은

극적인 두 번째 체험—즉 마음의 씻김과 정결함을 통한 '전적인 성화'—을 강조할 수 있었다. 그리고 이 두 번째 경험이 세 번째 강력한 체험, 방언으로 증명되는 '성령 세례'를 위해 길을 열어준다고 믿었다. 하지만 부흥의 규모가 점점 커지자 웨슬리파에 속하지 않은 사람들(이를테면 침례교파)의 오순절 운동 가담이 점진적으로 이어졌고, 이에 '전적인 성화'의 필요성을 회의적으로 보는 시각도 증가하게 되었다. 윌리엄 듀람(William Durham) 목사는 1910년 시카고에서 열린 오순절 집회 중, '전적인 성화'는 '은혜의 두 번째 공력'일 수 없다는 말로써 성결교의 주장을 일축해 버렸다. 그의 설교로 인해 초창기 오순절주의 내에 '전적인 성화'의 교리는 커다란 논쟁거리가 되었다. 듀람 목사의 주장에 따르면 갈보리에서 완성된 그리스도의 공력 때문에 성도들은 회심의 순간 이미 완전히 성화된다. 그러므로 성화와 관련해서는 회심 이외의 추가적 경험이 필요 없다는 것이다. 따라서 회심 이후에 체험하게 되는 성령 세례는 전적으로 능력에 관한 것이지 정결함에 관한 것이 아니라는 게 그의 주장이다. 소위 '완성된 공력 논쟁'(Finished Work controversy)이라고 불리던 이 논쟁은 수년간 오순절파 안에서 뜨거운 이슈로 자리 매김했다. 그 결과 오순절주의 내에도 분열이 일어났다. 남부 오순절파(하나님의 교회[Church of God]), 오순절주의 성결교회(Pentecostal Holiness Church), 그리고 그리스도 안에 있는 하나님의 교회(Church of God in Christ 등)는 듀람 목사의 주장을 거부했고 중서부, 북부, 서부(이를테면 하나님의 성회[Assemblies of God])의 오순절파는 대체적으로 그의 주장을 받아들였다.

결국 정결함과 능력의 관계를 두고 성결교와 결별한 오순절파는 이후 동일한 문제 때문에 자체적으로 분열하게 되었다. 자체적 분열 사건을 기점으로 오순절주의 운동은 정결함을 '덜' 강조하게 되었다. 물론 이렇게 말하면 논란의 여지는 있겠지만, 정결함의 중요성에 대한 강조가 약화되면서 이 운동의 영향력도 약해졌다.

요즈음 오랫동안 지체되었던 정결함과 능력의 재결합을 촉구하는 목소리가 커지고 있다.[25] 이는 분명 감사해야 할 일이다. 성결교와 오순절파를 모두 체험했고 또 그 가운데 활동했었던 마크 러틀랜드(Mark Rutland)는 다음과 같이 지적했다.

"성결교인과 은사주의(혹은 오순절파) 성도들이 성령께서 하시는 일에 대해 논쟁할 때마다 우리의 머리 위로 떠오르는 의심의 구름들-그 어리석은 구름들은 반드시 제거되어야 한다. 하나님의 손가락(The Finger of God: 구약에서 성령을 지칭하던 표현-역자 주)은 성도들의 마음에 거룩함의 율법을 새겨 넣었다. 마음을 정결케 하는 이 위대한 일은 아무리 강조해도 지나치지 않는다. 정결함에 대해 눈이 멀면 모든 것에 대한 시력을 잃는 것이다. 그러나 예수님이 기적을 일으키고 영을 분별하여 마귀를 쫓으신 것 역시 이 동일한 하나님의 손가락이 발휘하는 능력 때문이다. 우리는 이 사실을 잊어서는 안 된다. 정결함과 능력의 결합은 실로 거룩한 결혼이다. 이것은 천국에서 일어나는 결혼이며 그리스도를 비추는 거울이자 신약시대를 살아가는 기독교의 심장박동이다."[26]

잭 헤이포드(Jack Hayford) 역시 이 점을 잘 설명했다. "지금 선택하자—자기 십자가를 지는 훈련(정결함)을 통해 초자연적인 사역(능력)을 하기로 선택하자."[27]

구십 년 전 참으로 안타까운 이별이 있었다. 그러나 찰스 웨슬리의 표현대로 "이제는 오랫동안 분리되었던 둘-정결함과 능력-을 하나로 연합시킬 때다." 최근에 일어나는 부흥의 물결을 바라보건대 실제로 이 둘의 결합이 일어나는 것 같다. 살아가면서 우리는 이 두 가지 개념의 성경적이고 경험적인 조화를 이루어야 한다. 그렇게 할 때, 비로소 하나님께서 자녀들에게 원하시는 모든 것-세상에 영향력을 미치는 거룩함과 능력과 삶의 변화-을 깨달을 수 있다.

주 석

1. Colin Gunton, *The Promise of the Trinity* (Edinburgh: T & T Clark, 1991), 37.

2. Oswald Chambers, *The Psychology of Redemption* (Fort Washington, PA: Christian Literature Crusade, 1975), 63. "이것은 성도의 삶을 공격하는 마귀의 중심 요새다."

3. Kierkegaard, *Purity of Heart Is to Will One Thing* (New York: Harper and Row, 1938)을 참조하라.

4. 누가는 예수님께서 기도하셨다고 언급하는 대신 "예수님께서 한적한 곳으로 나아가셨다"라고 기록했다(눅 4:42). 그러나 마가의 기록에 의하면 예수님은 '기도하기 위해' 한적한 곳으로 나아가셨다(막 1:35).

5. Donald W. Dayton, *Theological Roots of Pentecostalism* (Grand Rapids: Zondervan, 1986), 「*Wesleyan Theological*」, "The Doctrine of the Baptism of the Holy Spirit: Its Emergence and Significance"(1978, spring)을 참조하라. 또한 Richard Gilbertson, *The Baptism of the Holy Spirit: The Views of A. B. Simpson and his Contemporaries* (Camp Hill, PA: Christian Publications, 1993), Vinson Synan, *The Holiness-Pentecostal Tradition* (Grand Rapids: Eerdmans Publishing Co., 1997)을 참고하라.

6. Leona Frances Choy, *Powerlines: What Great Evangelicals Believed About the Holy Spirit, 1850-1930* (Camp Hill, PA: Christian Publications, 1990).

7. Choy, *Powerlines*, 13.

8. Gunton, *The Promise of the Trinity*, 37.

9. Choy, *Powerlines*, 32, 68.

10. Choy, *Powerlines*, 113, 166–169, 294–295.

11. Choy, *Powerlines*, 191, 214–215, 242–243.

12. Dayton, *Theological Roots of Pentecostalism*, 90.

13. Adam Wallace ed., *A Modern Pentecost* (Philadelphia: Methodist Home Journal Publishing House 초판, 1873, 재발행, OH: Convention Book Store, H. E. Schmul, 1970), 83.

14. Gilbertson, *The Baptism of the Holy Spirit*, 147에서 인용.

15. H. C. Morrison, *The Baptism with the Holy Ghost* (Louisville: Pentecostal Herald, 1900), 31.

16. 성결 운동 진영 내에 이것을 '세 번째 축복'(third blessing)으로 바라보는 소수의 의견이 있었다. 이들은 '전적인 성화'와 '성령 세례'를 두 개의 분리된 경험으로 보았다. 전적인 성화의 경험은 '정결'과 관련이 있고 성령 세례는 '능력'과 관련이 있는데 그들은 성도에게 두 가지 다 필요하다는 입장을 폈다. 이 둘이 별개의 경험이기 때문에 전적으로 성화되었지만 성령 세례를 받지 못한 성도, 즉 마음은 정결하나 능력이 없는 성도가 존재할 수 있다고 믿었다. Dayton, *Theological Roots of Pentecostalism*, 95–100 참조. 이러한 입장은 결국 몇몇 오순절 교단(클리브랜드 테네시의 오순절주의 성결 교회, 하나님의 교회 등)의 공식적 입장으로 자리 잡았다.

17. Synan, *The Holiness-Pentecostal Tradition*, 143–144에서 인용.

18. Synan, *The Holiness-Pentecostal Tradition*, 143.

19. William Faupel, *The Everlasting Gospel* (Sheffield, England: Sheffield

Academic Press, 1996), 190-191에서 인용.

20. Vinson Synan ed., *Aspects of Pentecostal-Charismatic Origins* (Plainfield, NJ: Logos International, 1975), 74.

21. Melvin Dieter, "Wesleyan-Holiness Aspects of Pentecostal Origins: As Mediated through the Nineteenth-Century Holiness Revival", in *Aspects of Pentecostal-Charismatic Origins*, 73.

22. Synan, *The Holiness-Pentecostal Tradition*, 145-146.

23. Charles Hummel, *Fire in the Fireplace* (Downers Grove, IL: InterVarsity Press, 1978), 59.

24. 이 논쟁에 대한 추가적 설명을 원한다면 Faupel, *The Everlasting Gospel*, 229-270을 참조하라.

25. Howard Snyder, *The Divided Flame: Wesleyans and the Charismatic Renewal* (Grand Rapids: Zondervan Publishers, 1980); Mark Rutland, *The Finger of God: Reuniting Power and Holiness in the Church* (Wilmore, KY: Bristol Books, 1988); Jack Hayford, *A Passion for Fullness* (Waco, TX: Word Publishing, 1990); Rich Nathan, Ken Wilson, *Empowered Evangelicals: Bringing Together the Best of the Evangelical and Charismatic Worlds* (Ann Arbor, MI: Servant Publications, 1995); Edmund Rob, *The Spirit Who Will Not Be Tamed* (Anderson, IN: Bristol Books, 1997)을 참조하기 바란다.

26. Rutland, *The Finger of God*, 51.

27. Hayford, *A Passion for Fullness*, 125.

스티브 비어드(Steve Beard)는 "삶에 찌들고 지쳐있는 성도들의 배고픔, 목마름, 간절함에 하나님의 손가락이 응답하는 것-이것을 목도하는 것보다 더 내 마음을 요동치게 하는 것은 없다"라고 밝힌다. 그는 하나님의 손가락이 역사하는 것을 더 많이 보기 원한다. 기독신앙, 대중문화, 영적 대각성의 주제로 여러 편의 글을 썼던 작가 스티브 비어드는 연합 감리회에서 격월로 출간하는 잡지 「Good News」의 편집자로 일하고 있다. 이외에도 그가 집필했던 글은 「Charisma」, 「Challenge」, 「Ministries Today」, 「World」 등의 잡지에 게재되고 있다. 그는 또한 『우레와 같은: 존 웨슬리와 토론토 블레싱』(Thunderstruck: John Wesley and the Tronto Blessing)이라는 책을 펴내기도 했다. 스티브는 "아직 소망이 있을 때, 북미의 성도들이 황홀하고 매혹적인 하나님의 사랑에 반응하기를" 기도한다.

11

예견할 수 없는, 거룩한 하나님과의 만남
The Unpredictability of Encountering a Holy God

스티브 비어드
by Steve Beard

최근 전 세계적으로 일어나고 있는 성령 운동의 가장 놀라운 특징은, 하나님의 경이로움과 신비, 그분의 놀라운 성품에 대한 인식이 새로워지고 있다는 것이다. 지난 몇 년 동안 목격해왔던 아르헨티나의 부흥, 토론토 축복, 펜사콜라의 성령 역사(그밖에 잘 알려지지 않은 수많은 부흥) 등의 사건들은 성령의 역사와 관련하여 논란이 될 만한 현상들을 잘 이해할 수 있도록 도와주었다.

대부분의 성도가 하나님을 생각할 때 자랑스레 선반 위에 꽂아둔 세 권짜리 조직신학 교과서를 떠올릴 것이다. 그리고 '신론'에 잘 들어맞는 하나님의 모습이나 신(神) 개념을 생각할 것이다. 하나님의 본질과 그분의 뜻을 멋지게 설명하기 위해 우리는 종종 그분의 광대하신 성품을 인간이 이해할 수 있는 범위 안에서 평범하게 설명한다. 또한 우리의 형상을 따라 하나님의 모습을 창조해내기도 한다. 보통 이러한 접근 방법은 실제로 하나님께서 우리에게 임재하시기 전까지는 유용하다. 그러나 하나님께서 그분의 모습을 나타내시는 순간, 우리는 하나님에 대해 그릇된 개념-이를테면 우리가 하나님을 다룰 수 있다는 생각, 혹은 하나님의 일하시는 방법을 인간의 이성으로 온전히 이해할 수 있다는 생각-을 품고 있었다는 사실을 깨닫게 된다.

바나 리서치 그룹(Barna Research Group)의 조사 결과에 의하면, 예배에 참석하는 대다수 크리스천이 하나님의 임재를 경험하지 못한 채 예배당을 떠난다고 한다. 예배 중 하나님과 진정으로 교감했다고 느끼는 성도(성인 중)는 전체의 삼분의 일도 안 된다고 한다. 놀랍게도 매주 예배에 참석하는 성도들 중 삼분의 일 정도는 인생 중 단 한 번도 하나님의 임재를 경험해보지 못했다고 한다. 조지 바나(George Barna)의 말을 빌리면, "이 조사 결과는 대부분의 성도는 하나님을 만나고 싶어서 예배에 참석하지만 이들 중 대다수는 매주 실망감을 안은 채 교회 문을 나선다는 사실을 말해준다. 결국 사람들은 하나님과의 생생한 만남을 기대조차 안 한다. 그들은 단지 즐거운 경험에만 만족하는 상태에 머물고 만다."[1]

하나님과의 만남이 있어야 할 자리를 '즐거운 경험'이 대체한다면 어떤 일이 발생하겠는가? "물론 하나님은 무소부재하시다. 그러나 하나님의 임재가 더욱 생생하게, 혹은 강력하게 느껴지는 때가 있다. 그러한 순간에는, 마치 우리를 가로막고 있던 한두 겹의 장막이 걷히는 느낌이다. 우리의 연약함이 그분의 현존, 그 놀라운 에너지에 노출되는 느낌이 든다"[2]라고 존 화이트(John White) 작가는 이야기한다. 신학자 가이 쉐브

로우(Guy Chevreau)는 이렇게 설명했다. "신학적인 입장에서 볼 때, 우리가 말하고 있는 것은 무소부재하시고 영원하신 하나님께서 시간과 공간이라는 틀 속에 자신의 임재를 현현하시는 상황이다."[3)]

넘어지는 현상, 울부짖는 현상, 몸을 떨거나 주체할 수 없이 우는 현상들에 호기심을 갖고 이를 신학적으로 해석하고자 했던 일련의 크리스천들은 지난 오 년간 조나단 에드워즈(Jonathan Edwards), 존 웨슬리와 같은 사람들의 신학 저서와 정기 간행물들을 심도 있게 연구했다. 이전에 나는 이러한 종류의 현상들을 오순절파나 은사주의 크리스천들에게만 국한시켜 생각했다. 하지만 하나님께서 임재하실 때 나타나는 반응들은 아주사 거리의 부흥이 있기 훨씬 전, 내가 속한 감리교단과 성결교단에서도 흔히 목격되었다는 조사 결과가 있었다. 참으로 흥미로운 일이다. 특히나 이 사실은 18세기 웨슬리 부흥 운동의 후계자들(감리교도)에게는 더욱더 충격이었다. 지난 수십 년간 기독교 역사는 현대인의 지성으로 수용할 만한 내용들로, 또 현대의 감성적 입맛에 맞게끔 기록되었기 때문이다. 안타깝게도 이렇게 기독교 역사를 조미하는 과정 가운데 우리는 하나님의 강력한 역사와 놀라움에 대한 시각을 잃게 되었다.

성경과 교회사를 토대로 볼 때, 거룩한 하나님께서 죄인들을 만나실 때에는 다음의 세 가지 중 적어도 한 가지 일이 반드시 일어난다고 할 수 있다. 1) 죄인들이 극적으로(철저히) 회심한다. 2) 성도들의 삶이 변화되고 새로움을 입는다. 3) 성도와 죄인이 마음의 책망을 받고 그들의 속마음이 드러난다. 마치 고기압 전선과 저기압 전선이 충돌할 때 폭풍이 발생하듯이, 영광스럽고 빛나는 주님의 임재가 죄인들에게 임할 때, 또 다른 종류의 폭풍이 발생하는 것과 같은 이치다.

1. 죄인들의 극적인(철저한) 회심...
The Radical Conversion of Sinners

만일 우리가 다메섹으로 향하던 사울 곁에 있었다면 하나님에 대한 우리의 이해와 생각은 얼마나 달라졌을까? 만일 우리가 그와 함께 여행하던 중, 갑자기 하늘에서 빛이 내려와 사울을 감싸는 것을 보았다면 어떠했을까? 또 그가 바닥에 쓰러지는 것을 보았다면? 이후에 사울과 예수님이 대화하는 것을 목격한다면 우리는 어떻게 반응했을까?

"사울아 사울아 네가 어찌하여 나를 핍박하느냐?" "주여 뉘시오니이까?" 사울이 되물었다. "나는 네가 핍박하는 예수라." 예수님께서 대답하셨다. "일어나 성으로 들어가라. 네가 행할 일들을 네게 알려줄 사람이 그곳에 있느니라"(행 9:4-6 참조).

누가는 이 사건을 이렇게 언급했다.

같이 가던 사람들은 소리만 듣고 아무도 보지 못하여 말을 못하고 섰더라 사울이 땅에서 일어나 눈은 떴으나 아무것도 보지 못하고 사람의 손에 끌려 다메섹으로 들어가서 사흘 동안 보지 못하고 식음을 전폐하니라(행 9:7-9)

물론 이런 종류의 회심을 일반적인 체험이라고는 말하고 싶지 않다. 다만 사울이 체험한 것과 같은 사건을 통해 거룩하고 놀라운 능력을 경험하게 된다면, 우리가 갖고 있던 '주일학교용' 일차원적 신(神) 개념과 예수님에 대한 지식들이 산산조각 나고 말 것이다—이렇게 말하는 게 안전할 것 같다. 이 사건을 통해 엿볼 수 있는 사울의 회심은 기독교적 교리의 입장에 지적으로 동의하는 정도가 아니었다. 그의 회심은 감정적 카타르시스의 사건도 아니었다. 그것은 문자 그대로 정말 "끔찍한" 경험이었다!

감리교의 초창기 감리교도가 된 사람들, 특히 회심 이후 설교자가 되었던 감리교도들의 간증을 읽어보면 그들이 자신의 몸과 영혼을 (문자 그대로) 뒤흔들어놓는 성령의 책망과 씨름했을 때, 그들에게서 분노와 공포의 패턴이 나타나는 것을 쉽게 발견할 수 있다.

필립 개치(Philip Gatch)는 자신이 회심했던 1772년 4월 26일, 성령의 책망하시는 능력과 대면했던 사건을 이렇게 설명했다.

"그 순간 하나님의 능력이 나를, 내 몸과 영혼을 만지셨다. 나는 그것을 느꼈다. 큰 소리로 울고 싶었다. 성령 가운데 하나님께서는 내 영혼을 향해 말씀하셨다. '네가 단지 믿기만 하면 네 영혼을 치유하는 나의 강한 능력이 네게 임할 것이다.' 그 즉시 나는 성령께서 행하시는 일 앞에 무릎을 꿇었다. 이후 내 불쌍한 영혼은 자유를 얻게 되었다. 마치 새로운 차원의 세계로 들어간 것 같은 기분이었다. 나는 예수의 보혈로 말미암아 어두운 지옥의 문에서 구출되어 하나님의 빛 앞으로 인도되었다. 이후 나는 이 지역에서 처음으로, 이러한 은혜를 선포한 사람으로 알려졌다. 하나님의 자비와 선하심-그 은혜가 내 불쌍한 영혼에 임했고 나를 압도하였다."[4]

벤자민 애벗(Benjamin Abbott)은 1773년 뉴저지에서 설교했을 때 자신의 회심 사건을 이렇게 묘사했다. "말씀이 내 육신의 모든 마디마디를 뒤흔들며 내 마음에 닿았다. 엄청난 양의 눈물이 흘러내렸다. 나는 하나님의 자비를 부르짖었다. 이런 내 모습을 본 사람들도 함께 눈물을 흘렸다."[5]

피터 카트라이트(Peter Cartwright)는 1801년 어느 날, '하나님의 능력이 놀랍게 펼쳐졌던' 그리고 '성도들이 큰 소리로 기쁨을 외쳤던' 어떤 집회에 참석했다. 그는 이 경험을 아래와 같이 고백했다.

"죄인-벌레 같은 죄인으로서 나는 이 집회에 참석했다. 토요일 저녁, 흐느끼고 있는 군중 가운데 서서 강단을 향해 고개를 숙인 채 하나님의 자비를 간절히 기도했다. 영혼의 엄숙한 고통을 느끼고 있을 때, 어떤 목소리가 내 마음에 닿는 것 같았다. '너의 모든 죄가 용서되었노라.' 거룩한 빛이 나를 감쌌다. 말할 수 없는 기쁨이 내 영혼을 적셨다."[6]

오스틴 태프트(Austin Taft)는 "감리교의 목사들은 강력한 불의 종이다. 그래서 그들의 설교를 듣는 것은 위험한 일이다"라고 배워왔다. 그는 1833년 어느 날, 오하이오 휴런 카운티에서 열렸던 기도 모임에 참석한 뒤 이렇게 회고했다. "두려운 실재(實在) 곧, '영원'(eternity)의 문이 내 앞에 열렸다. 그 순간 내 마음속의 고통과 아픔은 도무지 글로 기록할 수 없을 정도였다. 이것은 인간의 표현 밖에 있는 경험이었다." 그는 계속해서 이야기했다.

"이미 나는 영원한 밤의 어두운 방 안으로 들어간 상태였다. 바로 그곳에서 누군가 내게 속삭이듯 말했다. '너는 이제 곧 너를 위한 하나님의 자비와 만날 것이다.' 잠시 멈춰 그 목소리에 귀를 기울였다. 나를 위한 자비라니, 이 얼마나 놀라운 말인가! 내가 들었던 중 가장 기쁜 소식이었다. 그 즉시 나는 구세주의 약속 안에 나의 믿음을 던졌다. 주체할 수 없는 확신으로 그 약속을 붙들었다. 그때 멀리서 내 머리 위로 한 줄기 빛이 비춰왔다. 그 빛은 점점 더 밝은 광채로 내게 다가왔다. 빛이 내 몸에 닿는 순간, 나는 섬광의 속도로 바닥에 쓰러져버렸다. 하나님의 충만함으로 채워진 순간이었다. 옛것은 지나갔고, 모든 것이 새로워졌다. 완벽한 행복을 맛볼 수 있었다. 나는 손가락 하나 까딱할 힘도 없이 사십오 분간 정지한 상태로 그 자리에 누워있었다. 장로교 출신이었던 내 아버지는 내가 죽은 줄 알고 사람들에게 의사를 불러오라고 말했다."[7]

현대인들에게 이러한 간증은 단지 '흥분에 찬 과장의 말' 정도로 다가올지도 모른다. 그러나 한 가지 확실한 것은 이들 모두 산을 흔드시는 하나님, 자녀를 축복하시는 하나님에 대한 경외감과 즐거움 앞에 노출되었다는 것이다.

만일 우리가 이사야 선지자의 친구였다면, 하나님에 대한 우리의 인식은 지금과 얼마나 달랐겠는가? 이사야가 본 환상을 직접 들었다면, 당신은 이 이야기를 친구들에게 전해줄 때 무엇이라고 말하겠는가?

> …주께서 높이 들린 보좌에 앉으셨는데 그 옷자락은 성전에 가득하였고 스랍들은 모셔 섰는데 각기 여섯 날개가 있어 그 둘로는 자신의 얼굴을 가리었고 그 둘로는 자신의 발을 가리었고 그 둘로는 날며 서로 창화하여 가로되 거룩하다 거룩하다 거룩하다 만군의 여호와여 그 영광이 온 땅에 충만하도다(사 6:1-3)

이사야는 자신의 경험을 기록하면서 말하기를 "이같이 창화하는 자의 소리로 인하여 문지방의 터가 요동하며 집에 연기가 충만한지라"(사 6:4)라고 했다(아마도 형언할 수 없는 광경을 묘사해놓은 이사야의 글을 통해 당신은 그의 눈에 거룩한 공포감이 서려있을 것이라고 상상할 수 있을 것이다). 그리고 곧 그는 큰 소리로 울부짖었다. "화로다 나여 망하게 되었도다 나는 입술이 부정한 사람이요 입술이 부정한 백성 중에 거하면서 만군의 여호와이신 왕을 뵈었음이로다"(사 6:5).

여기에서도 마찬가지지만, 이러한 경험을 언어로 설명하기란 참으로 어렵다. 천사와 만났던 다니엘의 경험, 숨이 멎는 것 같은 그 경험을 어떻게 설명할 수 있겠는가?(단 10장 참조) 모세의 얼굴에 임했던 영광의 광채를 어떻게 묘사하겠는가?(출 34:29-35 참조) 죽은 엘리사 선지자의 뼈에 사람을 살리는 기름 부음이 임했던 사실을 어떻게 설명할 수 있단 말인가?(왕하 13:21 참조) 이처럼 성경에 나타난 하나님의 신비와 주권적인 역사, 이해할 수 없는 그 사건들을 '그냥 믿고 받아들이는' 대신, 우리는 거부감 없이 하나님을 이해하고자 그분을 '이성'과 '평범함'의 위치로 끌어내렸다. 이를 위해 수많은 시간을 투자해왔다. 어떻게 해서든 우리가 '하나님을 이해해주는' 위치에 있어야 한다는 망상을 붙들려고 노력했던 것이다.

"지금은 기독교가 다시 한 번 거룩한 공포를 느끼는 장소로 내려가야 할 때다." 마이클 야코넬리(Michael Yaconelli)는 그의 책『위험한 경이』(Dangerous Wonder)에서 "우리가 가야 할 곳은 하나님께서 계속하여 '두려워 말라'라고 말씀하시는 곳이어야 한다. 그곳에서 우리와 하나님의 관계는 단순한 신뢰의 관계 혹은 교리나 신학적으로 정의될 만한 관계가 아니다. 그곳에서 하나님과 맺는 관계는, 우리의 삶에 임하는 두려운 하나님의 임재를 끊임없이 자각하는 관계다. '쿨'하신 하나님, 전혀 위협적이지 않은 하나님의 허상은 이제 그 현존만으로도 우리의 모든 자아를 부서뜨려 먼지처럼 흩날리시는 하나님, 우리의 모든 죄를 태워 재로 바꾸시는 하나님, 우리의 참모습을 드러내기 위해 모든 겉치장을 벗겨내시는 하나님의 이미지로 바뀌어야 한다"[8]라고 기술했다.

야코넬리는 예수님께서 이 땅에 계셨던 동안 당시의 종교 지도자들이 오늘날의 우리들과 동일한 성향을 가졌다고 지적했다. "바리새인들은 예수님이 그들과 동일한 모습이기를 원했다. 그의 입에서 선포되는 진리가 수 세기 동안 그들이 잘 다듬어온 진리와 일치하기를 바랐다. 그러나 예수님이 전하셨던 진리는 예상 밖의 것이었다." 이어서 야코넬리는 "예수님께서 모습을 나타내시면 모든 사람은 불편함을 느낀다. 그러나 신기하게도 원인을 알 수 없는 기쁨도 느끼게 된다. 사람들은 예상 밖의 일들을 싫어한다. 심지어 교회를 다니는 사람들도 그렇다. 그들은 마음이 불편해지는 것을 원하지 않기에 '쿨' 한 예수, 잘 다듬어진 예수를 바란다."9)

수년 동안 사람들은 사슴의 눈을 닮은 예수님을 그려왔다. 토요일 아침에 방영되는 어린이 프로그램 진행자의 얼굴과 인도의 지도자 간디(Ghandi)의 얼굴 사이에서 십자가에 달린 예수님의 모습을 찾으려고 했다. 우리가 좋아하는 정치적 신조 속에 예수님의 이미지를 투여했다. 우리의 죄가 별로 심각하게 보이지 않도록, 그분의 이미지를 물에 타서 진리를 엷게 만들었다. "어떻게 우리는 이처럼 하나님을 가볍고 편하게 여기게 되었는가?" 야코넬리는 묻는다. "도대체 어찌된 일이기에, 하나님에 대한 경외심이 미적지근한 감사의 감정으로 전락해버렸는가? 어째서 우리의 심장을 멎게 하는 그분의 임재는 온데간데없고, 하나님을 친구로 여기는 불손함만이 팽배한 것인가? 십자가에 달리실 때, 땅을 흔드시고 천둥을 울리셨던 예수님의 모습을 기억하지 않은 채 어떻게 예수님을 생각할 수 있단 말인가? 왜 더 이상 우리는 숨을 멈춘 채로 '이분은 평범한 신이 아니다. 이분이 바로 하나님이다' 라는 말을 하지 않는가?"10)

2. 크리스천의 변화와 회복...
The Transforming and Renewing of Christians

시라큐스 대학의 총장이었던 다니엘 스틸(Daniel Steele)은 19세기 성결교단의 지도자급 신학자였다. 1987년 11월 17일, 그는 삶의 우선순위는 물론 그의 삶 자체를 변화시킨 강력한 경험을 하였다. 자신이 받았던 성령 세례를 묘사하면서 "내가 느낄 수 있을 정도로 신비한 능력이 임했다. 내 몸은 건강했고 신경 계통에도 아무런 문제가 없었지만, 당시의 몸 상태는 말로는 이루 표현할 수 없을 정도였다. 마치 고압의 전기가 아무런 고통을 주지 않은 채로 내 온몸을 통과하는 느낌이랄까? 그 사랑의 뜨거운 파도 속에 온몸이 녹아내리는 느낌이었다. 내 영혼의 눈이 열렸을 때, 하나님의 아들이 온화한 모습으로 서계신 것을 보았다."

스틸이 묘사했던 불같이 뜨거운 사랑의 파도를 경험해본 적이 있는가? 각 사람의 경험에 차이가 있겠지만, 경험을 통해 공통된 사실 한 가지를 발견할 수 있다. 하나님께서는 우리가 모두 그분의 사랑을 알고 체험하기를 원하신다.

"난생처음 그리스도의 한없는 부요하심을 깨닫게 되었다. 명예, 친구, 가족, 재산-이 모든 것이 사라졌다. 그분의 현존 가운데 빛나던 눈부신 빛에 이 모든 것이 가려졌다."

"주님이 내게 이렇게 말씀하시는 것 같았다. '나는 머물기 위해 왔노라.' 그러나 귀에 들리는 육성도, 드라마틱한 환상이나 이미지도 없었다. 입신했던 것도, 환영을 본 것도 아니었다. 오직 사랑만이 이 놀라운 현상을 설명해주었다. 성령의 역사로 하나님의 사랑이 내 마음 구석구석에 쏟아졌다고 말하면 가장 잘 설명한 것이리라. 자석처럼, 주님께서 이끄시는 힘이 너무 센 나머지 내 영혼은 천국으로 빨려 들어가는 느낌이었다. 이 모든 것이 얼마나 생생했던지! 내가 이 땅에 발을 딛고 햇빛을 받으면서 살아간다는 사실보다 하나님이 나를 사랑하신다는 사실을 더욱더 확신할 수 있었다. 나는 직관적으로 그리스도를 이해하게 되었다."[11]

하나님의 현존 앞에서 우리는 그분의 강렬하고 광대한 사랑을 더 정확하게 이해할 수 있다. 직관적으로 그리스도를 이해하는 은혜를 누리게 된다. 그분의 거룩함에 대한 우리의 인식은 더욱 깊어간다.

저명한 감리교 부흥사 스탠리 존스는 실질적인 하나님의 임재를 경험했던 사람 중 한 명이다. 1906년에 켄터키 윌모어의 애즈버리 대학을 졸업하기 전, 그는 다음과 같은 놀라운 사건을 경험했다.

"넷 혹은 다섯 명 정도였던 것 같다. 우리는 짐 볼링거(Jim Ballinger)의 방에 모여 있었다. 밤 열시쯤이었는데 우리는 기도하기 위해 그곳에 모였다. 나는 무릎을 꿇고 침대보에 머리를 기댄 채 거의 잠든 상태였다. 그런데 바로 그때, 성령님께서 방문하셨다. 우리는 모두 그 자리에 쓰러졌다. 성령의 충만한 홍수가 우리를 덮었다." 물론 당시 그들 중에 방언을 말하게 된 사람은 아무도 없었지만 존스는 힘주어 이야기했다. "최초의 오순절 날 마가의 다락방에 모였던 제자들에게 일어난 그 일이 우리에게 일어났다."

"당시에 일어난 사건을 애매한 용어나 점잖은 말로 설명하든지, 아니면 그 경험의 강도를 낮추어 이야기하고 싶었다. 하지만 둘 중, 어떤 선택을 하더라도 그것은 정직하지 못한 설명이 될 것이다. 심지어 하나님께서 내게 주신 가장 소중하고 고귀한 선물을 내던지는 일이 될 것이다. 그러므로 그동안 나를 '지적인 사람'으로 바라보았던 이들에게는 나의 간증이 충격으로 다가올 것이다. 충격을 받든, 받지 않든, 나는 이곳에 내 경험을 적어둔다."

자신에 대해 오해하지 않기를 바라는 마음에서 존스는 이렇게 말했다. "앞으로 삼사 일간 사람들은 우리를 향해, 오순절 마가의 다락방에 모여 있던 사람들이 들었던 말들을 그대로 전할 것이다. '너희가 술에 취했구나!'라고 말이다. 아니다. 나는 하나님께 취했다. 내가 대충 삼사 일이라고 말한 것은 시간 자체가 별로 중요하지 않기 때문이다."[12]

훗날 감리교가 배출한 가장 중요한 선교사로서 인도에서 사역하게 된 스탠리 존스는 당시 하나님의 영광스러운 현존 가운데 온몸에 힘을 잃은 채, 하나님의 사랑과 평화, 자비와 공의에 취하게 되었다. 이 경험의 결과는 다음과 같다. "이제 나는 두려운 감정으로부터 자유를 얻었다. 하나님께 취했던 그 흥분의 상태가 삼 일 내내 지속되었다. 그렇다. 나는 하나님께 취해있었다. 그러나 정신은 말짱했다. 아니 이처럼 맑은 정신을 가져본 적이 없을 정도였다. 나는 내가 경험한 것의 실체를 깨닫게 되었는데 그것은 기쁨, 기쁨, 기쁨이었다. 또한 사랑, 사랑, 사랑이었다."[13]

삶을 변화시키는 하나님의 사랑의 계시는 우리를 하나님과의 더 깊은 동행, 더 많이 열매 맺는 사역으로 인도한다. 나사렛 교회의 공동 창시자였던 피니어스 F. 브레시(Phineas F. Bresee)가 경험했던 특별한 사건을 예를 들어 살펴보자. 어느 날 저녁 그는 자신이 머물고 있는 목사관저에서 방문을 열어둔 채 자리에 앉아있었다. 그때 거룩한 하나님과의 잊지 못할 만남을 경험하게 된다.

"나는 계속 기다리고 기다리며 끊임없이 기도했다. 그리고 위를 올려다보았다. 하늘에서 어떤 물체, 마치 응축된 빛의 구(球)처럼 보이는 것이 나를 향해 빠른 속도로 내려오는 것이었다. 그것을 응시했을 즈음에는 이미 가까이에까지 내려와 있었다. 그것을 향해 얼굴을 들었을 때, 먼발치에서 이런 음성이 들려왔다. '그것을 삼키라. 삼키라.' 그 순간 그것이 내 입술에 닿았다. 나는 그 명령에 순종하려고 했다. 비록 그것이 내 입술에 닿았을 때 불같이 뜨거웠고 또 불타는 느낌이 며칠이나 지속되었음에도 불구하고 말이다. 그러나 나는 다만 그것의 일부만을 삼킨 것이었다."

성결교의 목사였던 그의 삶에서 이 경험만을 따로 떼어놓고 본다면, 이것은 우리에게 해답을 제시해주기보다는 의문점만 남기는 사건이 아닐 수 없다—하나님이 우리에게도 이렇게 하기를 원하시는가? 그렇지만 브레시는 이 경험을 통해 "내 마음과 나의 전 존재 속에, 전에는 알지도 느껴보지도 못했던 삶의 변화, 축복, 감동과 영광이 자리하기 시작했다. 하나님께서 내 필요를 채우시는 느낌이었다"라고 설명했다. 그는 이 경험의 극히 일부만을 언급했다고 밝혔다.

"내 사역 가운데 새로운 바람이 불기 시작했다. 성령의 능력과 삶의 변화가 그것이다. 사람들은 온전한 구원의 축복을 향해 달려 나가기 시작했다. 회심하는 사람들이 더욱 많아졌다. 재작년, 그리고 작년, 계속해서 우리 교회는 끊임없는 부흥과 회복의 영광을 누리며 성공적인 사역의 열매를 맛볼 수 있있다. 그리고 올해, 그 사건이 있은 후 삼 년이 지난 지금, 교인 수는 두 배로 증가했다. 모든 면에서 교회가 건강하게 서고 있다."[14]

흥미롭게도 애즈버리 신학대학교의 창시자 헨리 클레이 모리슨도 이와 비슷한 경험을 했다. 그는 자신의 친구 영(Young) 박사와 함께 오하이오 신시내티 외곽에 머무르고 있었다. 부흥 집회를 계속할 것인지 접을 것인지를 두고 그와 논쟁을 벌인 후였다. 그때 모리슨은 하나님의 임재를 느꼈다.

"영 박사님." 모리슨이 말했다. "지금 하나님의 능력이 이 방 안에 있음을 느낍니다."

이후 그는 이렇게 증언했다. "그 즉시 성령께서 내 위에 임하셨다. 나는 온몸에 힘이 빠져나가는 느낌을 받았고 곧 긴 의자 위에 쓰러져 버렸다. 마치 큰 손이 내 심장을 거머쥔 채 몸 밖으로 꺼내는 것 같은 느낌이었다. 영 박사는 두 팔로 나를 붙들고 큰 소리로 내 이름을 연거푸 불렀다. 그러나 나는 대답할 수 없었다."[15]

"다시금 정신을 가다듬고 팔다리를 움직일 수 있게 되었을 때였다. 액체와 같은 구(球)형의 불꽃이 내 얼굴에 닿더니 이내 녹아서 내 몸 속으로 들어왔다. 나는 자리에서 껑충껑충 뛰며 큰 소리로 외쳤다. '하나님께 영광을!'"[16]

모리슨을 안고 있던 영 박사는 깜짝 놀라 모리슨을 소파에 눕히며 말했다. "이봐요, 지금 이게 무슨 일입니까? 얼마나 무서웠는지 아세요? 난 당신이 죽은 줄로만 알았다고요! 왜 이런 행동을 하시는 겁니까?" 영 박사가 물었다. "저는 아무것도 하지 않았어요, 박사님. 주님이 하신 거예요."17)

모리슨은 계속해서 이야기했다. "저는 초자연적인 세계에 너무도 가까이 들려 올라갔기 때문에 현실의 물질세계에 대해선 아무런 생각도 할 수 없었습니다. 마치 끝없는 평안과 기쁨의 바다 위를 둥둥 떠다니는 느낌이었어요."18)

그의 대답에 영 박사는 화가 났다. 그리고 그에게 광신도처럼 굴지 말라고 경고했다. 하지만 이 체험 뒤, 모리슨의 사역에는 변화가 생겼다. "성령님께서 세례를 베푸시는 동안 설교 말씀을 전하면 그곳에 엄청난 능력이 나타난다. 전에는 이러한 일이 없었다. 만일 우리 설교자들이 성령의 능력 아래 하나님께 가까이 나아갈 수만 있다면, 하나님의 말씀이 '강같이 흐르고' 또 그 말씀이 '영광을 입어' 오늘날에도 참된 오순절의 역사가 일어나지 않겠는가?"19)

3. 마음을 드러내기 위해 생각을 공격하다...
Offending the Mind to Reveal the Heart

신약의 초기 기독교로 되돌아가라는 외침을 들을 때마다 나는 사도행전 5장에 기록된 아나니아와 삽비라를 떠올리게 된다. 교회를 돕기 위해 자신들의 소유지를 팔았던 부부의 이야기다. 토지를 판매하는 과정에서 부부는 땅 판 값의 일부를 감추고는 전부를 교회 앞에 드렸다고 사도들에게(베드로의 말에 의하면 성령님께) 거짓말을 했다. 베드로의 책망을 들은 후, 아나니아는 바로 그 자리에서 고꾸라져 죽었다. 이로부터 약 세

시간 후, 그의 아내 삽비라에게 동일한 일이 발생했다. 성경은 이 사건의 결과를 이렇게 말한다. "온 교회와 이 일을 듣는 사람들이 다 크게 두려워하니라"(행 5:11).

자, 이것이 신약시대의 기독교다. 솔직히 말하면, 꽤 두려운 종교 아닌가? 하나님의 거룩함은 가볍게 다룰 만한 것이 아니다. 나는 1867년에 출판된 애블 스티븐(Abel Steven)의 책 『미 감리교의 역사』(History of American Methodism)를 읽다가 아나니아와 삽비라 이야기가 생각났다. 스티븐은 혁명전쟁 기간 동안, 뉴저지의 살렘 지역에서 초기 감리교 목사들이 직면해야 했던 핍박에 대해 이야기했다.

"그 마을에서 하나님을 욕하던 사람들은 감리교도들의 예배를 우스꽝스럽게 흉내 내면서 박해를 이어나갔다. 그러던 중 그들이 예상치 못한 무서운 사건이 발생했다. 여느 날처럼, 그들은 한데 모여 조롱하는 말투로 감리교도들의 예배와 찬양을 따라 하면서 웃고 떠들었다. 무리 중 한 여성이 자리에서 일어나 '하나님께 영광을!'이라고 외치며 감리교도들을 흉내 냈다. 그녀는 '평안하다 내 영혼이여! 나는 성화 되었도다. 그러므로 이제 나는 죽을 준비가 되었도다!'라는 조롱의 말을 내뱉었다. 하지만 이 말은 그녀의 유언이 되어버렸다. 그 즉시 바닥에 쓰러져 싸늘한 주검이 된 것이다. 이 사건에 소스라치게 놀란 사람들은 다시는 모임을 갖지 않았다. 그리고 두말할 것 없이 감리교는 그 마을과 인근 지역에서 흥왕했다."[20]

이 기록에서 200페이지를 더 넘기면, 1796-1804년 동안의 사건을 다루는 장에서 이와 비슷한 기록이 한 번 더 나온다. 이번에는 헨리 보엠(Henry Boehm)의 보고 내용을 통해 펜실베이니아 레딩 지역에서 감리교도들이 핍박받는 이야기를 접할 수 있다.

> 당시 그 마을 사람들 몇 명이 한 자리에 모여 있었다.
> "그중 한 청년이 감리교도를 흉내 내기 시작했다. 그는 감리교도들이 예배를 드리러 모일 때 어떤 행동을 하는지 보여주겠다고 했다. 그는 소리를 질렀다. 손뼉을 쳤다. 그리고 어떻게 쓰러지는지를 흉내 냈다(그 당시 감리교도들은 성령의 역사 가운데 예배 중 힘을 잃고 쓰러지곤 했다). 그는 바닥에 몸을 던지고 마치 잠든 것처럼 누워있었다. 그곳에 모인 사람들은 그의 행동을 보며 즐거워했다. 그러나 그가 꽤 오랫동안 누운 채로, 일어설 기미조차 보이지 않았기에 사람들은 약간 의아해했다. 사람들은 그를 일으키려고 흔들어 깨웠다. 하지만 그에게 호흡의 기식이 없음을 발견했을 때, 그들 모두의 얼굴은 창백해졌다. 황급히 의사를 데려왔지만 진찰 후 의사가 내린 진단은 '사망'이었다. 이 끔찍한 사건은 우리 감리교도들에게 두 가지 선을 베풀어주었다. 첫째, 조롱과 핍박을 근절시켜주었다. 둘째, 우리를 바라보는 사람들의 시선을 바꾸어주었다. 사람들은 하나님께서 우리를 위하신다는 사실을 믿게 되었다."[21]

이러한 일화들은 믿지 않는 사람들을 주님께로 인도하기 위해 들려줄 만한 이야기가 아니다. 하지만 이처럼 무서운 하나님의 능력 역시 우리가 전해야 할 복음의 일부분이다. 존은 "우리를 사로잡았던 바로 그 사랑이 우리를 소멸시킬 것이다"라고 말했다. "그 거룩한 사랑의 불꽃에 우리가 사로잡힌다는 말이 어쩌면 시적으로, 혹은 로맨틱하게 들릴지 모르지만, 실로 우리는 이처럼 위험한 종류의 사랑을 받고 있다. 그러므로 우리는 이 사랑의 불꽃을 갈망해야 하는지 말아야 하는지, 확신을 가지지 못한다."[22]

우리 안에 임하시는 하나님의 현존에 분명 위험성이 존재하지만, 그래서 이 사실이 우리를 불편하게 만들지만, 이것은 지금도 사실임에 틀림없다. 소설가 애니 딜라드(Annie Dillard)는 "카타콤에서 말고는, 자신이 어떤 상태에 놓여있는지에 대해 충분히 자각하는 성도들을 만나본 적이 없다. 우리가 어떠한 능력을 구해야 하는지 조금이라도 알고 있는 사람이 있는가, 아니면 그 누구도 하나님의 말씀을 믿지 않는 것인가? 교회는 마치 바닥에 앉아 주일 아침 시간을 때우기 위해 화학물질들을 가지고 놀다가 결국 TNT를 조합해내는 어린이들과 같다. 그들의 손에 위험이 도사리고 있는데, 점잖게 밀짚모자와 벨벳 모자를 쓰고 교회에 가는 일은 광기 어린 짓이다. 우리는 폭발에 대비하여 헬멧을 써야 한다. 의전들은 사람들에게 구명조끼와 조명탄을 나눠줘야 한다. 그들은 강제로라도 사람들을 교회의 장의자에 앉혀야만 한다"라고 지적했다[23]

켄터키 버본 카운티에서 열린 케인 리지 천막 집회에 대해 애니 딜라드가 어떤 생각을 했는지 알려진 바가 없다. 1801년 8월의 집회에 일만 명에서 이만 오천 명가량이 운집한 것으로 추산되는데, 감리교의 순회 목사였던 피터 카트라이트는 당시의 상황을 이렇게 고백했다. "단 한 차례의 강력한 설교에, 수백 명의 죄인이 송장처럼 고꾸라졌다. 또한 오백 명 이상의 사람이 한꺼번에 큰 소리로 하나님을 찬양하는 것을 내 눈으로 보았고 귀로 들었다. 확실히 말하건대 수천 명의 사람이 이 집회를 통해 회심하였고 또 영적인 눈을 뜨게 되었다." 구경꾼들의 반응은 어떠했을까? "어떤 죄인들은 이 집회를 조롱했다. 늙고 고리타분한 교수들은 반대를 표했다. 앞뒤가 꽉 막힌 장로교회 설교자들은 이 집회를 반대하는 설교를 전했다. 그러나 하나님의 역사는 계속되었고 이 집회의 소문은 사방으로 퍼져 나갔다. 마치 온 국민이 다시금 하나님께로 나아가는 것 같았다. 점점 더 많은 사람이 집회에 참여하였다."[24]

카트라이트의 말은 하나님께서는 어떠한 일이 있어도 원하시는 일을 꼭 이루신다는 점을 상기시켜 준다. 조롱하는 사람이나 신학자들이 뭐라고 떠들든, 그들이 무슨 생각을 하든 상관없이 하나님은 그분이 원하는 일을 이루실 수 능력과 자유가 있으시다. 부흥 집회 중, 원치 않게 몸이 떨리거나 움직이는 현상들에 대해서 카트라이트는 이렇게 말했다. "이러한 현상에 대해 나는 이것이 첫째, 죄인들에게 회개를 촉구하시는 하나님의 심판이라고 생각한다. 둘째, 이것은 하나님께서 이 세상의 구원과 은혜의 영광을 위해 무슨 일이든 하실 수 있다는 사실을 알려주는 사인(sign)이라고 생각한다. 하나님은 그분의 뜻을 이루기 위해 특정한 방법으로 일하실 수도 있고 또 방법이 없어도 일하실 수 있다. 이 현상은 위의 사실을 신학자들에게 알려주기 위한 하나님의 방법이라고 생각한다."[25]

"피와 불"(Blood and Fire)의 기치 아래 행진하는 구세군 교회는 가장 소외받는 사람, 가장 천한 사람, 그리고 잃어버린 영혼들에게 나아갈 것을 촉구한다. 1865년 영국 런던의 빈민가에서 윌리엄 부스, 캐서린 부스(William and Catherine Booth) 부부에 의해 시작된 구세군 교회는 삶의 경건함을 추구함과 동시에 거리로 나가 예수님을 선포할 것을 강조했다. 이러한 구세군의 역사를 살펴보면 '영광의 졸도'(glory fits)라는 특이한 현상이 있었음을 알 수 있다. 일라이자 캐드먼(Elijah Cadman) 사관에 의해 인도된 집회 중, 약 백 명 정도의 사람이 '영광의 졸도'를 일으켰다. 당시 캐드먼의 증언에 의하면 그 충격적인 광경을 지켜본 사람들이 지도자들에게 달려와 "도무지 믿지 못할 일이 발생했습니다"라고 보고했는데, 더욱 재밌는 사실은 이렇게 말함과 동시에 그들 역시 '하나님의 거룩한 임재' 가운데 뒤로 쓰러졌다는 것이다. 캐드먼은 이 현상을 가리켜 "성령의 영향을 받은 사람들이 아무런 감각도 없이, 몇 시간 정도 조용한 상태로 머무는 흥분의 상태"라고 밝혔다. "이러한 현상은 보통 성결 교회의 예배나 철야 기도 중 사람들이 바닥에 눕는 양상으로 나타나는데 이것을 막으려고 고안해낸 의학적 기구들은 아무 쓸모도 없었다."

　　캐드먼은 자신이 겪은 경험을 이렇게 묘사했다.

"창조주이자 구세주를 향해 나아가려는 갈망 가운데 영혼이 몸을 완벽하게 지배하는 상태…이것은 천국에서나 누릴 수 있는 기쁨을 미리 맛보게 하시려고 그리스도 안에 계신 하나님의 사랑(성령)께서 우리에게 허락하시는 일이다. 하지만 언제, 어디서, 어떻게 이러한 일이 일어날지 우리는 알 수 없다. 또한 하나님께서 어떻게 역사하시는지도 알 길이 없다. 다만 하나님께서 임재하신다는 증거로 이러한 현상을 목격할 뿐이다. 물론 사람들은 이러한 현상에 대해 의아해하고 또 불편하게 생각한다. 이것이 바로 생각의 일이다. 회심은 기적에 가까운 일이다. 왜냐하면 회심은 우리의 본질과 성향이 전적으로 변화되는 일이며, 마귀와 죄의 능력을 향해 열려있던 문을 닫는 일이자 하나님의 실존을 향해 감겨있던 눈을 뜨고 그 아들 예수 그리스도와 구원을 바라보는 일이기 때문이다."[26]

캐드먼은 자신에게 하나님의 주권적인 역사가 일어났다는 사실을 인정하면서 주님께서 자신의 방법대로 행하실 수 있도록 허락해드리는 것이 최상의 선택이라고 밝혔다. 그는 또한 하나님께서는 우리의 마음을 드러내시기 위해 우리의 생각 구조를 공격하기를 원하신다는 사실을 깨달았노라고 이야기했다.

4. 하나님의 임재의 결과...The Fruit of God's Presence

사실 몸을 떨거나 웃거나 급격하게 흔들리거나 넘어지는 등, 부흥 가운데 나타나는 흥미로운 현상들을 조명하는 것은 내가 의도했던 바가 아니다. 그러나 우리가 하나님의 거룩함을 대면할 때, 예상치 못한 일들이 일어난다는 점을 설명하는 것은 내가 의도했던 바다. 이상한 일이 일어날 가능성은 얼마든지 있다. 또 실제로 일어나기도 한다. 하지만 하나님과의 만남을 생각할 때, 가장 중요하게 바라봐야 할 요소는 하나님을 신실하게 믿는 성도의 삶을 통해 드러나는 선한 열매다(마 7:20 참조).

존 웨슬리는 자신의 생애에서 특정한 기간 동안, 사람들이 울고, 심하게 몸을 떨고, 통곡하고, 의식을 잃고, 바닥에 쓰러지고, 통제할 수 없을 정도로 흥분하는 모습들을 목격했다. 그의 집회 중 발생하는 이 '이상한 일들'에 대해 많은 사람이 우려를 표했는데, 그들을 향해 웨슬리는 전한 답변은 이렇다. "나는 (이러한 현상이 나타나는 것만큼이나) 수많은 사람이 공포, 두려움, 절망의 상태로부터 변화되어 사랑, 기쁨, 평안을 얻는 것을 목격했다. 그들은 자신을 좌지우지하는 죄의 소욕으로부터 벗어나 하나님의 뜻을 행하려는 정결한 갈망을 품기 시작했다. 이것이 사건의 진상이다. 내 눈과 귀가 그 현장에 있었다. 그리고 이러한 일이 내게도 일어났다."

웨슬리는 말을 이어갔다. "전에는 사자였지만 그 이후로 양처럼 순전해진 사람을 나는 보여줄 수 있다. 전에는 술주정뱅이였지만 지금은 정신이 말짱한 모범 사례가 된 사람을 보여줄 수 있다. 전에는 음란하여 창기와 어울렸지만 지금은 육신의 더러운 옷을 혐오하게 된 사람을 당신에게 보여줄 수 있다." 웨슬리는 그들의 삶이 전적으로 변화되었고 새로운 방향을 향해 나아가는 것을 지켜보았다. 그리고 그들을 가리켜 '살아 있는 증거'라고 불렀다.

이후 그는 겉으로 나타나는 현상에 대해 다음과 같은 놀라운 설명을 덧붙였다. "하나님께서는 우리의 내면을 변화시키신다. 그러나 눈으로 보지 않고 귀로 듣지 않으면 도무지 믿지 않으려는 우리 마음의 완악함 때문에, 하나님께서는 우리의 마음이 변화되었다는 사실을 알려주시고자 그토록 많은 현상과 표적을 나타내 보여주시는 것이다. 우리의 약함을 불쌍히 여기시는 자비하심 때문이리라."[27]

웨슬리가 다음과 같은 일화를 소개했던 것은 그의 나이 팔십일 세 때였다.

"콜포드(Coleford)에서 열성적인 성도들에게 설교한 후, 나는 그곳의 지도자 급 회원들을 주시했다. 그들은 설교 내내 품위를 지켰다. 그러나 내가 기도하기 시작했을 때 그들에게 성령의 불이 임했다. 많은 사람이 큰 소리로 울기 시작했다. 또 많은 사람이 바닥에 엎드려 웅크리거나 몸을 심하게 떨었다. 이 모든 것은 그들에게 하나님을 향한 갈망이 있었기 때문이라고 생각한다. 그들은 하나님의 능력이 자신들의 심령을 파고들기를 갈망하는 것처럼 보였다."[28]

1784년에 일어난 이 사건, 웨슬리의 부흥 운동이 영국 전역을 거룩함의 불꽃으로 휘감은 후 정확히 사십오 년이 지난 이때의 사건은 얼마나 놀라운 광경인가!

우리에겐 놀라운 사건이지만 웨슬리에게 이 사건은 별로 특별한 일이 아니었다. 그는 여느 감리교 집회였던 것처럼 이 사건을 기록했다. "기도했을 때 불꽃이 타올랐다."

그 불꽃, 하나님의 거룩한 화염은 오늘날에도 동일하게 일어날 것이다. 그러나 먼저 우리는 웨슬리의 집회에 참석했던 사람들의 마음을 닮아야 한다. 하나님을 향한 갈망! 하나님의 능력이 심령에 가득하기를 바라는 갈망!

주 석

1. 「*Evangelical Press News Service*」, "새로운 조사 결과 사람들은 교회에는 참석하나 예배는 드리지 않는 것으로 밝혀졌다"(1998.9.11) Vol. 47, No. 37, p. 3-4(Minneapolis, MN).

2. John White, *When the Spirit Comes With Power* (Dowers Grove, IL: InterVarsity Press, 1988), 23.

3. Guy Chevreau, *Catch the Fire*, (HarperPerenniel, 1994), 45.

4. Abel Stevens, *The Compendious History of American Methodism* (New York: Carlton & Porter, 1867), 83.

5. Stevens, *The Compendious History*, 86.

6. *Autobiography of Peter Cartwright* (Nashville, TN: Abingdon, 1856, 재발행 1984), 38.

7. 1887년 5월 10일자 "오스틴 태프트(Austin Taft)의 삶과 회심과 사역으로의 부르심에 대한 짧은 스케치"라는 편지글에서 발췌. 태프트의 친척 중 한 명인 마가렛 스트래튼(Margaret Stratton) 덕에 이 편지글을 관심 있게 볼 수 있었다.

8. Michael Yaconelli, *Dangerous Wonder: The Adventure of Childlike Faith* (Colorado Springs: NavPress, 1998), 110-111.

9. Yaconelli, *Dangerous Wonder*, 28.

10. Yaconelli, *Dangerous Wonder*, 111.

11. S. Olin Garrison ed., *Forty Witnesses* (New York: Eaton and Mains, 1888), 41-44.

12. E. Stanley Jones, *A Song of Ascents: A Spiritual Biography* (Nashville, TN: Abingdon, 1968), 68.

13. Jones, *Song*, 69.

14. E. A. Girvin, *Phineas F. Bresee: A Prince in Israel* (Kansas City, MO: Pentecostal Nazarene Publishing House, 1916), 82-83.

15. H. C. Morrison, *Life Sketches and Sermons* (Louisville, KY: Pentecostal Publishing Company, 1903).

16. Percival A. Wesche, Henry Clay Morrison: Crusader Saint (Wilmore, KY: Asbury Theological Seminary, 1963), 44. 「*The Pentecostal Herald*」에서 인용.

17. Wesche, *Henry Clay Morrison*, 44.

18. Revised and edited by George H. Means, *Autobiography of Bishop Henry Clay Morrison* (Nashville, TN: Publishing House of the M.E. Church, South, 1917), 31-32.

19. Means ed., *Autobiography of Bishop Henry Clay Morrison*, 32.

20. Stevens, *The Compendious History*, 147.

21. Stevens, *The Compendious History*, 354.

22. John White, *The Pathway of Holiness: A Guide for Sinner* (Dowers Grove, IL: InterVarsity Press, 1996), 15.

23. Annie Dillard, *Teaching a Stone to Talk* (New York: Harper & Row, 1982), 40-41.

24. *Autobiography of Peter Cartwright*, 43.

25. *Autobiography of Peter Cartwright*, 46.

26. Humphrey Wallis, *The Happy Warrior: The Life-Story of Commissioner Elijah Cadman* (London: Salvationist Publishing and Supplies, Limited, 1928), 107-112.

27. John Wesley, *The Works of John Wesley*, 3rd ed., Vol. I(1739.5.20), 196.

28. Wesley, Vol. 4(1784.9.8), 288.